广西大学"211工程"三期重点学科建设项目资助

广西大学中国—东盟研究院文库
主编◎阳国亮

广西乡村
民营旅游经济发展
问题研究

李星群◎著

经济管理出版社
ECONOMY & MANAGEMENT PUBLISHING HOUSE

图书在版编目（CIP）数据

广西乡村民营旅游经济发展问题研究/李星群著 . —北京：经济管理出版社，2012.5

ISBN 978 - 7 - 5096 - 1921 - 6

Ⅰ.①广…　Ⅱ.①李…　Ⅲ.①乡村—民营经济—旅游经济—经济发展—研究—广西　Ⅳ.①F592.767

中国版本图书馆 CIP 数据核字 (2012) 第 093095 号

组稿编辑：曹　靖
责任编辑：张　马
责任印制：陈　力
责任校对：曹　平

出版发行：经济管理出版社（北京市海淀区北蜂窝 8 号中雅大厦 11 层 100038）
网　　　址：www. E - mp. com. cn
电　　　话：(010) 51915602
印　　　刷：北京银祥印刷厂
经　　　销：新华书店
开　　　本：720mm×1000mm/16
印　　　张：16.75
字　　　数：249 千字
版　　　次：2012 年 5 月第 1 版　　2012 年 5 月第 1 次印刷
书　　　号：ISBN 978 - 7 - 5096 - 1921 - 6
定　　　价：49.00 元

总　序

阳国亮

正当中国与东盟各国形成稳定健康的战略伙伴关系之际，我校以经济学、经济管理、国际贸易等经济学科为基础，整合法学、政治学、公共管理学、文学、新闻学、外语、教育学、艺术等学科力量，经广西壮族自治区政府批准于 2005 年成立了广西大学中国—东盟研究院；同时将"中国—东盟经贸合作与发展研究"作为"十一五"时期学校"211工程"的重点学科来进行建设。这两项行动所要实现的目标，就是要加强中国与东盟合作研究，发挥广西大学智库的作用，为国家和地方的经济、政治、文化、社会建设服务，并逐步形成具有鲜明区域特色的高水平的文科科研团队。几年来，围绕中国与东盟的合作关系及东盟各国的国别研究，研究院的学者和专家们投入了大量的精力并取得了丰硕的成果。为了使学者、专家们的智慧结晶得以在更广的范围内展示并服务于社会，发挥其更大的作用，我们决定将其中的一些研究成果结集并以《广西大学中国—东盟研究院文库》的形式出版。同时，这也是我院中国—东盟关系研究和"211 工程"建设成果的一种汇报和检阅的形式。

中国与东盟各国的关系研究是国际关系中区域国别关系的研究，这一研究无论对国际经济与政治还是对我国对外开放和现代化建设都非常重要。广西在中国与东盟的关系中处于非常特殊的位置，特别是在广西的社会经济跨越式发展中，中国与东盟关系的发展状况会给广西带来极大的影响。因此，中国与东盟及各国的关系是非常值得重视的研究课题。

中国与东盟各国的关系具有深厚的历史基础。古代中国与东南亚各国的经贸往来自我国春秋时期始已有两千多年的历史。由于中国与东南亚经贸关系的繁荣，秦汉时期的番禺（今广州）就已成为"珠玑、犀、玳瑁"等海外产品聚集的"都会"（《史记》卷69《货殖列传》）。自汉代以来，经三国、两晋、南北朝至隋唐，中国与东南亚各国的商贸迅速发展。大约在唐朝开元初年，唐朝在广州创设了"市舶使"，作为专门负责管理对外贸易的官员。宋元时期鼓励海外贸易的政策促使中国与东南亚各国经贸往来出现了前所未有的繁荣。至明朝，郑和下西洋加强了中国与东南亚各国的联系，把双方的商贸往来推向了新的高潮。自明代始，大批华人移居东南亚，带去了中国先进的生产工具和生产技术。尽管明末清初，西方殖民者东来，中国几番海禁；16世纪开始，东南亚各国和地区相继沦为殖民地；至1840年中国也沦为半殖民地半封建社会，中国与东南亚各国的经贸往来呈现复杂局面，但双方的贸易仍然在发展。第二次世界大战以后，受世界格局的影响以及各国不同条件的制约，中国与东南亚各国的经济关系经历了曲折的历程。直到20世纪70年代，国际形势变化，东南亚各国开始调整其对华政策，中国与东南亚各国的国家关系逐渐实现正常化，双方经济关系得以迅速恢复和发展。20世纪80年代末期冷战结束至90年代初，国际和区域格局发生重大变化，中国与东南亚各国的关系出现了新的转折，双边经济关系进入全面合作与发展的新阶段。总之，中国与东盟各国合作关系由来已久，渊源深厚。

发展中国家区域经济合作浪潮的兴起和亚洲的觉醒是东盟得以建立的主要背景。20世纪60—70年代，发展中国家区域经济一体化第一次浪潮兴起，拉美和非洲国家涌现出中美共同市场、安第斯集团、加勒比共同市场等众多的区域经济一体化组织。20世纪90年代，发展中国家区域经济一体化浪潮再次兴起。在两次浪潮的推动下，发展中国家普遍意识到加强区域经济合作的必要性和紧迫性，只有实现区域经济一体化才能顺应经济全球化的世界趋势并减缓经济全球化带来的负面影响。亚洲各国正是在这一背景下觉醒并形成了亚洲意识。战前，亚洲是欧美的殖民地；战后，亚洲各国尽管已经独立，但仍未能摆脱大国对亚洲地区事务的干涉和控制。20世纪50—60年代，亚洲各国民族主义意识增强，已经显示出较强烈的政治自主意愿，要求自主处理地区事务，不受大国支配，努力维护本国的独立和主权。亚洲各国都意识到，要实现这种意愿，弱小国家必须组织起来协同合作，由此"亚洲主义"得以产生。东盟就是在东南亚国家这种意愿的推动下，经过艰难曲折的过程而建立起来的。

"东盟"是东南亚国家联盟的简称，在国际关系格局中具有重要的战略地位。东盟的战略地位首先是由其所具有的两大地理区位优势决定的：一是两洋的咽喉门户。东南亚处于太平洋与印度洋的"十字路口"，既是通向亚、非、欧三洲及大洋洲的必经航道，又是南美洲与东亚国家间物资、文化交流的海上门户。其中，世界上每年50%的船只通过马六甲海峡，这使得东南亚成为远东制海权的战略要地。二是欧亚大陆"岛链"重要组成部分。欧亚大陆有一条战略家非常重视的扼制亚欧国家进入太平洋的新月形的"岛链"，北起朝鲜半岛，经日本列岛、琉球群岛、我国的台湾岛，连接菲律宾群岛、印度尼西亚群岛。东南亚是这条"岛链"的重要组成部分，是防卫东亚、南亚大陆的战略要地。其次，东盟的经济实力也决定了其战略地位。1999年4月30日，以柬埔寨加入东盟为标志，东盟已成为代表全部东南亚国家的区域经济合作组织。至此，东盟已拥有10个国家、448万平方公里土地、5亿人口、7370亿美元国内生产总值、7200亿美元外贸总额，其经济实力在国际上已是一支重要的战略力量。再次，东盟在国际关系中还具有重要的政治战略地位，东盟所处的亚太地区是世界大国多方力量交会之处，中国、美国、俄罗斯、日本、印度等大国有着不同的政治、经济和安全利益追求。东盟的构建在亚太地区的国际政治关系中加入了新的因素，对于促进亚太地区国家特别是大国之间的磋商、制衡大国之间的关系、促进大国之间的合作具有极重要的作用。

在保证了地区安全稳定、推进国家间的合作、增强了国际影响力的同时，东盟也面临一些问题。东盟各国在政治制度等方面存在较大差异，政治多元的状况会严重影响合作组织的凝聚力；东盟大多数成员国经济结构相似，各国间的经济利益竞争也会直接影响到东盟纵向的发展进程。长期以来，东盟缺乏代表自身利益的大国核心，不但影响政治经济合作的基础，在发生区域性危机时更是无法整合内部力量来抵御和克服，外来不良势力来袭时会呈现群龙无首的状态，这对于区域合作组织抗风险能力的提高极为不利。因此，到区域外寻求稳定的、友好的战略合作伙伴是东盟推进发展必须要解决的紧迫的问题。中国改革开放以来的发展及其所实行的外交政策、在1992年东亚金融危机中的表现以及加入WTO，使东盟不断加深了对中国的认识；随着中国与东盟各国的关系不断改善和发展，进入21世纪后，中国与东盟也进入了区域经济合作的新阶段。

发展与东盟的战略伙伴关系是中国外交政策的重要组成部分。从地缘上看，东南亚是中国的南大门，是中国通向外部世界的海上通道；从国际政治上看，亚太地区是中、美、日三国的战略均衡区域，而东南亚是亚太地区的"大国"，对中、美、日都具有极重要的战略地位，是中国极为重要的地缘战略区域；从中国的发展战略要求看，东南亚作为中国的重要邻居是中国周边发展环境的一个重要组成部分，推进中国与东盟的关系，还可以有效防止该地区针对中国的军事同盟，是中国稳定周边战略不可缺少的一环；从经济发展的角度说，中国与东盟的合作对促进双方的贸易和投资、促进地区之间的协调发展具有极大的推动作用，同时，这一合作还是以区域经济一体化融入经济全球化的重要步骤；从中国的国际经济战略要求来说，加强与东盟的联系直接关系到我国对外贸易世界通道的问题，预计在今后15年内，中国制造加工业将提高到世界第二位的水平，中国与海外的交流日益增强，东南亚水域尤其是马六甲海峡是中国海上运输的生命线，因此，与东盟的合作具有保护中国与海外联系通道畅通的重要意义。总之，中国与东盟各国山水相连的地理纽带、源远流长的历史交往、共同发展的利益需求，形成了互相合作的厚实基础。经过时代风云变幻的考验，中国与东盟区域合作的关系不断走向成熟。东盟已成为中国外交的重要战略依托，中国也成为与东盟合作关系发展最快、最具活力的国家之一。

中国—东盟自由贸易区的建立是中国与东盟各国关系发展的里程碑。中国—东盟自由贸易区是一个具有较为严密的制度安排的区域一体化的经济合作形式，这些制度安排涵盖面广、优惠度高，它涵盖了货物贸易、服务贸易和投资的自由化及知识产权等领域，在贸易与投资等方面实施便利化措施，在农业、信息及通信技术、人力资源开发、投资以及湄公河流域开发五个方面开展优先合作。同时，中国与东盟的合作还要扩展到金融、旅游、工业、交通、电信、知识产权、中小企业、环境、生物技术、渔业、林业及林产品、矿业、能源及次区域开发等众多的经济领域。中国—东盟自由贸易区的建立既有助于东盟克服自身经济的脆弱性，提高其国际竞争力，又为我国对外经贸提供新的发展空间，对于双边经贸合作向深度和广度发展都具有重要的推动作用。中国—东盟自由贸易区拥有近18亿消费者，人口覆盖全球近30%；GDP近4万亿美元，占世界总额的10%；贸易总量2万亿美元，占世界总额的10%，还拥有全球约40%的外汇。这不仅大大提高了中国和东盟国家的国际地位，而且将对世界经济产生重大影响。

广西在中国—东盟合作关系中具有特殊的地位。广西和云南一样都处于中国与东盟国家的接合部，具有面向东盟开放合作的良好的区位条件。从面向东盟的地理位置看，桂越边界1020公里，海岸线1595公里，与东盟有一片海连接。从背靠国内的区域来看，广西位于西南和华南之间，东邻珠江三角洲和港澳地区、西毗西南经济圈、北靠中南经济腹地，这一独特的地理位置使广西成为我国陆地和海上连接东盟各国的一个"桥头堡"，是我国内陆走向东盟的重要交通枢纽。广西与东盟各国在经济结构和出口商品结构上具有互补性。广西从东盟国家进口的商品以木材、矿产品、农副产品等初级产品为主，而出口到东盟国家的主要为建材、轻纺产品、家用电器、生活日用品和成套机械设备等工业制成品；在水力、矿产等资源的开发方面还有很强的互补性。广西与东盟各国的经济技术合作具有很好的前景和很大的空间。广西南宁成为中国—东盟博览会永久承办地，泛北部湾经济合作与中国—东盟"一轴两翼"区域经济新格局的构建为广西与东盟各国的合作提供了很好的平台。另外，广西与东南亚各国有很深的历史人文关系，广西的许多民族与东南亚多个民族有亲缘关系，如越南的主体民族越族与广西的京族是同一民族，越南的岱族、侬族与广西壮族是同一民族，泰国的主体民族泰族与广西的壮族有很深的历史文化渊源关系，这些都是广西与东盟接轨的重要人文优势。自2004年以来，广西成功地承办了每年一届的中国—东盟博览会和商务与投资峰会以及泛北部湾经济合作论坛、中国—东盟自由贸易区论坛、中越青年大联欢等活动，形成了中国—东盟合作"南宁渠道"，显示了广西在中国—东盟合作中的重要作用。总之，广西在中国—东盟关系发展中占有重要地位。在中国—东盟关系发展中发挥广西的作用，既是双边合作共进的迫切需要，对于推动广西的开放开发、加快广西的发展也具有十分重要的意义。

中国—东盟自由贸易区一建立就取得了显著的效果。据中国海关统计，2010年中国与东盟双边贸易额达2927.8亿元，比上年增长37.5%。当然，这仅仅是一个良好的开端，要继续深化中国与东盟的合作，使这一合作更为成熟并达到全方位合作的实质性目标，还需要从战略上继续推进，在具体措施上继续努力。无论是总体战略推进还是具体措施的落实都需要以理论思考、理论研究为基础进行运筹和决策，因此，不断深化中国与东盟及各国关系的研究就显得尤为必要。

加强对东盟及东盟各国的研究是国际区域经济、政治和文化研究学者的一项重要任务。东盟各国及其区域经济一体化的稳定和发展是我国构建良好的周边国际环境和关系的关键。东盟区域经济一体化的发展受到很多因素的制约，东盟各国经济贸易结构的雷同和产品的竞争，在意识形态、宗教历史、文化习俗、发展水平等方面的差异性，合作组织内部缺乏核心力量和危机共同应对机制等因素都会对区域经济一体化的进一步发展造成不利影响。要把握东盟各国及其区域经济一体化的走向，就要加强对东盟各国历史、现状、走向的研究，同时也要加强东盟区域经济一体化有利因素和制约因素的走向和趋势的研究。

我国处理与东盟各国关系的战略、策略也是需要不断思考的重要问题。要从战略上发挥我国在与东盟关系的良性发展中的作用，形成中国—东盟双方共同努力的发展格局；要创新促进双边关系发展的机制体系；要进一步深化和完善作为中国—东盟合作主要平台和机制的中国—东盟自由贸易区，进一步分析中国—东盟自由贸易区的下一步发展趋势和内在要求，从地缘关系、产业特征、经济状况、相互优势等方面充实合作内容、创新合作形式、完善合作机制、拓展合作领域，全面发挥其积极的作用。所有这些问题都要从战略思想到实施措施上展开全面的研究。

广西在中国—东盟关系发展中如何利用机遇、发挥作用更需要从理论和实践的结合上不断深入研究。要在中国—东盟次区域合作中进一步明确广西的战略地位，在对接中国—东盟关系发展中特别是在中国—东盟自由贸易区的建设发展进程中，发挥广西的优势，进一步打造好中国—东盟合作的"南宁渠道"；如何使"一轴两翼"的泛北部湾次区域合作机制创新成为东盟各国的共识和行动，不仅要为中国—东盟关系发展创新形式、拓展领域，也要为广西的开放开发、抓住中国—东盟区域合作的机遇实现自身发展创造条件；如何在中国—东盟区域合作中不断推动北部湾的开放开发、形成热潮滚滚的态势，这些问题都需要不断地深入研究。

综上所述，中国与东盟各国的关系无论从历史现状还是发展趋势来看都是需要认真研究的重大课题。广西大学作为地处中国与东盟开放合作的前沿区域的"211工程"高校，应当以这些研究为己任，应当在这些重大问题的研究上产生丰富的创新成果，为我国与东盟各国关系的发展、为广西在中国—东盟经济合作中发挥作用并使广西跨越式发展作出贡献。

在中国与东盟各国关系不断发展的过程中，广西大学中国—东盟研究院的学者、专家们在中国—东盟各项双边关系的研究中进行了不懈的探索。学者、专家们背负着民族、国家的责任，怀揣着对中国—东盟合作发展的热情，积极投入到与中国—东盟各国合作发展相关的各种问题的研究中来。"宝剑锋从磨砺出，梅花香自苦寒来"，历经多年的积淀与发展，研究院的组织构架日臻完善，团队建设渐趋成熟，形成了立足本土兼具国际视野的学术队伍，在学术上获得了一些喜人的成果，比较突出的有：取得了"CAFTA进程中我国周边省区产业政策协调与区域分工研究"与"中国—东盟区域经济一体化"两项国家级重大课题；围绕中国与东盟各国关系的历史、现状及其发展，从经济、政治、文化、外交等各方面的合作以及广西和北部湾的开放开发等方面开展了大量的研究，形成了一大批研究论文和论著。这些成果为政府及各界了解中国—东盟关系的发展历史、了解东盟各国的文化、把握中国—东盟关系的发展进程提供了极好的参考材料，为政府及各界在处理与东盟各国关系的各项决策中发挥了咨询服务的作用。

这次以《广西大学中国—东盟研究院文库》的形式出版的论著仅仅是学者、专家们的研究成果中的一部分。文库的顺利出版，是广西大学中国—东盟研究院的学者们在国家"211工程"建设背景下，共同努力，经过不辞辛苦、锲而不舍的研究所取得的一项重大成果。文库的作者中有一批青年学者，是中国—东盟关系研究的新兴力量，尤为引人注目。青年学者群体是广西大学中国—东盟研究院未来发展的重要战略资源，青年兴则学术兴，青年强则研究强，多年来，广西大学中国—东盟研究院致力于培养优秀拔尖人才和中青年骨干学者，从学习、工作、政策、环境等各方面创造条件，为青年学者的健康成长搭建舞台。同时，众多青年学者也树立了追求卓越的信念，他们在实践中学会成长，正确对待成长中的困难，不断走向成熟。"多情唯有是春草，年年新绿满芳洲"，学术生涯是一条平凡而又艰难、寂寞而又崎岖的道路，没有鲜花，没有掌声，更多的倒是崇山峻岭、荆棘丛生；但学术又是每一个国家发展建设中不可缺少的，正如水与空气之于人类，整个人类历史文化长河源远流长，其中也包括着一代又一代学者薪火相传的辛勤劳动。愿研究院的青年学者们，以及所有真正有志献身于学术的人们，都能像春草那样年复一年以自己的新绿铺满大地、装点国家壮丽锦绣的河山。

当前，国际政治经济格局加速调整，亚洲发展孕育着重大机遇，中国同东盟国家的前途命运日益紧密地联系在一起。在新形势下，巩固和加强中国—东盟战略伙伴关系，不断地推进中国—东盟自由贸易区的健康发展是中国与东盟国家的共同要求和共同愿望。广西大学中国—东盟研究院将会继续组织和推进中国与东盟各国关系的研究，从区域经济学的视角出发，采取基础研究与应用研究相结合、专题研究与整体研究相结合的方法，紧密结合当前实际，对中国—东盟自由贸易区建设这一重大战略问题进行全面、深入、系统的思考；并在深入研究的基础上提出具有前瞻性、科学性、可行性的对策建议，为政府提供决策咨询，为相关企业提供贸易投资参考。随着研究的深入，我们会陆续将研究成果分批结集出版，以便使《广西大学中国—东盟研究院文库》成为反映我院中国—东盟各国及其关系研究成果的一个重要窗口，同时也希望能为了解东盟、认识东盟、研究东盟、走进东盟的人们提供有益的参考与借鉴。由于时间仓促，本文库错误之处在所难免，敬请各位学者、专家及广大读者不吝赐教，批评指正。

　　是为序。

（作者系广西大学中国—东盟研究院院长）

2011 年 1 月 11 日

前　言

　　在我国经济快速增长、发展方式加快转变、社会结构加快转型、利益格局深刻变化的大背景下，农业基础薄弱、农村发展滞后、农民增收困难的局面仍然没有得到根本改变，城乡发展差距持续扩大的势头仍然没有得到遏制，城乡二元结构造成的深层次矛盾依然突出，全面建设小康社会、全面推进社会主义现代化建设最繁重、最艰巨的任务在农村。在乡村旅游开发地区，乡村民营旅游经济迅速崛起。乡村民营旅游经济实体不仅作为旅游吸引物大量存在，而且其发挥了重要的社会、经济、文化、环境效益，关注其生存和发展已成为探讨农村发展问题新的切入点之一。

　　旅游经济是国民经济中的重要组成部分，民营旅游经济已成为活跃旅游经济的重要力量。乡村民营旅游经济依托乡村旅游目的地，为旅游者提供食、住、行、游、购、娱等相关旅游产品和服务，涉及行业包括旅行社、旅游景区景点、旅游商品定点生产企业和旅游定点宾馆、饭店、餐馆、商店、车船公司、租赁业、手工作坊以及其他从事旅游经营活动的个体工商户和旅游私营企业，其构成表现出正式经济部门与非正式经济部门共存。目前，广西的乡村旅游呈现出多点开花的良好态势，已从桂北旅游圈向广西各地延伸，从大中城市周边向落后地区辐射，从单一的农业观光型向生态农业型、科技示范型和农村民俗型转变。到2010年底，广西共有乡村旅游点12000个，其中农业生态旅游园450多个，农家乐1000多家。广西乡村民营旅游经济一片繁荣，乡村民营旅游经济活跃在乡村旅游开发地区，在典型乡村旅游地如阳朔西街，民营旅游经济实体由最初的几家发展到现在的几百家，经营类型无所不包，龙胜平安寨几乎家家户户开展旅游经营。

由于乡村民营旅游经济在国内外的研究不多，因此本书在相关理论的指导下，以实证研究为主，正式问卷调查地选择在地域分布、经济发展水平、吸引物类别、旅游地生命周期、民族特征等方面具有多样化的地区，以真实反映广西乡村民营旅游经济的客观发展情况。这些乡村旅游目的地包括主要城市近郊：南宁市近郊、桂林市近郊、北海市近郊，以及主要县（区）：武鸣、龙胜、阳朔、临桂、灵川、乐业、田东、田阳、靖西、东兴、环江等地的村（屯）。

研究中发现，广西乡村民营旅游经济的典型特征为：（1）乡村民营旅游经济实体主要是当地居民开办的家庭性质经营实体，以夫妻店为典型代表。（2）乡村民营旅游经济实体发挥了良好的经济效益，促进了所在家庭经济地位显著提高。（3）乡村民营旅游经济实体提供旅游业务多，但服务质量低下。（4）乡村民营旅游经济实体具有高投资，高回报，低风险的特点。（5）乡村民营旅游经济实体竞争日趋激烈。（6）乡村民营旅游经济实体"小、散、弱"的特点明显。

农民创业是对封闭的农业经营模式的超越，是加快农村城镇化的基本动力，是加速农村工业化的重要载体，是完善所有制结构、增强社会活力的重要力量。在乡村旅游开发中，创办乡村民营旅游经营实体是社区参与的最主要形式，其健康发展直接影响到乡村旅游开发目标的实现。通过在广西乡村旅游地区对乡村旅游经营者创业影响因素的实地调查，经 t 检验和因子分析，认为乡村民营旅游经营实体创业受增加经济收入、自我实现、家庭生活需要、兴趣爱好、外部支持和投资风险的综合影响，并且随创业者个体差异、实体差异在多方面表现出显著不同。另外，创业动机具有引导经营实体目标实现的功能，通过国内外对比研究，亦发现动机存在明显差异，提出在借鉴发达国家乡村旅游小企业经营、管理经验时，需要慎重考虑其在我国的适应性。另外，从社会资本的角度看，创业组居民比对照组居民的结构社会资本、关系社会资本、认知社会资本高，农民从事生意和旅游相关工作方面的人际构成和人际关系是影响农民树立正确旅游创业观的主要因素。制约农民创办乡村民营旅游经济的主要因素可归纳为：（1）经济条件的限制。（2）无合适的创办场所。（3）自身综合素质限制。总体而言，农民享受的教育资源有限，加上自身对教育的重要性认识不够，成年农民的文化水平普遍偏低，进而限制了他们学习新知识、接触社会，造成农民普遍经济意识不强、缺乏管理能力和沟通能力。

乡村民营经济的经营绩效与经营策略、交际能力、政策支持、经营目标、外部环境和行业发展前景六个方面密切相关。乡村旅游产品作为乡村民营旅游经济的经营对象，是其赖以生存和发展的基础，也是民营经济开始其经济活动的出发点。乡村旅游者某种需求的产生和变化，均对乡村民营旅游经济旅游产品的开发和调整提出相应的要求。目前，乡村旅游者普遍具有较多的旅游经验，其对旅游服务的要求较高；旅游者注重旅游体验，需要经营者关注经营项目中出现的问题，另外乡村旅游者出游具有明显的交际需求，经营者要考虑如何增进与旅游者的友好关系。乡村民营旅游经济旅游产品开发要依托乡村旅游资源和物产丰富的优势，把潜在资源优势转化为产品优势，另外，要根据市场需求来不断调整和优化乡村旅游产品结构，树立乡村旅游产品品牌，以人无我有，人有我特的独特旅游产品来满足旅游者的需求。

通过发展旅游业振兴地方经济正逐渐成为我国一种全新的扶贫手段。在旅游资源比较丰富的乡村地区，通过实施旅游扶贫开发，可有效促进贫困地区在调整产业结构、促进农村剩余劳动力就业，同时对农村居民的价值观、婚姻观、就业观和家庭观、对待女性的态度等方面发生了积极的变化。乡村民营旅游经济以家庭为依托，其对家庭的效应十分明显，主要表现在对农村家庭成员关系、家庭经济、家庭后代、家庭和个人兴趣产生深刻的影响；这种影响随实体业主间的差异而使影响程度在多方面存在显著差异。借助实体这一平台，乡村旅游促进农村家庭和谐、农村家庭收入提高；在与旅游者交流反思过程中，家长对后代提出了更高的要求，认识到家庭和个人的兴趣爱好与获取经济利益同样重要。创办乡村民营旅游经济的家庭是社会的基本单位，家庭经济水平提高和和谐，必将促进整个地区的和谐发展。作为旅游经济的重要组成部分，旅游地众多的旅游经济实体的兴盛是民族地区的旅游扶贫效应的体现，乡村民营旅游经济作为民营经济的重要构成，在繁荣了目的地的经济的同时，也对目的地的社会文化产生了一定的影响，改变了当地居民的生活环境，在扶贫中起到了拉动作用、推动作用、示范作用。

在经济力量的推动下，我国社会群体的剧烈变动和群体内部的变化，已成为经济社会发展进步的表现。现阶段，在开发了乡村旅游的农村，市场经济活跃，多种经济成分共同发展、多种分配方式并存，社会群体的变动问题比较突出，成为值得关注的社会现象。在有大量乡村民营旅游经济存在的地区，社会群体的发展趋势具有明显的特点：（1）纯农民群体在绝对缩小，外出打工群体在绝对缩小，亦农亦旅的绝对人数在增加。创办乡村民营旅游经济的家庭在经历某一时期迅速增长后，增长的速度放缓，但民营旅游经济的规模有增大的趋势，这样容易分化出部分明显的经济优势群体。（2）从总体上看，不论是优势群体还是弱势群体，均重视经济利益，对利益的追求逐步升温，导致竞争加剧，出现了扰乱市场经济的行为。（3）从家庭经济收入及其所决定的生活内容和质量上看，全社会能细分为若干等级群体，明显具有贫富悬殊特征，并随着社区居民参与旅游业程度不断深入，贫富悬殊将进一步加大，由不平衡走向倾斜。（4）教育的重要性为全社会广泛接受。（5）各群体既遵循又打破自身的传统生活方式，赋予时代气息的新生活内容进一步融进千家万户。各群体成员向不同方向流动的速度和密度在加大，使各群体间的联系更加紧密，有助于团结和共同繁荣。

本书在考察广西农村旅游扶贫开发背景下乡村民营旅游经济的性质与作用后，探索更大程度发挥其扶贫潜力的新思路、新方法。研究中首次对广西民营旅游经济实体发展现状进行了较为全面的调查和了解，无论在研究内容还是研究方法方面，都为今后学界和业界对少数民族地区的民营旅游经济的深入研究作出了一定的贡献。这项研究的发现和结论对广西新农村建设，特别是旅游扶贫政策具有直接的参考价值，并将有力地推动广西乡村民营旅游经济的健康发展与科学管理，显著提高扶贫资源的使用效率和效果，从而加快实现广西民族地区脱贫致富目标。本书中虽然选取的问卷调查对象和个案研究具有一定的代表性，但由于民营旅游经济实体分布、涉及行业均较广泛，限于人力、物力、财力、时

广西乡村民营旅游经济发展问题研究

间等因素的影响，可能会存在一定的偏差。此外，由于本书涉及的领域较广，加上作者水平有限，难免存在不当之处，敬请学界同仁批评指正。

目　录

第一章

导 言

中国共产党第十七届五中全会关于"十二五"规划的《建议》明确指出，"必须坚持把解决好农业、农村、农民问题作为全党工作重中之重"，并强调"加大支持西藏、新疆和其他民族地区发展力度"。目前，我国少数民族集中的西部地区与东部沿海地区发展水平的差距仍然较大，而城乡发展失衡、差距日趋扩大也仍然是我国经济生活中存在的突出矛盾。少数民族地区基础设施落后、生态环境脆弱、经济结构不合理、自我发展能力不强、贫困面广、贫困程度深、基本公共服务能力薄弱等问题依然存在，不仅不利于全面实现小康社会，还关系到民族团结、边境安全和社会稳定。如何从实践中探讨、解决农村发展面临的问题，是学术界面临的一项重要课题。在旅游开发地区，乡村民营经济的崛起，为探讨农村发展问题提供了切入点之一。

第一节 研究背景与意义

一、研究背景

在我国经济快速增长、发展方式加快转变、社会结构加快转型、利益格局深刻变化的大背景下，农业基础薄弱、农村发展滞后、农民增收困难的局面仍然没有得到根本改变，城乡发展差距持续扩大的势头仍然没有得到遏制，城乡二元结构造成的深层次矛盾依然突出，全面建设小康社会、全面推进社会主义现代化建设最繁重、最艰巨的任务在农村。

以广西壮族自治区为例，在其5000多万的总人口中，农业人口约占83%，有49个贫困县，贫困人口300多万，其中95%的贫困人口在乡村，农民增收就业、尽快脱贫减贫的工作任重道远。

1. 乡村旅游业是乡村民营旅游经济发展的基础

我国旅游资源蕴藏丰富的地区与贫困地区有很大的重合性，贫困地区是旅游资源最具潜力的区域。我国农村在经过30多年的改革开放，通过农业领域增加农民收入的空间已非常狭窄，通过发展传统农林牧业减缓或消除贫困的效果已不再明显，必须在更加广泛的领域探求新的扶贫方式。充分利用农村地区旅游资源高密集度、高档次、高品位的优势，建立起"发展旅游业"与"扶贫"之间建立的有机联系，跳出农业发展农村经济，增加农民收入，使更多的贫困人口通过乡村旅游社区参与提高经济收入，实现农村社会和谐的目标。

在旅游资源比较丰富的贫困地区，以乡村旅游者需求为前提，通过对旅游资源保护性的开发利用，大力开发乡村旅游产品，将资源优势转化为经济优势，进而带动和促进相关产业的发展，增加贫困地区的"造血功能"。乡村旅游因其"造血式"扶贫与以往单纯地给予财政扶持的"输血式"扶贫相比，具有更明显的激励扶贫地区人口的主观能动性，以实现"自助扶贫"作用，因而其扶贫效益在学术界被广为认同。

2. 乡村民营旅游经济促进乡村旅游业的繁荣

创办乡村民营旅游经济，是进行旅游开发的民族地区居民参与旅游收益的最主要形式。国内外研究者开始关注这种在旅游经济发展过程中、旅游扶贫开发特定区域下、扶贫作用越来越凸显的乡村民营旅游经济及其形成的经济现象。存在于我国旅游业发展现阶段的乡村民营旅游经济，其小型和微型特征明显、由正式经济实体（企业）和非正式经济实体（无工商注册的小摊点、家庭旅馆、个体导游等）组成的民营旅游经济现象，在市场经济不发达，并以旅游作为扶贫开发项目的偏远地区尤为突出，甚至是当地发展旅游业所得旅游收入来源的主要形式，对当地旅游经济发展具有不可忽视的促进作用。乡村民营旅游经济往往以小型的家庭旅馆、饭店、旅游交通、旅游手工艺品店、小摊点、游乐设施租赁以及个体导游等形式出现，通过这种灵活的经济形式，实现社区居民有效参与旅游开发，并已获得经济利益，这一现象已成为众多旅游目的地现存的普遍现象。乡村民营旅游经济拓展了乡村社区居民旅游的参与面、受益程度，促进乡村旅游业的繁荣。

3. 乡村民营旅游经济的作用

大力发展乡村民营经济是繁荣民族地区经济的重要途径。民族地区广大农村往往存在着思想观念保守、交通不畅、信息闭塞、科学文化教育落后、人口素质低、经济基础薄弱、产业结构不合理、商品经济不发达、市场机制不健全、发展资金不足等问题，严重制约着其经济发展。发展乡村民营经济可以有效扩大就业、改善民生、激发民间活力、促进社会和谐稳定，还可以培育壮大经济社会发展新动力，培养大批有所作为的企业家，树立市场意识、竞争意识、效率意识和科技意识，营造发展商品经济的氛围，激发全民创业的热情，在加快统筹城乡发展中产生巨大的推动作用。乡村民营旅游经济的创业、民营旅游经济的发展状况，影响了整个旅游开发地区，并对当地经济社会等各方面产生深远的影响，成为农村经济社会发展中值得研究的重要领域。

二、研究意义

认识和了解我国乡村民营旅游经济的发展环境、现状、创业影响因素、经营管理，促进我国民族地区民营旅游经济的健康发展，对民族地区社会和经济的持续发展具有重要的意义。

1. 理论意义

一方面，当前民族地区旅游业和乡村民营旅游经济增长迅速，乡村民营旅游经济在旅游业中不仅作为重要的旅游吸引物，而且其旅游经济的影响作用日益凸显；另一方面，尽管国内外研究者越来越重视对其研究，但从中国的民营旅游经济发展现状来看，已有的理论与实证研究不仅文献数量不够丰富，研究内容也不够深入，无法反映我国民营旅游经济的发展规律和一般特征。研究中以乡村民营旅游经济作为研究对象，首次明确其小型和微型特征明显、由正式经济实体和非正式经济实体组成，类型包括了国外理论研究对象的概念——旅游小企业、国内理论研究的"农家乐、家庭旅馆"等非正式经济实体，确定了乡村民营旅游经济特征。通过研究乡村民营旅游经济的创业影响因素和经营影响因素，探讨农民专业合作经济组织、利益协调、发展动力机制，弥补了当前国内研究中的不足，实现理论研究与现实发展的协同。

2. 有利于民族地区经济稳定增长和社会和谐

旅游能有效带动农村产业结构的调整，促进当地经济发展。在旅游的发展进程中，开办小型民营旅游经济实体是社区居民参与旅游开发和旅游受益的最主要形式，其健康发展直接影响到民族地区旅游开发目标的实现。近年来，民族地区旅游业的发展带动了乡村民营旅游经济快速成长，其社会效应和经济效应在成长过程中不断加强和放大。就社会效应而言，乡村民营旅游经济在解决就业方面有其独特优势，不需要劳动力转移就能就地解决就业问题，既充分发挥了劳务经济促进地方经济发展的功能，同时也避免了劳务经济所引起的诸如"儿童村"、"老人村"以及农业发展后劲不足等诸多问题。乡村民营旅游经济主要是当地居民开办的家族性质经营实体，是家人共同建立的基业，其员工也以家庭成员为主，一家人共同生活、共同劳动、共同谋划家庭的发展，有利于家庭安定团结，对构建和谐社会也非常有利。就经济效益而言，发展乡村民营旅游经济能有效地提高所在家庭的经济地位，以家庭经济提高来推动地方经济发展。乡村民营旅游经济通过向旅游者提供住宿、餐饮及其他相关服务，拓宽了其家庭收入渠道。乡村民营旅游经济收入占家庭收入的比重调查显示，超过一半民营经济收入占家庭收入的 60% 以上，旅游收入正成为家庭收入的主要来源。民营经济的创办，其所在家庭的经济地位明显提高。乡村民营旅游经济的从业人员以家庭成员为主，通过与游客的交流，从业人员能够更多地接触外面的世界，有利于眼界的开阔和综合素质的提高，增强了村民的自信心和地方文化、民族特色的认同感，文明程度不断提高。旅游业具有很强的带动效应，不仅可以促进旅游直接相关行业的经济发展，也促进了当地的建筑、通信、种植等旅游支持行业的发展，有力推动了地方经济繁荣。绝大多数乡村民营旅游经济同时具有自住功能和旅游接待服务功能，是旅游者了解当地民风民俗的载体，有利于增加旅游活动的内涵。乡村民营旅游经济创造了大量的就业机会，是农村地区就地吸收剩余劳动力的重要载体，在促进农民增收致富、促进社会主义新农村建设、构建和谐社会、丰富旅游产品方面发挥着越来越重要的作用，已经成为民族地区经济稳定增长的重要组成部分。

3. 以广西民族地区乡村民营旅游经济为例具有典型意义

在研究中，大量的实证数据和案例均选自广西。以广西作为收集乡村民营旅游经济大样本数据来反映旅游开发中的民营旅游经济基本特征，具有一定的典型意义。一方面广西处于经济发展相对落后的西部，不仅多处地区处于国家划分的绝对贫困线之下，从全国或全区平均水平来看，相对贫困的地区也很多。另一方面广西具有丰富的自然旅游资源和人文旅游资源，很多贫困山区与秀丽的自然景观相重合，多民族聚集使广西拥有多姿多彩的人文景观与民俗风情。广西，尤其是桂北的民营旅游经济经过十多年的旅游开发，旅游经济不只处于全国旅游经济的前位，同时也领先于区内的其他产业经济；经过十多年的旅游扶贫，广西偏远山区的绝对贫困地区（如龙胜）以及相对贫困地区（如阳朔）的贫困人口，通过经营农家饭馆等小营旅游经济实体，实现了脱贫致富；民营旅游经济经过创业，经营管理、聚集经营，已经形成这些旅游开发地区的一种景观，有些还成为当地的旅游主要吸引物，形成对当地发展具有重要意义的民营旅游经济现象。

第二节　概念界定

一、民营旅游经济

民营经济是指除了国有和国有控股企业以外的多种所有制和经营方式的总称，这个概念既涉及所有制形式，又涉及经营方式。民营经济主要包括三种形式：个体工商户、私营企业等民有民营经济；国有、集体企业采取承包、租赁、拍卖、兼并、入股等形式交给民间团体和个人经营的国有、集体民营经济；通过股份制度等形式将各种所有制企业资产构建新的财产所有制度结构企业，交由民间团体或者个人经营的财产混合所有制民营经济。从产权关系来看，民营经济对其全部财产拥有独立支配权，民营企业多数自筹资金、自由组合，具有产权主体多元化、产权明晰、利益分配明确等特点。从经营方式来看，民营经济作为一种市场主体，在市场竞争中其经营决策权、资产支配权、人力资源配置权、利益分配权能够自主决策，能够及时根据市场变化发现和捕捉市场机会，寻求发展机会，可以最大限制地规避市场风险，具有自主经营、自负盈亏、自我约束、自我发展的特点。旅游经济是国民经济中的重要组成部分，民营旅游经济已成为活跃旅游经济的重要力量。旅游领域涵盖的旅游景区、旅行社、旅游饭店、旅游汽车、旅游商业、游船缆车等旅游行业中存在着各种各样的民营经济。民营旅游经济在旅游接待人数、旅游收入、增加就业、改善生活、增加财政收入等方面发挥了重要作用，对经济社会发展作出了重要贡献。没有私有部门的有力支持，旅游业很难发展到使旅游目的地和贫困人口受益的规模（W. B. Zhao，2007）。

二、乡村民营旅游经济

乡村民营旅游经济指的是依托乡村旅游目的地，为乡村旅游者提供食、住、行、游、购、娱等相关旅游产品和服务的实体。具体指从事旅游经营活动的旅行社、旅游景区景点、旅游商品定点生产企业和旅游定点宾馆饭店、餐馆、商店、车船公司、租赁、手工作坊以及其他从事旅游经营活动的个体工商户和旅游私营企业。乡村旅游经济的持续发展依赖于乡村民营旅游经济实体的健康发展。作为旅游经济活动的主要参与者，乡村民营旅游经济实体涉及旅游经济活动的方方面面，为旅游者提供相关的产品和服务，满足旅游者对于生活和娱乐的基本需求。此外，由于独有的少数民族经营环境和特色，广西少数民族地区的民营旅游经营实体可以作为一种富有特色旅游吸引物而存在。在乡村旅游地区，受到投资、客源内外部条件的限制，民营旅游经营实体雇用的员工数量不多，多数是由业主个人或与配偶和家人组成的，员工数在 2~5 人的占绝大多数，多数民营旅游经营实体的规模不大，因此有时亦被称为"微型企业"。另外，从我国乡村旅游目的地提供旅游产品和服务的实体的组织形式、就业形式、就业收益及市场形式来看，目前我国乡村民营旅游经济的实体构成表现出正式经济部门与非正式经济部门共存，其中正式经济部门主要是指那些在政府注册登记并缴纳相应税收、具有企业基本特征的旅游经济部门；非正式经济部门指的是一些小商小贩、小手工艺者，他们一般以个人或家庭为经营单位，小本小规模经营，自产自销，从事的行业大多不需要较高的技术，具有劳动密集型的特点（操建华，2005）。非正式部门的经营活动是社区居民主要的旅游参与方式和获利方式（张伟，2005）。

乡村民营旅游经济名称的繁杂和不规范，增加了旅游经济政策制定的复杂性，容易引起市场运行秩序的混乱。政府制定和执行企业政策很难针对乡村民营旅游经济这一特殊的类型，政府的许多企业政策没有办法明确落实到乡村，也没有办法严格地执行，而民营经济也没有合格的身份享受政府制定的优惠政策，让经营者感受不到政策公平和待遇公平。目前，乡村民营旅游经济在市场运行中许多参与市场交易的市场主体结构不规范，其交易没有法律保障。实际上严格地讲，我国目前的农民交易中的大多数行为是不合法的。有的经营者办有执照有的则没有，有的经营者有牌子而有的没有，农民的生产资格和交易资格都没有规范的法律认证。在此，虽然在实践中农民参与经营的主体资格不一，经营管理存在差异，而不同的学者研究者研究时采用的名称不一。从长远的发展目标看，乡村市场经济需要与城市接轨，在此一并用"乡村民营旅游经济"这一称谓指代在开发了乡村旅游地区，以当地农村家庭为主体，参与提供与旅游者食、住、行、游、购、娱等相关旅游产品和服务的营利组织。

第三节　广西乡村民营旅游经济概况

一、广西乡村旅游概况

广西境内有壮、汉、瑶、苗、侗、仫佬、毛南、回、彝、京、水和仡佬12个民族。2005年末，全区总人口4925万人，其中各少数民族人口1898万人，占38.54%；其中壮族人口1605万人，占少数民族人口

第一章　导言

7

的 84.57%，占总人口的 32.60%。在广西的 11 个少数民族中，每个民族都有自己的文化传统、民族风情、民族风格以及民族的表现形式。壮族的歌、瑶族的舞、苗族的节、侗族的楼和桥是广西民族风情旅游四绝。各民族虽经历了世代的历史演变，但都保留着自己的文化传统和生活习惯，成为独特的传统习俗。如壮族刘三姐的传说、百鸟衣的传说、布洛陀的传说、三月三歌圩、京族的唱哈节、三江的风雨桥建筑、壮族的干栏式民居和捡骨葬习俗等，这些独特的文化传统和风俗习惯，构成了广西民族文化旅游资源的重要组成部分，并散发出独特的魅力。

从全国范围来看，广西的民族地区旅游业在发展规模和阶段上均位居前列，具有一定的典型性。早在 20 世纪 90 年代初，以阳朔为标志的广西乡村旅游就已享誉海内外。近几年，广西旅游部门将旅游工作与建设社会主义新农村结合起来，以创建全国农业旅游示范点为带动，充分利用美丽的自然山水、独特的民族风情开展农业观光游和农民生活体验游，促进了乡村旅游的迅速发展。目前，广西的乡村旅游呈现出多点开花的良好态势，已从桂北旅游圈向广西各地延伸，从大中城市周边向落后地区辐射，从单一的农业观光型向生态农业型、科技示范型和农村民俗型转变。到 2010 年底，共有乡村旅游点 1.2 万个，其中农业生态旅游园 450 多个；农家乐 1000 多家。2010 年，乡村旅游共接待游客 3000多万人次，旅游总收入 50 多亿元，发展乡村旅游的村屯农民人均增收1000 元以上。乡村旅游的范围从桂北扩大到全区 14 个市，80 多个县（市、区），旅游形式多样，涵盖了农业的各种业态，并取得良好的社会效益和经济效益，乡村旅游已成为广西旅游业一道亮丽的风景线和建设旅游强省的重要组成部分。

二、广西乡村民营旅游经济发展状况

旅游业的兴起带动了民营经济的发展，越来越多的个人、家庭和企业加入到旅游行业中来，具体表现在从事旅游行业的个体工商户、私营企业的数量逐年增加，从业人员也越来越多，广西民营旅游经济呈现一片繁荣。

乡村民营旅游经济的发展是地方政策环境宽松的结果。旅游业发展的地方，民营旅游经济也会由此带动，典型的表现是桂林阳朔西街。在西街，旅游小企业由最初的几家发展到现在的几百家，经营类型无所不包。又如桂林龙胜平安寨，随着龙脊景区的日益火暴，全村180户，几乎家家户户开展旅游经营。从经营类型看，个体工商户和私营企业主要从事的是家庭旅馆、旅游餐馆、纪念品商店、手工艺作坊、农家乐、小酒吧、游乐用品租赁经营、旅游客运、旅游土特产品生产与加工经营等。经营类型丰富，基本能够满足游客的消费需求。从经营规模看，广西少数民族地区的民营旅游经济多为个人或家庭成员进行投资经营，也有合伙经营，但较少。所有者多亲自经营，雇用人数很少甚至不雇用其他人员，因此经营规模都不大。从所有者和经营者来看，文化程度普遍不高，缺乏相关的旅游从业经验和技能。从经营状况来看，经营收入受旅游淡旺季影响很大，经营呈现很明显的季节性。因为是少数民族地区，所经营的产品和服务具有地方少数民族特色和自家特色，因此受到游客的欢迎。从经营环境看，民营旅游经济得到国家和地方政策的大力扶持，地方还出台了一系列优惠的政策，如用地、减税甚至免税、免费的政策，大力鼓励个人和企业从事旅游经济活动；但由于数量的增多，旅游经济实体普遍出现竞争激烈、经营效益下滑，甚至濒于闭门营业的境况。此外，由于缺乏融资的渠道，民营旅游经济缺少用以自身发展壮大的资金。从总体而言，民营旅游经济实体存活率普遍不高。从分布来看，民营旅游经济在广西少数民族地区呈现不平衡的分布。桂林、柳州、南宁等桂北和桂南地方的民营旅游经济较密集、较发达，而百色、河池等桂西地方的民营旅游经济还处在初级发展阶段，没有凸显其旅游扶贫的这一功能，这是由各地旅游发展的不同阶段和状况造成的。从民营旅游经济的作用来看，它已经成为旅游经济一个重要的构成部分，甚至成为独特的旅游吸引物吸引大量的游客。因此，为了扩大旅游扶贫的效果和功能，广西应该大力发展民营旅游经济，鼓励更多的贫困人口通过开办旅游经济实体，早日实现脱贫的美好愿望。同时，为了实现广西民营旅游经济的健康发展，巩固旅游扶贫的成果，各地政府部门有必要研究民营旅游经济的发展规律和趋势，制定积极的扶持措施，提高民营旅游经济实体的存活力和竞争力。

第四节　研究思路、内容与方法

一、研究思路

由于乡村民营旅游经济在国内外的研究不多，因此本书在相关理论的指导下，以实证研究为主。主要运用相关研究成果做基础，以旅游学、管理学、经济学、组织行为学、企业创业理论、可持续发展理论等多个学科原理为指导，采集典型案例和大量数据做支撑，利用统计分析软件 SPSS，通过演绎、推理、归纳、分析、比较、反复论证的手段，按照文献收集—实地调查—资料统计—理论研究—分析比较—理论提升的技术路径，获得乡村民营旅游经济发展的较为完整的基础资料，分析其特征，对其作出较为完善、科学的诠释。

第一阶段，对目前国内外的已有成果进行相关理论研究。这一阶段采用理论验证方法，运用相关的理论分析影响乡村民营旅游经济行为的各因素及各因素之间的相互关系，构建研究的内容体系。

第二阶段，在理论研究的基础上进行实地调查，选取广西区内乡村旅游比较有代表性的地区进行实地调查，见表 1-1。由于广西尚没有编撰乡村民营旅游经营名录，通过邮件或电话进行随机抽样的方法不可行。为此，实证数据的调查采用了实地走访式调查法。受调查地区包括广西开展乡村旅游的主要城市近郊：即南宁市近郊、桂林市近郊、北海市近郊，以及主要县（区）：武鸣、龙胜、资源、阳朔、临桂、灵川、乐业、田东、田阳、靖西、东兴、环江等地的村（屯）。这些乡村旅游目的地在地域分布、经济发展水平、吸引物类别、旅游地生命周期、民族特征等方面具有多样化的特点，能够真实反映广西乡村旅游的客观发展情况。在正式调查之前，首先对南宁市周边几个村庄的 12 位乡村民营旅游经济的业主进行了深度访谈，并且开展了小规模的试验性调查，以保证调查问卷的科学、合理，并且易于理解和接受。正式调查采取现场座谈与问卷调查相结合的方法，提高了问卷的调查质量。

第三阶段，对收集的数据进行统计分析，以确定影响乡村民营旅游经济决策的各种决定因素以及它们之间的相对重要性。并在调查结束以及初步的数据分析完成之后，将向一部分受调查对象反馈分析结果，以进一步验证研究结果的可靠性与有效性。其他一些非量化的研究方法（如直接观察法、开放式访谈等）也将被用于数据收集，主要是用于验证或补充通过问卷调查法所收集到的数据。

第四阶段，对调研中发现的乡村民营旅游经济存在的主要问题进行案例剖析，以期引起民族地区加强乡村民营旅游经济经营的产品调整、加强在社会主义新农村建设社区的民营经济的建设，以及有创办乡村民营旅游经济意向的地区如何促进民营经济的建议。最后，在数据统计分析的基础上，从实际调查的成果中提出民族地区乡村民营旅游经济可持续发展的建议。

表 1-1　调研地点及时间

市	县	乡镇（村）	景区	调查时间
北海市			北海银滩风景区	2006.6.25～28
	合浦县	山口镇	山口红树林自然保护区	
桂林市	龙胜县	平安寨 大寨 龙脊壮寨 坳背村	龙脊梯田风景区 坳背农家乐	2006.8.16～9.2
	阳朔县	历村 高田镇 兴平镇：冷水村、大河背村、小河背村	月亮山 遇龙河、大榕树景区 漓江风景区	
	恭城县		红岩村	
	灵川县	大圩镇	大圩古镇、古东瀑布景区	
南宁市	武鸣县	三塘镇	九曲湾景区	2006.9.10
			灵水景区	2006.9.15
		江西村	扬美古镇	2006.9.15
河池市	环江县	东光乡	杨梅坳风景区	2006.11.1～3

市	县	乡镇（村）	景区	调查时间
百色市	乐业县	火卖村	天坑、农家乐	2006.11.9~11
	靖西县		旧州	2007.12.2~9
防城港市	东兴市		金滩	2007.12.14~17
			竹山村	2008.1.10~15
钦州市	灵山县		大庐村	2008.3.1~3
	藤县		永隆村	2009.5.15~17
南宁市		两江镇	大明山大门口农家乐	2010.5.8~10
南宁市	隆安县	乔建镇	底嵩村	2010.9.8~11
防城港市		勒山古渔村	渔家乐	2011.8.12~15

二、研究内容

本书主要对以广西为例的两类人员进行了专门研究，一是创办了乡村民营旅游经济实体的经营者（简称创业组），二是未创办乡村民营旅游经济实体的成年村民（简称对照组）。调查对象除了开办乡村民营旅游经济实体的经营者之外，还包括几乎按同等数量随机抽取的当地村民，最后课题组共回收有效问卷 482 份，其中创业组 233 份，对照组 239 份。

针对创业组（见附件 1），本书重点了解以下内容：

（1）民族地区乡村民营旅游经济经营者基本情况；

（2）民族地区乡村民营旅游经济的基本情况；

（3）民族地区乡村民营旅游经济的创业动机；

（4）民族地区乡村民营旅游经济的经济效益和家庭相关效益调查；

（5）民族地区乡村民营旅游经济运行的环境调查；

（6）创办乡村民营旅游经济实体的成年村民的社会资本构成情况。

为保证抽取的对象具有对比意义，在每一个民族旅游目的地，创业组和对照组几乎按同等数量随机抽取。在开发了旅游的民族地区，重点调查了对照组的以下内容（见附件 2）：

（1）未创办乡村民营旅游经济的成年村民基本情况；

（2）未创办乡村民营旅游经济的原因；

（3）未创办乡村民营旅游经济的成年村民的社会资本构成情况。

无论是对于创业组还是对照组的问卷调查，除了个人和经济实体的基本信息部分和开放式问题外，其他部分均采用了李科特量表法。对每一部分的每一条陈述按照"非常不重要"、"不重要"、"一般"、"重要"、"非常重要"五个等级，分别计"1"、"2"、"3"、"4"、"5"分。调查对象依据自己对陈述的态度的赞同程度选择相应的等级。

三、研究方法

1. 文献综合分析

通过收集和分析现有的国内外文献资料，探讨和分析乡村民营旅游经济相关理论与方法构架。确立研究的思路，探讨研究方法，并在此基础上提出设计研究内容。

2. 比较分析法

在不同类主体对相关同类指标的评价有显著差异的假设下，就不同主体对同一指标的评价结果进行对比分析。

3. 模糊评价方法

考虑到乡村民营旅游经济在某些地区属于非正规经营，经营者对研究中需要的经济数据非常敏感并有所顾忌，在收集一些敏感的经济数据指标时，用模糊评价法来设计问题，这样比用具体数字问题所获得的数据更可靠，并得到受访者的配合。

4. 观察法

在实证研究中通过观察获得村屯乡村旅游业发展进程的判断、乡村民营旅游经济的经营种类、规模、数量、分布状况，以及乡村旅游开发村屯的旅游环境、社会、经济、环境保护等现状的总体感性认识。

5. 访谈研究

研究中采取标准化访谈和深度访谈两种方式。标准化访谈使用事先设计的统一的访问表，通过面对面的方式询问被调查者，询问完即收回。主要是访谈对象为乡村民营旅游经济和一般社区居民。深度访谈是按照事先拟订的提纲与主要问题，具体如何发问，在访谈过程中根据当时的情景灵活决定。对象主要为主管部门干部、典型乡村民营旅游经济以及当地居民代表等。

6. SPSS 数理统计分析方法

对实证数据进行百分比、t 检验、一维方差分析、因子分析、结合分析等。在研究中针对某一主题收集了大量的实证数据，为了达到分析目的，常常用因子分析法进行数据简化，以最小的信息丢失为代价将众多的观测变量浓缩为少数几个因素，以发现事物之间的内在联系。

第二章

研究理论基础与相关研究述评

第一节　研究的理论基础

一、创业理论

创业理论源于现代公司理论。现代公司理论是过去 20 年间主流经济学发展最为迅速、最富有成果的领域之一。早在 18 世纪初期，法语词"entrepreneur"第一次被用来描述"中间人"，即现在我们所称的"企业家"。著名的经济学家和作家理查德·坎蒂伦，则被许多人认为是"企业家"（entrepreneur）一词的创造者，他用"entrepreneur"来指在寻求机遇的过程中扮演积极承担风险角色的人，企业家在一个国家或地区内处于交换和流通中介地位，他们的收入往往是"不确定"的，追求高利润回报的前提一定是创业者所承担的一定的财政风险。国际管理科学学会（The Academy of Managemeni）的教授协会对创业下的定义是"对新企业、小型企业和家庭企业的创建和经营"。创业是这样的一种过程，在这个过程中，某一个人或一个团队，使用组织力量去寻求机遇，去创造价值和谋求发展，并通过创新和特立独行来满足愿望和需求，而不管企业家们手中当时有什么样的资源。创业是一个需要时间的过程，它包括从创业伊始，到企业的经营管理，甚至到某一时间的退出之间的所有的各类决策和行动。

创业需要企业家的创业精神。德鲁克认为，任何敢于面对决策的人，都可能通过学习成为一个创业者并具有创业精神，创业的精神源自于创新的精神，创业精神的基础绝不只是在于直觉，而是存在于观念和理论之中，这种精神不是创业者的个性特征，而是一种行为。熊彼特认为企业家是实现创新的人，其行为不仅仅是由于其追求最大限度的利润这一目标的支配，同时还要受到一种非物质的精神力量的支配，这种精神力量体现为事业心、荣誉感、成功欲望等心理方面的因素，这就是企业家精神。创业者所拥有的创业精神表现为一种"创造性的破坏"，表现为变革，表现为创新。通过对现行规则的"破坏"，带来一种暂时的"混乱"局面，创业者在这个过程中发现和追逐机会，追逐更多的利益；同时，创业精神也给创业者带来风险，即创业者自己要承担这一系列活动可能带来的后果，承担其可能会有所损失的风险。

对创业过程的研究随着创业研究的发展也在不断地发生着变化，早期主要从活动的角度来描述创业过程，强调的是组织的创建。创业研究领域在20世纪80年代从宏观层面转向了微观层面——将创业作为微观的行为过程，对创业行为和创业过程进行分析和研究。研究发现，创业过程中各种活动的发生并没有特定的先后顺序；在不同的创业个案中，各个创业阶段所需要时间差异极大，因此创业各阶段耗费的时间没有可比性；从长期来看，并非所有的创业行为都遵循着固定的流程。在我国乡村民营旅游经济出现时间不长，发现并把握创业机会对民营经济创业者来说尤为关键，研究其创业过程，有利于指导其健康发展，并带动更多的社区居民把握创业机会。

二、复杂适应系统（CAS）理论

复杂适应系统理论由遗传算法的创始人霍兰教授于1994年提出，是现代系统科学的一个新的研究方向，其突破了把系统元素看成"死"的、被动的对象的观念，引进具有适应能力的主体概念，从主体和环境的互动作用去认识和描述复杂系统行为，开辟了系统研究的新视野。复杂适应系统理论最基本的概念是具有适应能力的主体，主体随着时间的变化而不断进化，不仅能学习，而且会成长。主体能够与环境交互作用，能够不断地从环境接受刺激，并根据经验作出反应，该理论的基本思想是，"把系统中成员称为具有适应性的主体，简称为主体。所谓具有适应性，就是指它能够与环境以及其他主体进行交互作用。主体在这种持续不断的交互作用中，不断地学习或积累经验，并且根据学到的经验改变自身的结构和行为方式。整个宏观系统的演变或进化，包括新层次的产生、分化和多样性的出现，新的、聚合而成的、更大的主体的出现等，都是在这个基础上逐步派生出来的"。

　　乡村民营旅游经济作为社会经济活动的参与者，需要处理好主体与环境的关系。在旅游目的地成长过程中，旅游经济实体为了生存和发展，需要主动与其他个体相互发生作用，在相互关联合作的过程中，不断以信息、资金等非物质和物质的东西以"流"的形式在个体间流动和传递，个体获得生存和发展所需要的信息和能量。通过各种信息的传递和交流，小型民营旅游经济实体可以借鉴和吸收其他实体先进的经营理念和经营管理手段，从而改进自身的经营方式，提高实体的经营效益。同时，小型民营旅游经济实体处在一个开发大系统中，除了与其他经济实体发生联系外，小型民营旅游经济实体还会与外部济环境、社会环境、生态环境产生关联，相互影响，它们之间也是以"流"的形式进行联系和作用的。外部环境的变化会引起微观的民营旅游经济实体进行行为的调整，而民营旅游经济实体的行为也会对外部的环境产生影响，甚至会引起整个外部环境的变化。

三、利益相关者理论

　　利益相关者理论是 20 世纪 60 年代左右，在美国、英国等长期奉行外部控制型公司治理模式的国家中逐步发展起来的。所谓利益相关者是指"能够影响企业目标达成，或者在企业达成目标的过程中受到影响的个人和群体"，利益相关者包括与组织相关的个人或群体，可分为直接的利益相关者和扩展的利益相关者，前者包括个人和机构投资者、顾客及员工；后者则包括供应商、联盟伙伴、行业协会、地方社区、消费者协会、非政府组织、媒体、政府管制者、竞争对手、外部董事和一般公众等。利益相关者理论目前已较为完善，核心思想是公司决策应该是平衡所有利益相关者的利益，而不是仅仅最大化股东的利益。利益相关者理论认为，任何一个企业的发展都离不开各种利益相关者的投入或参与，企业追求的是利益相关者的整体利益，而不仅仅是某个主体的利益，即企业的经营管理活动要为综合平衡各个利益相关者的利益要求而展开进行。利益相关者依靠企业来实现其个人目标，而企业也依靠他们来维持生存。该理论目的在于将利益相关者问题纳入组织内部程序，不仅强调利益相关者对组织的支持，同时也强调利益相关者和企业之间影响的交互性，它使人们认识到，在企业的周围还存在许多关乎企业生存的利益群体。利益相关者从"影响"到"参与"再到"共同治理"，形成彼此之间的长期合作，并形成有效的制衡机制。

在利益相关者理论中，影响力/活力矩阵（Power/Dynamism Matrix）在实践中得到广泛运用，此矩阵根据利益相关者的影响力及其活力对利益相关者进行分类。通过这一矩阵，企业能够探知在实施新战略过程应该对各利益相关者分别采取何种措施。在对企业产生影响的群体中，其影响力和活力均有高低之分，进而有低影响力低活力组，这是企业最容易对付的利益相关者；而高影响力低活力的利益相关者因为具有相当的力量，所以属于重要的利益相关者。低影响力高活力的利益相关者，因为活力较高，他们的行为态势不具有可预见性，其利益需求相对不容易处置；高影响力高活力利益相关者不仅具有很强的影响力而且具有非常高的活力，他们的行为态势难以预见，所以最需要引起企业管理层的注意。对利益相关者进行适当的管理，被认为是有利于节约长期成本、利于文化合作、利于决策制定，并且能平衡不同利益主体间的不同力量而实现公正、公平。

四、区域产业结构演进理论

配第一克拉克定律认为，随着经济的发展、人均国民收入水平的提高，劳动力首先由第一产业向第二产业转移，进而再向第三产业转移；从劳动力在三次产业之间的分布状况来看，第一产业的劳动力比重逐渐下降，第二产业特别是第三产业劳动力的比重则呈现出逐渐增加的趋势。西蒙·库茨涅兹认为，随着时间变化，各国国民收入和劳动力在各产业间分布结构演变趋势呈现以下规律：随着国民经济的发展，区域内农业部门的产值在国民总收入中的比重、农业部门劳动力占全部劳动力的比重均会不断下降；工业部门产值在国民生产总值中的比例不断增大，但是工业部门劳动力总量总体趋势为不变或略有上升；服务业的国民收入相对比重随经济发展略有上升或者保持不变，但其劳动力的占用比例逐渐上升（周丽，2010）。

我国经济结构存在的主要问题是产业结构不合理，地区发展不协调，城镇化水平低，调整优化产业、地区和城乡结构，解决制约经济发展因素，促进经济快速增长，需要推进产业结构优化升级，形成以高新技术为先导、基础产业和制造业为支撑、服务业全面发展的产业格局。服务业吸收劳动力能力强于第一、第二产业。从收入角度看，工业比农业、服务业比工业的附加值高，即服务业不但能够促进剩余劳动力就业，而且能显著提高劳动力的收入水平。广西乡村旅游地区，通常是经济、社会发展相对落后，农村仍以农业为主要的经济形态。按照区域经济学的产业结构演进理论，随着经济的发展，发展旅游服务业适应经济发展的规律、将会促使当地劳动力向第二、三产业转移，旅游业为当地创造的国民收入比重增加。

五、可持续发展理论

可持续发展的概念最早是在 1972 年在斯德哥尔摩举行的联合国人类环境研讨会上正式讨论。直到 1987 年，以挪威首相布伦特兰夫人为主席的"世界环境与发展委员会"（WCED）公布了著名的《我们共同的未来》后，才在世界各国掀起了可持续发展浪潮。在 1992 年联合国环境与发展大会通过的《21 世纪议程》中，将可持续发展作为全球行动战略，强调人、社会、自然三者关系的和谐发展，要求实现全人类代际间发展机会平等条件下的协调发展与共同进步。可持续发展注重社会、经济、文化、资源、环境、生活等各方面协调发展，不同的研究者站在各自的角度，作出了可持续发展的不同定义。《我们共同的未来》中对"可持续发展"定义为："既满足当代人的需求，又不对后代人满足其自身需求的能力构成危害的发展。"该定义得到较为广泛的认可，包含了可持续发展的公平性原则、持续性原则、共同性原则，强调了两个基本观点：一是人类要发展，尤其是穷人要发展；二是发展有限度，不能危及后代人的生存和发展。我们可以把可持续发展的基本内涵理解为是以人的发展为中心的"生态—经济—社会"三维复合系统的运行轨迹，具体包括经济可持续发展、生态环境可持续发展、社会可持续发展。

1. 经济可持续发展

经济可持续发展不仅能增强国力，提高人民生活水平；而且为可持续发展提供了必要的物力和财力，要保持自然资源的质量及其所提供服务的前提下，使经济发展的净利益增加到最大限度。可持续发展鼓励并推动经济增长，而不是以保护环境为由取消经济增长。这里经济持续增长包括数量的增长和质量的增长。要改变过去以"高投入、高消耗、高污染"为特征的粗放式的经济增长，实现以"提高效益，节约资源，减少废物"为特征的集约式的经济增长，促使发展能够保持当代人的福利增加时，也不会使后代的福利减少。

2. 生态环境可持续发展

自然环境的可持续性是可持续发展的前提。人与自然协调共生，人类要学会尊重自然、师法自然、保护自然，学会与自然和谐相处，通过可持续发展同样要能实现生态的可持续性。因此，可持续发展要求发展与有限的自然承载能力相协调，要处理好自然资源及其开发利用程序间的平衡，保护和加强环境系统的生产和更新能力。

3. 社会可持续发展

社会可持续发展要求在生存不超过维持生态系统涵容能力之情况下，改善人类的生活品质。可持续发展目标在不同国家、区域或地区，在不同时期存在差异，但其本质具有一致性，即以改善人类生活质量，提高人类健康水平，创建一个保障人人平等，自由和免受暴力，保障人人有受教育权、发展权和人权的社会环境为目标。因此可持续发展强调社会公平，没有社会公平，就没有社会的稳定，就可能出现一部分人不顾资源和环境，不顾法律向社会发泄心中的不平，结果使资源和环境保护难以实现。

旅游作为一个涉及经济、社会、环境等多部门的综合性行业，要在理论研究和实践工作引入可持续发展理论及其思想。对开发了乡村旅游的社区，要以经济社会全面协调可持续发展为基本要求，坚持走生产发展、生活富裕、生态良好的文明发展道路，促进人与自然的和谐。要将可持续发展的理念引入到乡村民营旅游经济的发展研究中。乡村民营旅游经济的发展既要实现自身的经营目标，又要保持持续的盈利增长和运行效率的持续提高；民营经济的发展要把握外界环境的变化趋势，保持与外界环境和谐发展；在追求自身经济利益的同时，保持与社会、资源的协调发展，满足消费者、社会及权益所有者的需要。

第二节　乡村民营旅游经济的研究述评

一、乡村民营旅游经济成长相关研究

国外研究文献不区分正式经济实体与非正式经济实体，统称为旅游小企业，亦称小型旅游企业，以旅游小企业对旅游目的地作用与重要性、实体特征、发展机制、经营策略、旅游目的地竞争力与可持续发展的关系等，为研究主要内容（Thomas，2004；Getz 等，2004）。国内关于小型民营旅游经济实体的研究相对少得多，主要以景区家庭旅馆为对象，研究其产生发展、行业特征、经营管理特点（文彤，2002；周有桂，2002；梁钟荣，2005）。对国外旅游小企业概念和研究的引入，以及对国内旅游小企业的系统研究，当属邱继勤（2004）博士在其毕业论文中，以阳朔为例详细论述了中国旅游小企业的发展历程，发展特征以及对目的地发展的影响。

1. 产生与发展

国外对旅游小企业的研究始于 20 世纪 80 年代初。Roernburg 是最早探讨旅游小企业与目的地发展的学者，他在《不同规模的旅游企业对目的地经济发展的影响：巴厘岛旅游业研究》一文中，以巴厘岛为例，分析了岛上 3 种不同尺度的旅游企业对目的地发展的影响。其研究表明，较之于大型旅游企业对目的地发展而言，旅游小企业在带来乘数效应、提供就业机会、渠道和经济收益方面具有更显著的贡献。在研究的

初始阶段，由于研究者对旅游小企业自身的性质和特征的认识不足，导致研究程度欠深入。到了20世纪90年代，随着旅游小企业数量和规模的迅速膨胀，它们的发展和作用日益引起了学术界的重视，旅游小企业的研究进入一个深入发展的阶段。这一阶段的研究主要通过具体的案例研究来分析各地旅游企业发展的特征以及与旅游目的地的关系。1995年，旅游及接待业小企业研究中心在英国利兹大学成立，作为世界上第一个专门从事旅游小企业研究的研究机构，于次年主办了第一届旅游小企业发展国际研讨会，这标志着旅游小企业研究进入一个新的阶段，开始受到国际的普遍关注和重视，成为旅游学研究的重要内容（邱继勤、保继刚，2005）。Don Fuller（2005）考虑到生活在农村和偏远地区的澳大利亚土著居民长期以来处于社会底层和经济劣势中，提出发展旅游业是促进当地就业和经济可持续发展的可行方案，而其中最主要的经济组织形式就是小型旅游企业；这些企业在经营过程中面临的最主要的挑战是获得企业管理等方面的培训以及充足的融资渠道以提高其存活率；尽管有一系列的困难需要克服，但是由于这些企业建立在发展态势良好的旅游市场环境中，对于其经营者、雇员乃至整个社区来说，都会产生巨大的经济和社会效益；这些企业面临诸多问题，尤其是企业管理、经营规划、财务管理、市场营销、产品研发等方面缺乏经验，这就意味着他们有必要与主流的旅游经营者进行合作；他们难以通过正常的商业渠道获得资金来源，政府提供的信贷支持能够发挥重要作用。Donald Getz（2005）以家庭企业发展通用模型为框架研究了从事旅游业的这类企业的特性，以家庭企业与微型企业、家庭企业与创业精神、家庭的角色与职责、家庭企业与地方经济发展四个主题分别进行探讨。Irma Booyens（2010）通过对南非从事旅游业的微型企业的发展条件及其面临的挑战和机遇进行研究，指出旅游业是南非发展经济和创造就业的主要推动力量之一，而且作为一种扶贫战略手段，对推动共同富裕和可持续发展具有潜力；针对其旅游商品开发及营销、旅游市场定位、旅游基础设施建设等方面提出建议。Monica Iorio（2010）意识到，乡村旅游是促进农村地区社会经济发展的重要手段，对于那些传统农业活动正在衰落的地区尤其如此；乡村旅游带动了家庭企业的兴起，同时也普遍存在一些阻碍企业乃至整个农村发展的因素：缺乏专业知识是家庭企业饱受诟病的弱点，由于乡村旅游进入门槛很低，吸引了没有受过相关培训和教育的人，而这种情况严重制约了他们的发展潜力；很多家庭企业满足于维持生存的水平，不能创造更多的就业机会；而且他们普遍缺乏创新精神。他调查了罗马尼亚乡村地区家庭旅馆的经营状况后指出：尽管从事旅游业的家庭企业不是解决乡村地区所有问题的"万能药"，但是毕竟能提供一种谋生手段，有可能帮助参加旅游业及其相关产业的家庭提高生活水平，而且在非物质方面也丰富了他们的生活。

国内关于旅游业中的小企业和民营经济实体的研究只是改革开放后近十几年来的事。最早在戴凡、保继刚（1996）研究旅游对社会的影响时发现，由于经营餐馆、蓝染店、工艺品等商店，经营者与外国游客来往的机会增加，从而促进其学习英语的愿望与机会产生。随着旅游业的发展和入境旅游的增加，民居旅游迅速发展（周有桂，2002），家庭旅馆和"农家乐"成为学者研究的对象。随后《中华人民共和国中小企业促进法》、《关于进一步加强对有市场、有效益、有信用中小企业信贷支持的指导意见》等各项法规政策的颁布和实施，在数量上占据了旅游业大部分的中小企业，因其适应市场能力强、资本有机构成低、吸纳就业多、就业机制灵活等特点，得到重视和发展（宋瑞，2004）。随后，邱继勤（2005）首次对国外旅游小企业的研究进展进行综述，详细介绍了国外旅游小企业的研究成果，使得这一领域的研究开始被越来越多的学者所关注。

2. 经营特征

在新西兰北部乡村地区存在着大量的小型旅游企业，S. J. Page 等（1999）采用问卷调查、访谈等方法对该地区的小型旅游企业进行调查，总结出乡村旅游企业的总体特征、旅游小企业就业状况、毛利人参与旅游小企业的状况，并将数据与其他学者在英国某地的调查结果进行对比研究。知名学者 Gatz、Morrion、Carson（2003）在《旅游接待业中的家庭企业》一书中，介绍了旅游业家庭企业的总体特征，家庭企业创立时期的创业动机和目标、业主来源等，分析家庭企业发展期间的经营成功与失败的原因、企业战略制定，并以案例的形式介绍旅游业不同类型的家庭企业的特征。Shaw 和 Williams（1990）对 Cornwall 旅游小企业的研究表明，旅游小企业在经营管理方面存在着客源不稳定、资金投资水平较低、缺乏管理技能、难以接受外部环境变化等困难和问题，因此需要政府在资金和政策方面大力扶持。旅游小企业虽然有"散"、"小"、"弱"、"差"等先天缺点，但一些独特的优势和作用正日益获得广泛认可。

首先，开办和经营小企业的门槛比较低，有利于乡村居民特别是中低收入者的参与；本地化水平越高，对社区赋权产生的影响无疑会更加积极。其次，小企业与本地经济有着千丝万缕的天然联系，漏损效应也相对较小，有利于扩大旅游开发的受益面，稳步提升当地居民的生活水平。再次，单一小企业尽管规模有限，但由于数量众多，总的就业吸纳量大，对转移农村大量的剩余劳动力具有直接贡献。此外，许多学者（Getz 和 Petersen，2005）认为，小企业是旅游目的地竞争力的重要组成部分。例如，小企业富有创新精神，善于捕捉市场机会，往往能及时开发出新产品或服务，推进旅游目的地的正向变迁，这对处于新生期或衰落期的旅游地而言都至关重要。Heikki Heino（2006）研究了墨西哥旅游小企业的流动性制约，发现他们难以在信贷市场（无论其正规与否）获得启动资金；他运用二元 probit 模型对发放信贷过程进行分析，发现墨西哥小型企业启动资金以及借款者社会经济背景的异质性，而且得出流动性制约存在的明确证据，指出这会阻碍小型企业的建立和发展，建议墨西哥根本改善经济环境以促进经济增长。Roni Strier（2009）通过与 60 位在小型企业工作的巴勒斯坦和以色列妇女进行深度访谈，重点研究了妇女获得成功的动力和个人条件，以及为了摆脱贫困和性别歧视而开展创业活动的情况指出：如果没有全面的制度支持，微型企业和自营就业在摆脱贫困和性别歧视方面就会收效甚微；建议政府在实施政策时应充分考虑当地的社会、历史、文化背景，全面审视现有的不合理制度，在获得贷款、专业培训、二次分配等方面给予妇女公平待遇。Jovo Ateljevic（2007）基于对新西兰 317 个小型旅游企业（Small Tourism Firms，STFs）的邮件问卷调查和对 57 个 STF 企业主的深度访谈，研究这些企业的管理问题，揭示这些小型旅游企业的经营和发展与企业主的特征、企业业务类型、经营场所、外部环境等因素之间的关系，指出：由于企业规模之微小，这些企业既无必要也不可能维持正式的组织和管理结构；其中的大部分都是只关注日常经营和现有业务，缺乏战略层面的、长远的思考；要让这些小型旅游企业充分发挥其潜力，必须加强公共部门的支持和基础设施的建设；由于旅游业的季节性和需求多变，他们在旺季使用临时工而在淡季依赖为数不多的长期员工，因此会出现员工流动率高、员工忠诚度低、员工素质难以保证等问题。

与国外较成熟的研究相比，国内关于小型旅游经济实体特征的专门研究不多，一般只停留于概念描述而缺少实证支持。张杰（2005）指出，我国少数民族家庭旅馆具有民族特色浓郁、经营状况良好、经营方式多样化等特征。谢雨萍和李肇荣（2005）以阳朔为例，论述了乡村民居旅馆的位置及建设特点、经营管理特点以及客源特点。张军和李丰生（2004）对阳朔民居旅游进行实证分析了民居旅馆的优势和特点。邱继勤博士是首次详细论述了我国旅游小企业的特征的学者（2005），以她在阳朔西街的调查与 S. J. Pager 等学者在新西兰北部地区所得出的结果进行对比，从企业发展概况、从业人员以及企业经营能力三个方面进行中外旅游小企业发展特征比较。并分析阳朔旅游小企业的性质与经营方式、顾客类型与数量、企业经营的脆弱性和灵活性等特点，最后概括中国旅游小企业的特征（2006）。

3. 作用与影响

通过参与旅游业，从事餐厅、交通运输的业主获得了持续可观的收入，数百名当地人实现了稳定的就业，1600 多名从事手工艺品制作的当地女性挣到不错的收入（Jeremy Boissevain，1979）。Roernburg（1980）通过对国民收入、外汇收入、投资额、就业机会、基础设施、文化传播、社会变化等指标，来检验不同尺度的旅游企业对目的地发展的贡献度。得出旅游小企业乘数效应远远大于大型企业，而且在外汇的收入和旅游收入的影响方面不会导致巨大的经济漏损，小型企业比大型企业能够为当地人提供更多的就业机会和受益额，对目的地发展的影响并不弱于大企业。相反地，Fleischer（1997）以以色列典型的乡村旅游形式——提供住宿和早餐的农庄旅游（Bed and Breakfast Operation）为对象，乡村旅游规模很小，旅游季节短，带来的收益较低，对地方经济影响不大。从总体上来看，相对其他方面的研究，关于旅游小企业在旅游目的地经济发展中的作用受到忽略（Shaw 和 Williams，1990）。Donald Getz 等（2003）指出，关于家庭旅游企业和个体旅游企业对社区经济发展和目的地竞争力的形成方面的重要性的文献不多。他们认为，这方面的研究十分必要，因为关注家庭旅游企业和个体旅游企业的重要性有利于当地旅游业的发展和旅游目的地的管理。对目的地而言，缺少了效益良好且持续发展的旅游小企业，特别是"增长导向型"的旅游小企业，目的地将很难形成和保持良好竞争力和有效的营销体系；对社区尤其是小城镇发展而言，旅游小企业起着领导示范、树立社区居民自信、支持其他当地企业、确保当地基础设施、保持人口稳定等积极作用。

国内不少学者指出，小型旅游经济实体对旅游目的地的发展具有十分重要的积极作用。对目的地而言，民营旅游企业可以增加目的地经济收入，平衡地区经济发展，缩小地区差别，推动老少边穷地区脱贫致富，可以使旅游接待地区的财富或经济收入得以增长，同时有助于平衡国内各有关地区经济发展，缩小地区差别（周成俊，2002；卫敏，2003；邱继勤，2005）。但是在小型民营旅游经济实体发展的过程中，存在着政府监管的失灵、治安与安全方面的隐患（梁钟荣，2005）。

4. 微型企业研究

"中小企业"是一个相对于大企业的概念，世界各国或地区对中小企业的界定标准大体是质和量两个方面。"质"主要有企业所有权、经营权的归属，融资方式及企业在所处行业中的地位等；"量"则主要包括雇佣员工人数、实收资本额、资产总值及年营业额等。并因各自经济发展的阶段、水平、状况的不同，对中小企业的界定也不尽一致，同一国家（或地区）也随其经济发展进程的推进而不断调整其界定标准。表中是国外学者对旅游小企业的界定，见表 2 - 1。

表 2 – 1　近年国外研究文献中部分学者对旅游小企业的界定

作者	行业	界定
莫里森（Morrison, 1998）	住宿业	是由个体或小型组织投资并由所有者亲自经营的企业
桑伽德（Sungaard 等, 1998）	住宿业	客房数少于 25 间
托马斯（Tomas 等, 1997）	旅行社、景点、住宿设施、餐厅、酒吧等	雇工人数在 50 人以下
罗森等（Rawson 和 Locas, 1998）	住宿业	雇工人数在 25 人以下
海里森（Halcro 等, 1998）	住宿业	客房数少于 15 间

资料来源：邱继勤. 旅游小企业发展与影响研究——阳朔西街案例［D］. 广州：中山大学, 2004, 6.

在未出台微型企业划分标准前，乡村民营旅游经济一直被划入小型企业的范围。但这种划分越来越不适应现实的要求，2009 年 9 月出台的《国务院关于进一步促进中小企业发展的若干意见》已经明确提出，要"修订中小企业划型标准"，国家有关部门进行了中小企业划型标准的修订工作，以便更好地落实各项扶持措施、提高政策的针对性，这将为指导和扶植企业的发展提供重要的政策依据，对照今年正式颁布的微型企业划分标准，乡村民营旅游经济应纳入微型企业的范畴。重庆市人民政府率先于 2010 年 6 月提出了促进微型企业发展的意见，将微型企业界定为"一种企业雇员人数少、产权和经营权高度集中、产品服务种类单一、经营规模微小的企业组织，具有创业成本低、就业弹性空间大、成果见效快等特点"，其扶持发展的对象主要是指雇工（含投资者）20 人以下、创业者投资金额 10 万元及以下的企业，并于同年 7 月出台了《微型企业创业扶持管理办法（试行）》，为广大创业者提供了施展才华、创造财富的起点和舞台。2010 年底，广西提出要大力扶持微型企业，以激发全民创业热情、纾解日趋严重的就业难题；有关部门已对《广西壮族自治区人民政府关于大力发展微型企业的若干意见》展开讨论，表示要通过"政府主导、部门联动"的方式，从财政、税收、培训、信贷等多方面着手加大对微型企业的扶持力度，使更多失业人员和贫困人口有机会就业和参与发展，并计划于 2011 年上半年在南宁、柳州、玉林、百色、防城港市等地先行试点，取得经验后，自当年7月起在全区范围内推行。

近年来，国内学术界对微型企业的研究不乏探索者，他们不再满足于将微型企业笼统地包含在中小企业范畴中，而是试图就其特有的产权特征、组织结构和管理方式等进行描述和讨论。21世纪初，我国学者王振、莫荣、林汉川等就增设微型企业类别的必要性以及其内涵特征分别进行了较为深入的探讨，尽管其出发点和结论不尽相同，但是对于微型企业的理论研究都具有比较深刻的启发意义。台湾学者赵文衡、叶怡佩等在APEC会议框架内就微型企业的内涵及意义、发展行动计划、开展国际合作、提供良好的创业培育环境、台湾的发展状况及政策支持等进行了富有成效的讨论。蔡翔、宋瑞敏、蒋志兵（2005）对微型企业与中小企业的特点进行了比较，并对微型企业研究的相关理论基础进行了梳理和归纳。吴倩（2006）分析了微小企业融资难的原因：一是微小企业经营活动不透明、财务信息基本不公开导致信息不对称现象严重；二是微小企业往往缺乏诚信度；三是规模小、生命周期短、竞争和抵抗风险能力较弱使放贷风险加大。张陆等（2006）论述了微型企业的含义及其在解决就业和促进经济发展方面的重要作用，并探讨了如何建立具有中国特色的微型企业综合培育体系，指出：支持微型企业发展的主要条件关键在于三个方面，一是必要的技术（业务）支持和商业服务；二是必要的金融服务与支持；三是政府的政策支持。黄泽先、曾令华等（2006）从宏观和微观层面上对发展微型企业的经济和社会效应进行了分析，认为：微小企业在微观层面上有助于提高经济效益以及促进技术和制度创新、分配制度优化、消费结构合理化，而在宏观层面上则能向社会提供巨大的就业机会，而且在经济增长、物价稳定和促进出口方面也能发挥重要作用，同时也进一步深化了财政货币政策效应。王君（2007）从全球视角对微小企业的界定、中国在微小企业融资方面所取得的进展和国际上成功的经验进行阐述，并展望了中国微小企业融资问题的解决前景。陈剑林等（2007）指出："我国对中小企业研究由于缺乏对企业性质的真实把握，在企业划分标准上雇员人数标准的跨度太大。"他进而提出："在理论上，若我们再不顾微型企业异常活跃丰富的现实只专注中小企业或大企业的研究，这也许是我国企业研究理论的悲哀。"他在随后的多篇论文中就微型企业与创业就业的关系、企业家的培养、微型企业的生存与发展等方面进行了探索。吴勇、蔡根女（2010）针对农村微型企业的创业在宏观层面上进行了理论思考和实证研究，选取全国31个省市2000～2007年期间的面板数据，经 Eviews 软件通过回归计算方法对这一理论模型进行了分析和验证，研究结果表明：城乡居民收入比和工业化程度对农村微型企业创业有显著反向影响，城市化程度、政府对农村的财政支出比重对农村微型企业创业有显著正向影响。

二、乡村民营旅游企业扶贫困相关研究

全球旅游产业中90%的产值为中小型企业所覆盖，中小型企业实际上是旅游产业形成与发展的基础，在贫困地区旅游资源开发过程中，要特别重视中小型旅游企业的发展、开发，并强化旅游与相关产业之间的联系，更容易为贫困人口创造经济发展机会（邓南清，2004）。通过发展旅游业振兴地方经济正逐渐成为我国一种全新的扶贫手段。随着国家西部大开发战略的实施，旅游扶贫已经成为国内一个理论和实践的研究热点。

1. 旅游扶贫的发展历程

虽然旅游业对经济的贡献早已经得到了广泛的认可，但是长期以来，旅游业的扶贫功能并没有引起各国政府足够的重视，发展旅游业和消除贫困一直只是许多国家相对独立的发展目标。最近20年，旅游业在许多发展中国家的国民经济中的地位日趋重要，泰国、加勒比海等一些发展中国家和地区通过发展旅游业而迅速崛起，引起各国政府和学者的广泛关注，旅游与扶贫的结合也因此逐渐成为一个理论和实践的研究热点。1999年，英国的国际发展局（DFID）首次明确提出了"有利于贫困人口发展的旅游（Pro – Poor Tourism, PPT）"的概念，并在非洲进行了一系列旅游扶贫的试验项目。2002年，世界旅游组织开始组织实施以扶贫为中心的可持续性旅游项目（Sustainable Tourism – Eliminating Poverty, ST – EP）。2003年，ST – EP 在第15届世界旅游组织全体大会

上审议通过，并被提交联合国，标志着旅游业的扶贫功能正式得到了国际社会的广泛认可。

旅游扶贫的实践在我国也已经有了近20年的历史。过去深受贫困问题困扰的张家界、丽江、大理、德宏、九寨沟等贫困地区通过大力发展旅游业都成为著名的旅游目的地，在较短的时间内摆脱了贫困，并对其他贫困地区产生了一定的示范效应。当前，伴随着国家西部大开发战略的实施，我国的旅游扶贫开发热潮更是方兴未艾。国务院9号文件充分肯定了旅游业的扶贫功能，明确提出要规划建设一批旅游扶贫试验区。2000年，国家旅游局在国务院扶贫办的大力支持下在有中国"贫困之冠"之称的宁夏西海固地区设立了第一个国家级旅游扶贫试验区——六盘山旅游扶贫试验区。随后，一批国定、省定旅游扶贫试验区相继成立，许多贫困县甚至乡村也都充分利用本地方独特的旅游资源搞起了旅游业。旅游扶贫的研究内容主要关注旅游扶贫的概念内涵、理论基础、可行性分析、扶贫效应、经验与问题、发展模式与战略（丁焕峰，2004）、旅游扶贫的资源基础描述、政府在旅游扶贫中的重要作用、社区参与等（曾本祥，2006）。从我国旅游扶贫研究的发展进程来看，大致可分为以下四个阶段，虽然这几个阶段在时间上有所重叠，但从总体来看，我国旅游扶贫研究在广度和深度上都呈现出不断扩展和深化的趋势。

（1）消除贫困和发展旅游经济相对独立阶段。这一阶段大致从新中国成立之初到20世纪90年代初。我国学者对贫困问题的关注由来已久，特别是70年代末我国推行农村经济体制改革以来，反贫困的研究成果层出不穷，对我国的扶贫事业作出了巨大的贡献。相比之下，我国学者对旅游经济的关注则起步较晚，始于70年代末或80年代初。尽管如此，我国学者的旅游经济理论水平提升很快，在不到10年的时间里就形成了比较完善的理论体系，对我国旅游业的高速起飞和产业地位的确立起到了不可估量的作用。但是，在这一历史阶段，消除贫困和发展旅游经济基本上是相互独立的两个研究领域。一方面，这一时期的旅游经济学的研究主要专注于整个旅游产业的发展，以及旅游产业对国民经济其他产业部门的关联带动作用，旅游业的扶贫功能并没有引起足够的重视；另一方面，尽管在实践中的确有不少贫困地区通过发展旅游业而脱贫致富，但旅游开发并不认为可作为一种普遍的扶贫手段加以推广。

（2）旅游扶贫论的产生阶段。这一阶段大致从 20 世纪 90 年代中期到 90 年代末期。在这一阶段，国内许多学者已经意识到旅游业对经济的巨大带动作用，开始研究贫困地区如何发挥自身的旅游资源优势来发展旅游业的问题，并提出了旅游扶贫的设想和理论。吴忠军（1996）在国内率先提出了旅游扶贫的设想，并对旅游扶贫的地位、作用和思路进行了初步探讨。高舜礼（1997a；1991b）则在总结各地旅游扶贫经验的基础上，首次比较系统、全面地阐述了旅游扶贫的基本理论。朱明芳（1999）从贫困地区的状况、市场和需求以及旅游业的产业特点等方面论证了旅游扶贫的可行性。此外，这一时期还出现了一大批关于旅游扶贫的实证研究。总体来看，这一阶段的旅游扶贫研究偏重于思考贫困地区如何做大做强当地的旅游产业，其基本思路是通过贫困地区整体旅游经济的发展来带动贫困人口脱贫致富。

（3）倡导扶业与扶人协调发展阶段。这一阶段的研究大致始于 20世纪 90 年代末，并延续至今。经过第二阶段的理论和实践研究的积累和铺垫，旅游业对扶贫事业的贡献逐渐被广为接受，我国旅游扶贫开发的高潮也随之到来。但是，在贫困地区发展旅游业的过程中出现了一种怪现象，即某些地方虽然旅游业搞起来了，整个地区也富了，但最贫困人口并没有充分地享受到旅游开发所带来的利益，经济状况也没有得到根本改善。这种状况显然与旅游扶贫的初衷相背离。为此，有学者认为旅游扶贫应该向更加有利于贫困人口的方向发展，有必要采取倾斜性政策和措施以增加贫困人口的参与度。例如，马忠玉（2001）将 PPT 概念引入中国，首次提出了要在旅游扶贫实践中特别关注贫困人口是否真正受益的问题。周歆红（2002）也指出，旅游扶贫不能简单地等同于旅游开发，贫困人口如何在旅游发展中获益和增加发展机会应该是旅游扶贫的核心问题。刘向明、杨智敏（2002）强调了"本地参与、真正让利于民"的原则。可以说，从倡导扶业向倡导扶人的转变是我国旅游扶贫研究的一大转折点，代表了未来研究的方向。

（4）关注负面影响和非持续现象阶段。第四阶段的研究与第三阶段的研究基本同步。20 世纪中后期，可持续性旅游成为世界旅游发展的主流。随着旅游扶贫开发的负面影响逐渐显现，旅游扶贫的可持续性问题也开始受到关注。林红（2000）从旅游业投入与产出的关系、旅游乘数效应与漏损效应以及研究方法与方法论等方面对旅游扶贫论进行了反思，验证了旅游扶贫论的缺陷，揭示了它带来的消极后果，并结合西部旅游开发理性分析了旅游扶贫的作用。邓小艳（2002）探讨了西部旅游扶贫对当地民族关系的影响。赵伟兵（2003）从思想意识、经济、社会文化以及生态环境等方面系统地研究了旅游扶贫的各种潜在风险，并提出了相应的对策。吴铮争、杨新军（2004）指出了西部地区生态环境的脆弱性，提出了我国西部地区旅游深度开发与旅游扶贫的生态环境价值补偿机制。显然，与第三阶段相比，第四阶段的研究在理性化方面又更进了一步。对旅游扶贫的逆向思考，不是贬低旅游扶贫的价值，而是防患于未然，保证旅游扶贫的效率和效益。目前，我国第四阶段的研究才刚刚起步，从数量上看，这一阶段的研究明显偏少；从质量上看，研究还不够全面和深入。

2. 旅游扶贫的理论和政策依据

（1）旅游投资的乘数效应大。旅游投资的乘数效应大是我国学者引用最为广泛的理论依据之一。投资乘数理论本是经济学里的一个重要理论，其基本观点认为一项投资可以引致数倍于原始投资的收入，这个倍数被称为乘数。乘数的大小取决于行业的关联度和边际消费倾向。后来这一理论被引入旅游经济学，蔡雄等学者（1997）则进一步地将这一理论用于旅游扶贫的研究中。集"吃、穿、行、游、购、娱"于一体的旅游业被公认为是行业关联度最高的产业之一，在贫困地区发展旅游业被认为可以带动和促进当地相关产业的全面发展。阳国亮（2000）探讨了旅游投资的乘数效应与旅游扶贫的关系，得出了"贫困地区的边际消费倾向大，旅游投资的乘数效应大"的结论。尽管这一结论被普遍接受，但仍有部分学者对此持有异议。林红（2000）指出，我国大多数学者都忽视了与旅游乘数理论同根相生的对立面——旅游漏损理论，漏损效应会在很大程度上削弱乘数效应。赵伟兵（2003）也提出了同样的问题，对"贫困地区的边际消费倾向大"这一观点进行了质疑，并且更进一步地分析了产生漏损的原因。笔者认为，解决这方面分歧的唯一途径是开展定量的实证研究。赵小芸（2004）在这方面进行了初步探索，运用发展经济学和计量经济学相关理论对旅游投资在我国西部旅游扶贫过程中的效用进行了实证分析。

（2）旅游业投入少、见效快、收益高。很多学者将旅游业描述成为一个"投入少、见效快、收益高"的产业，并将此作为倡导旅游扶贫的理论依据。这一论点在相当长的一段时期内刺激着我国的旅游投资，对我国旅游业的初始建设产生了一定的积极影响，我国旅游扶贫开发热潮的兴起也与之息息相关。但这一论点近几年颇受争议。王湘、李凌鸥（1999）在对众多旅游业投资案例进行深入剖析的基础上指出，"投资少、见效快、收益高"并不是普遍的旅游经济现象，更不是旅游经济规律。白永秀、张蕾（2000）也认为，我国旅游业一度出现的高投入产出比现象只是短缺经济的结果，不宜作为发展旅游业的依据。近10年，我国旅游业的投资回报率一路走低，旅游目的地之间的竞争也是日趋激烈。对于一个成功的旅游目的地而言，不仅要拥有有竞争力的旅游产品，而且还要有强有力的营销系统和完善的基础设施建设。换句话说，没有高的投入，已经很难保证有高的产出。贫困地区经济基础薄弱，基础设施建设严重滞后，营销系统也很不完善，这些都需要较大的投入。

（3）旅游扶贫的综合效益好。旅游扶贫的综合效益好是实施旅游扶贫战略的又一主要的理论依据，即旅游扶贫能够给当地的经济、社会文化以及生态环境产生全方位的积极变化。前面已经对旅游扶贫对经济的促进作用进行了分析，这里不再赘述。从社会文化方面看，不少学者强调了旅游扶贫在以下几个方面的积极作用：外来旅游者与当地人的接触和交流有助于转变当地的一些陈旧的思想观念（如早婚早育、多子多福、读书无用论等），增强了当地的商品意识，保护、继承与弘扬了本地文化。另外，赵伟兵（2003）指出，妇女在旅游业中的就业机会和比例相对较大，有利于妇女社会地位的提高。值得注意的是，邓小艳（2002）探讨了西部旅游扶贫对当地民族关系可能产生的消极影响，此类谈旅游扶贫对社会文化的消极影响的研究并不多见。在生态环境方面，许多学者认为，由于旅游业对游览环境的要求比较高，旅游业的发展有利于景区和人居环境的改善，有利于提高当地人的环境保护意识，而且旅游业作为"无烟工业"，在环境方面对工业企业有比较优势，对环境的影响要小许多。但同时也有不少学者提出了开发与保护的矛盾，认为贫困地区多为生态脆弱区，而且当地人的环境保护意识淡薄，发展旅游业可能会加剧生态环境的恶化，因而在旅游扶贫过程中一定要做到保护与开发的协调统一，走可持续发展的道路。

（4）旅游资源丰富且独特。资源优势论也是旅游扶贫的主要的理论和政策依据之一。马忠玉（2001）指出，许多中西部地区的旅游资源的分布与贫困人口的分布是高度重叠的，因此将旅游开发与扶贫有机结合应是消除贫困的最有效途径。袁翔珠（2002）认为，旅游业是典型的资源依托型产业，而从旅游资源看，我国的贫困地区大多是"富饶的贫困"，具有发展旅游业的优势。毋庸置疑，丰富而独特的旅游资源为我国许多地区开展旅游扶贫奠定了坚实的基础，具有巨大的潜在的经济价值。但与此同时，我国不少学者也提出了市场可行性的问题，谨慎地指出，资源优势未必一定能够转变成经济优势。我国大多数贫困市县地处偏远，可进入性差，这也是旅游扶贫的一大障碍。林红（2000）认为，虽然我国的西部地区的旅游资源丰富、独特，自然与人文兼备，但由于面积广阔，却是旅游资源的"贫矿带"，难以形成规模效应。刘向明、杨智敏（2002）指出，对于一些开发代价过大、收益很不确定的地区，即便旅游资源一流，也要延缓开发。因而，在计划实施旅游扶贫战略之前，开展市场可行性方面的研究显得尤其重要。目前，国内在这方面的有价值的研究非常少，大多仅从旅游产品是否满足市场需求这个方面来论证可行性，而没有充分地考虑旅游产品的"生产成本"和"交易成本"。

3. 乡村民营旅游经济与旅游扶贫研究

国内前期的旅游扶贫研究偏重于探讨贫困地区如何做大做强旅游产业，主张通过贫困地区整体旅游经济的发展来带动贫困人口脱贫致富（高舜礼，1997），在这种思想指导下的旅游扶贫发展思维倾向于吸引外资、追求规模经济，使以散、小、弱、差为特征的小型民营旅游经济实体在旅游扶贫中的作用受到了忽视。

近几年，旅游扶贫的研究重点开始从"如何壮大旅游产业"转向"贫困人口是否真正受益"这一核心问题。在这种背景下，旅游小企业与地方经济关联度高、经营愿望强烈、进入门槛低、总体就业容量大等特点开始凸显出来，被认为非常有利于增加贫困人口的参与度及自我发展能力（马忠玉，2001）。全球旅游产业中90%的产值为中小型企业所覆盖，中小型企业实际上是旅游产业形成与发展的基础，在贫困地区旅游资源开发过程中，要特别重视中小型旅游企业的发展、开发，并强化旅游与相关产业之间的联系，更容易为贫困人口创造经济发展机会。"14.6万多个小企业聘用了差不多25.9万个全职员工，而且这些小企业对GDP的贡献率是6%～9%，这一受聘人数差不多是大型企业雇用人数（2.2万）的10倍"。旅游扶贫（PPT）战略与ST-EP行动框架均对小型旅游企业的扶贫作用给予了充分肯定，认为其健康发展是贫困人口可持续受益的关键，最近，联合国世界旅游组织又将小额信贷与小型旅游企业发展列为旅游扶贫开发与研究中的一个重要议题。政府及资助部门在关注发展旅游以获得经济增长、外汇收入增加的同时，也希望借助私人部门的发展，形成自我扶贫系统，以替代一般的单纯给予物质的扶贫形式。实证调查表明，当地居民在旅游参与类型的选择中比较倾向于经营私营商业、饮食住宿业，而不倾向于在酒店宾馆旅游服务部门中就业，通过聚集经营"农家乐"等民营旅游小企业，也能把小旅游项目做成大产业，形成旅游特色产品，成为经济效益、社会效益和环境效益俱佳的新兴旅游品牌。通过参与旅游业，从事餐厅、交通运输的业主获得了持续可观的收入，数百当地人实现了稳定的就业，从事手工艺品制作的当地女性也得到不错的收入。

三、研究述评

广西壮族自治区旅游局以创建国家级和自治区级农业旅游示范点为抓手，在全区范围内大力推进乡村旅游，实践证明乡村旅游具有明显的经济效益、社会效益和生态效益，而以乡村民营旅游经济为代表的微型企业是社区参与乡村旅游开发的最主要形式，其健康发展直接影响到乡村旅游各项开发目标的实现。因此，通过广西乡村民营旅游经济的系统调查，研究其发展机制，有助于探索适应其发展的内外环境条件和扶持政策措施，以便进一步促进乡村旅游的发展和发挥其推动民族地区农村经济发展的作用。从以上文献研究来看，针对乡村民营旅游经济与通过民营旅游经济扶贫作用的研究仍只是处于起步和倡导阶段，相关论述只是概念性的探讨，缺乏理论研究和基于微观调查的实证研究。主要研究不足表现在：

（1）从研究内容上看，国外研究内容虽然较为全面，但现有研究存在一个明显不足，即目前所关注的几乎全是西方发达国家小型民营旅游经济的发展情况，而基于发展中国家或地区的研究成果却非常少。在国内，乡村民营旅游经济的研究历史不长，研究的对象和内容比较单一，主要局限在小企业、家庭旅馆和小餐馆上，而对我国旅游经济发展现阶段存在的众多其他旅游手工艺作坊、小商贩、提供交通服务、提供游乐设施服务等乡村民营旅游经济没有包括在内。此外，乡村民营旅游经济的发展动力机制研究不足，不适应现实对理论的发展要求。

（2）从研究方法上看，国外学者运用跨学科、跨文化的研究方法，从经济、社会和文化等多个视角研究旅游小企业各方面的特征及其影响；大量运用问卷调查、深度访谈、电话访谈等调研方法深入掌握第一手资料；并通过案例进行定量的分析和对比研究的方法被广泛应用。而综观国内的现有研究，方法比较单一、多学科研究视角不足，很多研究仅局限在对小型旅游经济的某方面特征的定性描述，定量分析相对很少。而仅有的少数案例研究，其分析多止于表面，缺乏更深入的分析，因此缺乏普遍的理论指导意义。

基于以上分析，本书选择乡村民营旅游经济为研究对象，具有现实可行的意义。本书将朝着更全面、更深入的方向开展：

（1）加强理论研究，填补研究空白。运用定性结合定量分析乡村民营旅游经济的创业动机、经营影响因素、扶贫效益；政府宏观调控应该提供怎样的外部经济和社会条件以利于其持续健康的发展，乡村民营旅游经济应该采取什么有效的措施谋求自身生存与发展；加强乡村民营旅游经济发展的政策方面研究，提供切实可行有效的政策选择。

（2）深入挖掘案例。案例研究将继续成为乡村民营旅游经济的重要研究手段，案例研究的数量逐渐加大且研究内容逐渐深入，方法更加多样，力求挖掘出案例数据背后所蕴涵的普遍规律，以求更好地指导实践。

第三章

广西乡村民营旅游经济特征分析

乡村民营旅游经济经营者是乡村旅游开发、投资与经营的主体，经营者素质高低和经营状态、民营经济的经营状态，将直接影响民营经济的效应，进而影响到当地的经济发展。掌握乡村民营旅游经济经营者和经营业务的存在状态，将有利于政府部门对广西乡村旅游的可持续开发与有效管理。本书选取乡村旅游发展具有代表性的典型区域，通过研究已有乡村民营旅游经济经营者的个人背景资料，民营经济的数量、类型、规模、组织形式、资金来源、运作模式、服务功能等，旨在从总体上把握乡村民营旅游经济的发展特征。

第一节　广西乡村民营旅游经济经营者特征

一、广西乡村民营旅游经济经营者基本情况

乡村民营旅游经济经营者基本情况主要由性别、婚姻、年龄结构、受教育程度、籍贯、工作经历、普通话水平、英文水平、个性与家庭收入水平共 10 个方面组成。广西乡村民营旅游经济经营者基本情况表，依据调查样本统计生成如表 3－1 所示。

1. 乡村民营旅游经济经营者年龄、性别与婚姻状况分析

从性别看，广西乡村民营旅游经济经营者在性别上基本没有明显差异，男性占 52.6%，女性占 47.4%，说明在广西乡村民营旅游经济经营的人员中，男女比例是基本一致的。这一点可能与乡村民营旅游经济

表 3-1　乡村民营旅游经济经营者基本信息

项目	指标	百分比（%）	项目	指标	百分比（%）
性别	男	52.6	婚姻	未婚	9.4
	女	47.4		已婚	90.6
年龄构成	小于24岁	8.9	工作经历	从未外出做生意	52.1
	25～34岁	30.0		外出做过生意1次	18.8
	35～44岁	32.9		外出做生意2次以上	29.1
	45～54岁	17.8		做过与旅游相关的工作	35.2
	55～64岁	7.5		外出生活或工作1年以上	52.6
	64岁以上	2.8		从事过领导或管理工作	24.4
受教育程度	文盲	4.1	普通话水平	听	100
	小学	25.4		说	100
	初中	46.5		读	94.8
	高中（中专）	20.2		写	93.4
	大专及以上	3.8	英语水平	听	5.6
籍贯	本村	73.7		说	4.2
	本乡镇	17.4		读	3.3
	本县（市）	8.9		写	2.8
	其他	0		完全不会	94.4
个性	敢闯爱拼型	14.6	家庭收入	下等	3.3
	中间型偏敢闯型	8.0		中下	14.1
	中间型	28.6		中等	54.5
	中间型偏保守型	31.5		中上	18.3
	保守稳重型	17.4		上等	9.7

经营的业务有关，以及与农村男女的社会分工有关。从旅游业务看，多数乡村旅游经营项目以"农家乐"为主，而且一般都是夫妻店，这种

形式的民营经济会很好地平衡男女性别比例。另外，虽然经营旅游交通的比例以男性为主，但在旅游餐饮服务和旅馆住宿服务中女性从业人员的比例较大，而且女性在开发旅游商品中有先天优势，如龙胜旅游业的蓬勃发展拓宽了当地少数民族妇女的就业渠道，深受游客们青睐的手工刺绣、民族服饰使当地瑶族妇女足不出户就能挣到钱。从社会分工角度看，长期以来形成的"男主外，女主内"的家庭分工模式，使女性在经营决策中受到限制。因此，虽然从事旅游业女性有先天的优势，但在农村地区的乡村民营旅游经济中比例并不像城市中女性比例明显高于男性。

从婚姻状态来看，广西乡村民营旅游经济经营者中未婚的仅占9.4%，已婚的高达90.6%。经营者的年龄结构也有类似反映，调查显示经营者中24岁以下所占比例为8.9%，与未婚的比例大致相当，说明在广西乡村旅游经营者中未成家年轻人创业的比例不高。事实上调查中我们发现多数未婚年轻人多与父母一起创业，这可能与他们在家庭中的地位相关，经济上没有完全独立，创业资金多源于或受制于父母。从经营者的年龄结构来看，25～34岁这个年龄段的经营者与35～44岁年龄段的比例基本一致，分别为30%和32.9%，两者之和为62.9%，在整个年龄段中的比例占绝对优势。45～54岁这个年龄段比例也比较高，为17.8%。由此可见，在广西乡村旅游经营者中，年龄在25～54岁这个年龄段的经营者比例最高，超过总数的80%，其他年龄段的总和占的比例不到20%。由此可以得出如下结论，广西的乡村旅游经营者以已婚的壮年夫妻为主。

2. 乡村民营旅游经济经营者受教育程度与语言水平分析

广西乡村民营旅游经济的经营者受教育水平比较低，没有上过学的文盲占的比例达4.1%，小学文化的占25.4%，初中文化的占多数，接近一半，为46.5%，高中（中专）学历的只占20.2%，大专及以上学历层次仅占3.8%。从数据来看，广西乡村旅游经营者学历分布呈两头小，中间大态势，即没有经过学历教育的文盲与经过高等学历教育的经营者仅占7.9%，小学、初中与高中学历的经营者占总人数比例超过92%，尤其以初中学历为主。这说明广西乡村民营旅游经济经营者总体学历水平偏低，这可能会在将来影响他们的市场竞争力，是广西乡村旅游经济可持续发展的一个重要障碍。

从语言水平调研结果来看，懂英文的经营者比例极低，能听懂简单英文的比例仅占 5.6%，能说、读和写的比例分别只有 4.2%、3.3% 和 2.8%，完全不会的占 94.4%。与之相对应的普通话水平表现良好，能说和听普通话的乡村旅游经营者都是 100%，能读和写的比例也分别高达 94.8% 和 93.4%。广西的语言体系有自身的特色，壮语、桂柳话、粤语、客家话的分布十分复杂，同一种语言在不同的地区发音也有很大的差别。从实际调查的区域来看，有相当一部分区域是以方言为主，但在开发旅游后，民营旅游经济的经营者开始学习普通话，主要是为了经营方便，这说明乡村旅游开发对广西乡村的文化影响也是深刻的。由于在乡村旅游发达的龙胜、阳朔等区域，外国游客比较多，尤其是目前国外自助游客如背包游客的增多，对广西民营旅游经济经营者及从业人员的英语水平提出了新的挑战。调查中发现，懂得一些英文交流的民营经济在竞争中更具有优势，不懂英文的经营者也迫切希望学习英语，希望能学会用简单的英语进行日常对话，只是没有就近培训学习的机会。由此看来，广西政府管理部门对此现象应引起足够的重视。

3. 乡村民营旅游经济经营者籍贯分析

广西乡村民营旅游经济经营者以本村人为主，本村人占 73.7%，本乡（镇）的占 17.4%，本县（市）人只占 8.9%，样本中暂时未采集到本县市以外区域的经营者。这说明在广西村级的乡村旅游开发中，外来的资金投入很少，除可进入性外，最大的原因可能是投资效益问题。一些乡村民营旅游经济经营者虽然籍贯不是本村或本乡镇，在调查中我们也发现，他们大多与本村人有各种关系，如是本村的女婿或媳妇，或是其他亲属关系，真正外来投资也只有龙胜平安一家。由于其经营是会员制的，不接待一般客人，不是真正意义上的乡村民营旅游经济，在本次调查中也未能正面接触。从人口籍贯的分布区域来看，广西从事乡村民营旅游经济的经营户基本是本村人或本村人的亲属，可见广西的乡村旅游所得利益还是普遍为当地村民所得，当地社区是乡村旅游开发的直接受益者。外来投资户比例很低，也说明了广西目前的乡村旅游在整体上还处于开发初期，乡村旅游开发收益不大，前景不明朗，影响了外来投资者的投资热情，同时也可能是广西广大乡村社区的自我保护意识比较强，外来投资者难以进入或是担心进入后的保障性不高等原因，造成当前广西乡村民营旅游经济经营者中外来人员的比例很低，这也说明广西乡村旅游集约化经营水平不高，大多是以村为单位，各自为政进行开发。

4. 乡村民营旅游经济经营者工作经历分析

从广西乡村民营旅游经济经营者的工作经历来看，从未外出做过生意的经营者比例为 52.1%，这说明相当一部分乡村旅游经营者做生意的经验与阅历还比较薄弱，这将会影响他们在未来的市场竞争力。外出做过生意 1~2 次及以上的分别占 18.8% 和 29.1%，合计占 47.9%，说明相当一部分乡村旅游经营者有过外出做生意的经历，这是他们创造民营经济的前期基础，这也为其后期的市场竞争提供了积累和保障。有 35.2% 的乡村民营旅游经济经营者曾做过与旅游相关的工作，另有 52.6% 的有外出工作或生活过 1 年以上的经历，有 24.4% 从事过领导或管理工作。从以上数据来看，广西乡村民营旅游经济经营者大都有过一定的前期积累，或经历或阅历或管理的积累，有过前期积累的经营者（可复选）累计达 160.1%，这说明平均每个乡村旅游经营者有平均高达 1.6 次的相关工作经历。从这一点来看，广西乡村民营旅游经济经营者具备一定的开办乡村旅游的阅历素质。

5. 乡村民营旅游经济经营者个性分析

从"敢闯爱拼型"、"中间型偏敢闯型"、"中间型"、"中间型偏保守型"和"保守稳重型"5 个类型调查广西乡村民营旅游经济经营者个性，其分布比例分别为 14.6%、8.0%、28.6%、31.5% 和 17.4%。具有敢闯爱拼精神的经营者比较少，不到总数的 15%，与"保守稳重型"的比例相当，68.1% 即绝大多数经营者都是"中间型"，其中"中间型及偏保守型"所占的比例高达 60.1%，加上"保守稳重型"的经营群体，从理论上可以认为广西乡村民营旅游经济经营者以"中间型—保守型"群体为主，占总体比例的 77.5%。这充分说明了目前广西乡村旅游经营者或投资者开办乡村旅游项目是慎重的，这可能与广西的经济发展水平总体偏低有关。因为开办乡村旅游项目可能是投资者一生的积蓄，部分经营者还要加上借贷，另外加上总体文化水平与阅历有限，因此多数开办者的投资是十分谨慎的。广西乡村旅游经营者不乏具有一定冒险爱拼精神的群体，这个近15%的比例说明了广西乡村民营旅游经济投资与经营者中有一部分具有相当的拼搏精神。调查中，我们发现这部分经营者多数阅历比较丰富，文化层次相对较高，对本村的旅游发展前景比较乐观，这个经营群体的创业除依靠自己积蓄外，多数还有不少的借贷，其投资也相对较高，经营档次多属于中上，虽然风险性比较高，但其多数对当地的乡村旅游开发前景乐观，加上定位比较准确，投资的回报率也比较高。中间及保守型群体多数年龄偏大与文化偏低，投资以自身积蓄和自有财产为主，投资经营多为中低档项目，投资风险相对较低，但收益也明显低于中高档的投资项目。

6. 乡村旅游经营者家庭收入分析

从乡村旅游家庭收入分析中我们可以看出，从事乡村旅游项目开发的经营者收入水平在本村来看中等以上的群体比例较高，家庭收入在当地处于中等偏上的经营户占总比例的82.5%，处于收入状况比较差的只有17.4%，其中属于下等的只有3.3%。虽然从调查中我们发现，广西乡村旅游经营者关于收入这个问题的回答往往比较保守，但即便如此，我们纯粹从数字分析也可以得出广西从事乡村旅游经营者的收入水平总体比较高，说明乡村旅游为当地居民，尤其是为乡村旅游经营者带来了切实的利益。由于家庭收入调查涉及个人隐私，在中国家庭收入还是一个比较敏感的话题，此项的调查数据是相当保守的。

二、广西乡村民营旅游经济经营者特征

通过对广西乡村民营旅游经济经营者的基本信息采集，认为从经营者的角度看，乡村民营旅游经济具有以下特征：

（1）广西乡村民营旅游经济经营者与其性别没有明显的关系，男性与女性在广西乡村旅游开发中扮演着同样重要的角色。相对而言，乡村旅游开发提高了女性的家庭地位和社会地位。

（2）在乡村民营旅游经济经营中，已婚的占绝大多数，这从一个侧面说明了广西乡村民营旅游经济经营者多为已婚家庭，这与当前广西乡村旅游项目开发以夫妻店式的"农家乐"为主的状况是一致的。虽然折射出广西目前的乡村旅游开发项目普遍比较单一、规模不大的现状，但这一非农家庭经济形式有利于农村家庭和睦，尤其是增进夫妻的情感交流。

（3）广西乡村民营旅游经济的经营者年龄以青壮年为主，年龄偏低和偏高的比例均较少，这暗示了在开发了乡村旅游的乡村，外出务工的青壮年少了，有相当一部分壮劳力在家乡创业，这与目前广西多数农村外出务工人数过多，平时只有"儿童村"和"老人村"的状况有很大的差别。广西农村青壮年外出务工人员过多引发了许多社会问题。因此，从这个层面上讲，乡村旅游开发的社区更具有人气和活力，对促进广西和谐社会的构建具有重要意义。

（4）广西乡村民营旅游经济经营者普遍受教育程度不高，经营管理者以小学、初高中学历为主，英文水平普遍低下，这说明从学历文化层次上看，广西乡村旅游可持续的发展存在一定的隐忧，可能会造成将来发展的后劲不足。另外，基于文化水平偏低而又需要通过乡村民营旅游经济的形式参与旅游开发，并从旅游中受益的现实需要，需要让农民通过再学习、培训提高其能力。虽然从政府层面采取了一定的措施提高农民素质，但收效不大。因此，政府对农民再学习及培训均面临较大挑战。

（5）广西乡村民营旅游经济经营者基本上由本地居民构成，外来投资经营者比例极低，这说明广西乡村旅游开发目前还处于比较低的层次和比较原始的状态，乡村旅游开发与投资以本地居民原始自发形成为主，整个水平有待进一步提高。做大做强乡村旅游业，如何吸引外来投资者值得深思。

（6）广西乡村民营旅游经济经营者的工作经历比较丰富，有一定的相关工作经历与阅历，这从另一层面说明了广西开办民营旅游经济的经营者比较慎重和保守，多是在自己的能力与经历许可的范围内，其经营风险相对较低。

（7）广西乡村民营旅游经济经营者个性多是中间型偏保守型的，

暗示广西乡村旅游的投资者经济基础较薄弱，投资者经受投资失败的承受能力非常有限，对多数经营者来说，投资乡村旅游开发项目是非常慎重与重大的事件。

（8）广西乡村民营旅游经济经营者收入状况总体良好，乡村旅游开发为投资经营者带来了切实的利益，提高了他们的生活水平，说明以乡村民营旅游经济这种形式对当地居民的脱贫致富有积极的作用。

第二节　广西乡村民营旅游经济业务特征

一、广西乡村民营旅游经济业务基本情况

1. 乡村民营旅游经济的经营业务分析

在调查中，乡村民营旅游经济的业务设计为：住宿、餐饮、旅游商店、旅游交通、景点经营、流程组织、制造作坊、租赁及其他。调查结果显示：当前广西乡村民营旅游经济主要从事住宿与餐饮经营，分别占调查总数的74.2%和79.3%，即绝大多数的乡村民营旅游经济开展的经营项目为"农家乐"、"渔家乐"。一般来讲，提供住宿的家庭同时也提供餐饮服务，而且经营者家庭成员的吃、住常常也与旅游者共用场所，家庭成员的生活习惯，尤其是卫生习惯对住宿、餐饮服务质量评价影响较大。其次是从事旅游商店和旅游交通的经营户，分别占总数的29.1%和14.1%。值得一提的是，旅游商店也同时具有为本村人提供服务的功能，旅游交通也多不是专门的旅游交通设施，如扬美古镇的牛车，是轮流上班的，牛在农忙季节主要作耕田用，在不当班时，可兼作畜力车来拉农用产品与农用物资。另外，如龙胜县平安村和金坑的小面包车，主要从事旅游包车服务，但在客源不足时也作为农村货物运输工具，如运输农产品和农业生产资料，往往是一车多用。当然，个别以公共场所作为经营场所的流动旅游商品供应点，则以村中老人、妇女为经营者，往往边做手工边经营。从事较高层次的乡村旅游景点经营、流程管理和制作作坊的农户比例不高，这不仅说明广西的乡村旅游开发多处于初级阶段，而且也从另一方面折射出广西乡村旅游客源量不稳定，市

场需求尚未进行良好的开拓，旅游收入不高，难以吸引有实力的企业入驻。事实上，广西的乡村旅游开发多是各自为政，没有进行系统规划与开发，与其他旅游经济相比，乡村旅游经济似有"小农经济"之嫌。从事租赁服务等比例很低，也从一个侧面说明了广西乡村旅游开发中外来经营者不多。

在调查中发现乡村民营旅游经济的业务开展有一定的规律。

（1）在未开发旅游前，已开展住宿或餐饮业务的，往往在旅游开发后能将生意做大做强，这主要源于经营者能够积累经营经验。

（2）以原有的乡村住宅等进行"农家乐"服务的只有开发的最初期才用，在乡村旅游开发相对比较成熟的龙胜平安、恭城红岩、阳朔等区域的"农家乐"多为重建。为开发乡村旅游而专门重新建设的，一般档次较高，服务也上了一定的层次，利润也可观，这一批经营户往往文化层次比较高，有较强的开拓意识。

（3）在旅游开发的初级，往往仅有住宿和餐饮业务以满足旅游者基本的生活服务，随着旅游业的深入发展，旅游商品、旅游交通等业务不断得到发展。

（4）单独大规模旅游商品店的出现预测着旅游业发展相对成熟。

2. 乡村民营旅游经济的服务对象分析

调查显示，乡村民营旅游经济服务对象均以外地旅游者为主。外地旅游者在当地进行吃、住、购物消费，能够直接推动当地经济的发展。之所以不断有家庭加入创办乡村民营旅游经济的行业，主要源于旅游这种非农形式的收入往往高于农业收入。农村家庭就地创收不易，在有一定接待能力的条件下，往往略高于农业收入就能吸引当地村民创业。

3. 乡村民营旅游经济的收入比重分析

据调查显示，从乡村民营旅游经济收入在农村家庭收入所占的比例看，占家庭收入小于20%的为7.5%，占家庭收入40%以下总计占26.3%，这说明乡村旅游开发后农民确实从乡村民营旅游经济中得到一定收益。乡村民营旅游经济收入占家庭收入比重大于60%和80%的分别为19.7%和34.7%，两项之和为54.4%。说明乡村旅游开发后，乡村民营旅游经济收益提高比较明显，旅游开发在家庭收入中的贡献率较高，说明当前广西乡村旅游开发收益程度比较高效，未来发展潜力比较大，开发乡村旅游对农村居民脱贫致富具有相当重要的作用。从年经营时间来看，当前广西乡村民营旅游经济全年经营占82.2%，其他仅占17.8%，说明广西乡村民营旅游经济以全年经营为主，受季节和淡旺季的影响小。这也从另一方面反映了广西旅游开发现状与开发目的都以纯粹的乡村旅游开发为主，以乡村旅游来带动乡村经济的发展，而真正能体现乡村民俗和反映乡村特色的项目不多，也反衬出乡村旅游开发与农业的结合程度不高。广西乡村旅游开发地区发展不平衡，目前乡村旅游只是在资源条件和交通条件比较好的乡村开展，旅游开发的目的以单极旅游业开发为主，旅游业与农业及其他行业的协调发展方面还体现不够。

4. 乡村民营旅游经济的经营收入变化趋势分析

从乡村民营旅游经济的收入变化趋势看，明显变差占总数的3.29%，这属于正常范围的小概率事件。变差的占23.9%，说明相当一部分经营出现滑坡现象。从调查中了解到经营变差的原因是多种多样的，主要原因大致有以下几个方面：一部分是早期开办乡村旅游的经营户，经营初期虽然客源相对比较少，但由于竞争对手不多，利润还是相当可观，后来由于经营户增多，而客源的增长速度又相对滞后，因而感觉收入变差。一部分变差的经营户，也是因为竞争加剧，虽然客源也相对增长了，但与新的经营户相比，由于其设施相对落后，加上文化水平、经营与管理水平等诸多原因造成收入降低。另有一部分是因为在当地旅游业发展形势最好时，即使自家不具备良好的地理区位也加入创业队伍，随着客源市场的波动，鲜有客人光临位置不好的乡村民营旅游经济，因而收益变差。从总体来看，乡村民营旅游经济"明显变差+变差+不稳定"只占总数的30%，说明广西乡村旅游开发与经营整体呈现出良好的发展态势，这与目前的统计数据与分析报道是相符合的。"相对稳定+变好+明显变好"的乡村民营旅游经济占总数的70%，其中"变好+明显变好"占总数的38.5%，大于"明显变差+变差+不稳定"之和，从正面说明了广西乡村旅游发展呈现出良好的发展势头。相对稳定的经济实体占31.5%，即有近1/3的乡村民营旅游经济的经营状态比较稳定，说明广西的乡村旅游在稳定的前提下得到了较快的发展。总之，从广西乡村民营旅游经济的经营收入变化趋势分析，可以得出广西的乡村旅游业在稳定的前提下得到比较迅速的良性发展。

5. 乡村民营旅游经济的经营场所分析

调查显示，当前广西乡村民营旅游经济的经营场所属于自有财产的占总数的 77.5%，即绝大多数经营户是利用自有财产，即自有住宅进行乡村旅游开发，这从一个侧面印证了当前广西的乡村旅游开发还处于初期阶段，说明广西乡村民营旅游经济绝大多数创办者是本地村民，映射了广西乡村旅游开发与经营对加快广西农村脱贫致富方面具有积极作用。"花钱购置 + 租借经营场所"的经营户占 13.6%，显示外来经营户比例不高，这从另一个侧面反映了外来资本对广西乡村旅游的影响不大或投入不高，说明目前广西乡村旅游经济普遍存在投资效率不高，无法吸引到大量的外来资金。使用"公共/免费资源"的实体占 8.9%，说明广西乡村旅游开发中公共资源比例不高，集体经济在乡村旅游开发与其经营中影响不大，公共资源对乡村旅游的影响力非常有限。

6. 乡村民营旅游经济的员工分析

从当前员工来看，广西乡村旅游经济实体规模普遍偏小，自己既是老板又是员工的占 99.1%，开夫妻店的占总数的 72.8%，子女、父母也部分参与到经营中来。有合伙人和雇工的实体数相对较少，分别只占总数的 2.8% 和 17.8%。从员工结构来看，广西乡村民营旅游经济的员工以本人及爱人为主，即夫妻店占绝对优势。总体来看，广西乡村民营旅游经济性质多为家庭式的经营，合伙经营和雇工经营比例不高。这可能与当前广西民营旅游经济规模偏小、总体经济落后、客源偏少和不稳定有关，经营者不敢或无法扩大经营规模。这也是广西乡村旅游开发出现的一个新的问题，盲目的、小规模的、低水平的重复开发容易出现竞争加剧，抢客拉客现象严重，多数经营户只是争抢现成的客人，没有能力也不愿意去加强宣传和开拓客源市场。

7. 乡村民营旅游经济管理技术分析

在调查中，安装了电话的经营户占 96.2%，没有安装电话的仅占 3.8%，这说明电话服务在广西乡村旅游经营中使用率很高，是当前广西乡村旅游经营者的主要通信与联络方式。但在广西乡村旅游已有网络预订服务的仅有3.3%，没有提供网络服务想法的经营者占75.1%，说明广西乡村旅游开发中利用现代信息网络的程度不高。在调查中也发现，主要在龙胜平安和阳朔等区域有提供网络预订服务，这些区域是广西乡村旅游最为发达的区域，来本区域的游客结构也与传统的乡村旅游结构大不相同，如在龙胜平安外籍游客的比例高达50%左右。准备提供网络预订服务的乡村民营旅游经济16.9%，远大于已提供网络服务的3.3%，说明随着广西乡村旅游的迅速发展，使用信息网络技术的潜在的用户群将不断扩大。没有安装网络预订服务的经营户占75.1%，这说明绝大多数的经营户还没有意识到网络信息带来的好处，也说明广西乡村旅游从整体上还处于比较落后的开发状态。与网络预订服务相对应，用电脑进行经营与管理的经营户5.2%，大于提供网络预订服务的民营经济，这一部分中尚未开展网络预订服务的民营经济将是最有可能近期进行网络预订服务的对象。总之，广西乡村旅游现代信息技术运用现状以电话为主，电脑管理与网络通信业务也在逐步开展，但当前总体应用水平很低。

8. 乡村民营经济创业感受分析

对于广西乡村民营旅游经济的创业感受来看，"非常后悔"的比例很低，只有0.47%，"比较后悔"的比例为3.76%，两者之和为4.23%，在总体中只是小概率事件，这反向说明了目前广西乡村旅游开发呈现出良好的发展势头，说明广西乡村旅游业开发潜力较大。创业感受为"一般"的经营户占17.4%，这说明有相当一部分乡村旅游经营户经营效益与其设想存在差距。"比较庆幸与非常庆幸"之和为78.4%，占绝大多数，这正面说明了广西乡村旅游经济发展良好。

9. 乡村民营旅游经济的来源与经营性质分析

从广西乡村民营旅游经济实体来源来看，民营经济基本上是受访者创业的，占经济实体来源总数的97.7%，属"竞购的"与"继承的"分别只占0.47%和1.88%，说明广西的乡村旅游创办的历史不长，还没有经历代际相传，这与当前广西的乡村旅游开发现状是吻合的。在广西乡村民营旅游经济竞购比例很低，反映了当前广西乡村旅游开发者基本是本地村民,尤其是本村农民,外来竞争者极少。从经营性质来看,"家庭性质"的占97.2%,"朋友合伙经营"的只占2.8%,说明广西乡村旅游开发多以家庭为经营单位,这与目前广西的整体小农经济的经营模式是一致的。乡村民营旅游经济与地方家庭的紧密结合,具有很好的本土根植性,是带动农村经济、社会发展的良好经济形式。

10. 乡村民营旅游经济创业资金来源分析

从当前广西乡村民营旅游经济创业资金来源看,动用自家积蓄的占90.6%,说明开办乡村旅游实体主要依靠自家的积蓄进行。另外,银行贷款比例为31.9%,说明依靠银行贷款来创办乡村民营旅游经济的比例不高。亲友借款的比例为43.2%,说明在广西农村乡村旅游开办者开办原始资金从亲友得到的帮助多于从银行的帮助,至少在数量上是这样。民间信贷的数量为0,说明广西乡村民营旅游经济创办者自身抗风险能力较弱,认为民营经济的经营前景不明朗,不敢从民间进行借贷,或者民间借贷体系不完善。在创业中享有政府补贴的仅有1人,占1.4%。说明在广西乡村旅游创业中,政府的支持力度很小,至少让创业者感觉很少。对于政府部门来讲,这是一个比较严重的问题,应引起政府部门与研究部门的高度重视。

二、广西乡村民营旅游经济业务基本特征

通过对广西乡村民营旅游经济业务相关信息采集,认为从经营业务的角度看,乡村民营旅游经济具有以下特征:

(1) 当前广西乡村民营旅游经济的业务种类比较单一,乡村旅游项目多以"农家乐"为主,即主要开发住宿与餐饮,其他方面的开发还相当滞后,开发项目少,特色不突出,将来可能会严重制约广西乡村旅游业的进一步发展。

(2) 广西乡村旅游开发、经营与管理大多尚处于比较粗放的阶段,低水平的重复开发多,有特色的不多,乡村民营旅游经济的经营管理基本上是"家庭式"的经营与管理模式,除电话非常普及外,利用现代管理手段与信息网络技术进行经营管理的不多。

(3) 广西乡村旅游开发总体呈现出良好的发展势头。业主、家庭成员均对创办乡村民营旅游经济的满意度比较高，对行业发展前景多持乐观态度。在广西乡村民营旅游经济中，外来经营者比例很少，反映了在广西乡村旅游开发中农民是实实在在的受益者。

（4）广西乡村民营旅游经济经营规模普遍比较小，抗风险能力比较弱，经营者多依靠积蓄、亲友和银行获得创办的主要基金，从政府和民间信贷部门获得的支持不多，说明广西乡村旅游尚没有引起政府部门的足够重视，这可能与政府一般无法从乡村民营旅游经济获得税收利益相关，结果可能会导致地方政府对乡村旅游发展，尤其是对农村居民如何受益的关注减少，如长此以往，将会严重影响广西乡村旅游的可持续发展。

第四章

乡村民营旅游经济创业研究

农民创业是对封闭的农业经营模式的超越，是加快农村城镇化的基本动力，是加速农村工业化的重要载体，是完善所有制结构、增强社会活力的重要力量。随着农村经济的发展，农民收入增长遇到体制性"瓶颈"，细碎化的耕地不足以支撑庞大的农村人口生活质量的持续提高；另外，农村存在着大量显性或隐性的剩余劳动力，农民就业与城市下岗职工的再就业交织在一起，成为影响我国社会稳定、民族团结乃至整个国民经济发展的重大问题（韦吉飞、李录堂，2008）。农民创业的发生是一个复杂的过程，在这个过程中，外部的文化、经济、社会和政治环境以及个人能力因素影响农民的创业意识，通过创业意识和创业动机的支配，农民利用自己的能力识别出有利的创业机会，再通过组织配置资源，进入创业活动（郭军盈，2006）。在"坚持实行积极的就业政策，落实以创业带动就业的方针，加强就业和创业培训，鼓励自谋职业和自主创业，支持创建小型企业"的执政理念的引导下，更多的农民突破传统的价值观念，超越农村封闭的自然经济，走上创业之路，实现农民以创业带动就业，一人创业带动多人就业的局面。

农村居民创业作为我国现代化及农村工业化进程中的特殊经济现象，近些年受到各方的高度关注。在2006年"两会"召开期间，胡锦涛同志强调取消一切限制农民创业的政策规定，革除一切束缚农民创业的体制弊端，激发农民自主创业的潜能，营造鼓励农民干事业，帮助农民干成事业的社会氛围（钟王黎、郭红东，2010）。《中共中央国务院关于加大统筹城乡发展力度进一步夯实农业农村发展基础的若干意见》

（中发〔2010〕1号）和《国务院办公厅转发人力资源社会保障部等部门关于促进以创业带动就业工作指导意见的通知》（国办发〔2008〕111号）对以创业带动就业提出了明确要求。《中共中央国务院关于深入实施西部大开发战略的若干意见》（中发〔2010〕11号）强调，要加快实施农民创业促进工程，建设一批农民创业基地和创业园，以创业带动就业。进行了旅游开发的乡村，创办乡村民营旅游经济已成为发展农村经济的重要现象。民营经济促进农民创业，有利于扩大农民就业和提高农民收入，有利于发展县域经济和社会主义新农村建设，有利于提高农民素质和培养新型农民。

第一节 基于经营者认知的乡村民营旅游创业影响因素研究

一、农民创业的影响因素

在农村，社区居民在受到内外部各种因素的影响下具有创办乡村民营旅游经济的倾向。创业是个体行为，但个体具有不确定性与动态性，创业选择的可能性具有不断变化、运动的特性。从创业过程看，创业机会、创业资源、创业团队是创业过程重要影响要素。从创业者的个体差异对创业过程的影响看，个人背景、个人特质可以直接形成创业态度，创业态度在创业环境的影响下，最终形成创业者在市场中的创业倾向与行为，并在不同态度下促成创业行为（杨永超、张飞，2010）。有关创业的研究中发现，创业者性别、受教育程度、所学专业、创业教育、实习经历、做生意经历、经营知识、家庭背景和籍贯，以及个人特质，如喜欢承担风险、具有冒险意识、自信独立、威信、果断、干练、主动性、创新性、精力等个人基本情况影响创业。创业态度直接影响创业倾向，创业倾向又决定到创业行为，两者之间具有较强的相关性。对全国范围内进行农民创业意愿的问卷调查，发现农民个体特征变量、家庭特征变量、外部环境特征对其创业意愿的较明显的影响。从个体特征看，农民的文化程度与其创业意愿呈正相关，具有外出打工经历的农民更倾向于创业，农民对生活现状满意度与其创业的意愿呈正相关。从家庭特征看，家庭总人数与农民创业意愿呈负相关，家庭劳动力人数与农民创业意愿呈正相关，家庭年收入与农民创业意愿呈负相关。从外部环境特征看，地区变量对农民创业意愿具有显著的影响，亲朋好友中的创业人数与农民创业意愿呈正相关（钟王黎、郭红东，2010）。个案研究表明，农民文化程度、家庭收入及规模等对农民的创业认知水平产生显著影响，农民家庭的地理条件及地形特征也是农民创业认知的重要影响因素；农民的创业欲望、对创业培训的需求较高，但对当前的创业环境及创业前景信心不足；不同年龄段的农民，其影响因素不尽相同，相对而言，青年农民更易于受性别、家庭收入等的影响，而中老年农民对年龄、家庭地理条件及地形特征等更为敏感（韦吉飞、李录堂，2008）。对农民创业能力的研究认为，总体上我国农民创业能力水平还不高，创业农民的创业层次仍处于初级阶段，在农民创业能力来源上，大部分农民的创新能力处于良好和一般水平，合作能力及坚韧能力表现良好（黄德林，2006）。创办乡村民营旅游经济对家庭经济、地方经济、社会发展、环境保护的推动作用已经得到了广泛的认可，从创办乡村民营经济业主的角度理解其创业的影响因素，对引起地方政府和相关主管部门的关注和重视，鼓励和支持农村居民创业具有重要意义。

二、乡村民营旅游经济创业影响因素的构成

在大量实证研究的基础上，国外学者确认了两大类创业者。一类是追求利润和规模增长者，这类创业者更多的是关注经营实体所带来的经济利益，重在改善物质生活。而另一类则是生活导向型创业者，他们则更多的是希望通过开办一家旅游小企业来满足个人或家庭对某种自在生活的向往。盖茨和卡尔森（Getz、Carlsen，2000）指出，在乡村旅游目的地，第二类创业者的比例会更大，尤其是在由家庭经营的企业中。他们年龄一般处于中老年阶段，往往被乡村的居住和生活环境所吸引，愿意放弃事业从城市迁徙到乡村，并不将所经营的实体视为真正的投资。这一建立在发达国家事实上的观点在西方学者中得到了普遍认同。但是，在贫穷落后的国家或地区，虽然创业者同样有追求个人或家庭理想

生活方式的主观愿望，但解决生计的压力对创业者而言可能会更为迫切，因而应该以生意导向型创业者居多。当然，农村居民创业分为赚钱、过自由自在的生活、享受挑战、实现个人成就、渴望权利地位、被社会认识、独立欲望、希望对社会作出贡献等。

为了便于比较，在此引用了盖茨（即 Getz、Carlsen，2000）文中所选用的 12 个创业动机因子，在访谈的基础上增加了 6 个与广西民族地区乡村民营旅游经济实体创办过程中比较重要的创业影响因素，共调查了业主在创业之初对 18 个创办影响因素的看法，分别为：做事不受约束、生活自由（F1）、能与家人生活在一起（F2）、承继祖业或家族传统（F3）、被当地的居住、生活环境所吸引（F4）、能将旅游经营与兴趣爱好结合起来（F5）、体验和享受旅游经营生活方式（F6）、为了赚更多的钱（F7）、获得或提高声望、地位（F8）、结识朋友（F9）、赚取、积攒养老金（F10）、挑战和激励自己（F11）、寻求经济独立（F12）、旅游经营风险不大（F13）、尝试不同的致富途径（F14）、旅游经营有一定市场（F15）、农闲时有事可做以增加家庭收入（F16）、家人和朋友的支持和鼓励（F17）、政府不定期开展创业引导、宣传和技能培训（F18）。

三、创业影响因素重要程度认可分析

了解广西少数民族地区乡村民营旅游经济经营者的创业影响因素，有助于在旅游扶贫开发过程中为少数民族居民创造宽松良好的创业条件，激励其科学合理进行创业分析，从而促进其创业成功。用李科特尺度测评 18 个创业影响因素在受访者创业时重要程度认可情况，其中 1~5 分别代表"完全不同意"、"不同意"、"中立"、"同意"、"完全同意"。18 项创业影响因素重要程度认可情况及排名具体数据参见表 4-1。

值得注意的是，"为了赚更多的钱（F7）"重要性排在第一位，平均值为 4.34，57.2% 的受访者认为非常重要，可见在广西少数民族地区，最主要的创业影响因素是基于经济方面的考虑，这与广西目前的经济发展水平和人民生活水平有关，脱贫致富在广西少数民族地区成为人们创业的首要考虑因素。"家人和朋友的支持和鼓励（F17）"获得了 4.09

表4-1　乡村民营旅游经济创业影响因素重要程度认可情况

	1	2	3	4	5	平均值	标准差	排序
F1	7.9	8.3	13.5	23.6	46.7	3.93	1.282	7~8
F2	10.5	4.4	10.0	28.4	46.7	3.97	1.301	4~6
F3	41.0	13.1	12.2	15.7	17.9	2.56	1.570	17
F4	4.4	5.2	15.3	38.4	36.7	3.98	1.061	3
F5	7.0	7.9	21.1	33.3	30.7	3.73	1.182	11
F6	2.2	11.8	22.3	32.8	31.0	3.79	1.077	9
F7	0.9	4.8	10.5	26.6	57.2	4.34	0.921	1
F8	15.7	21.4	28.8	22.3	11.8	2.93	1.241	15
F9	6.6	7.0	10.5	34.9	41.0	3.97	1.179	4~6
F10	27.5	22.7	11.8	24.9	13.1	2.73	1.428	16
F11	7.4	8.7	26.2	36.2	21.4	3.55	1.140	14
F12	7.4	9.4	14.4	36.9	31.9	3.76	1.210	10
F13	6.6	11.4	10.9	24.9	46.3	3.93	1.272	7~8
F14	2.2	7.9	14.0	42.4	33.6	3.97	0.995	4~6
F15	6.6	10.5	22.3	31.9	28.8	3.66	1.187	13
F16	14.9	6.1	10.1	31.1	37.7	3.71	1.410	12
F17	2.2	6.1	16.6	31.0	44.1	4.09	1.022	2
F18	38.0	17.0	16.6	15.7	12.7	2.48	1.447	18

的均值，可见对于创业者来说，家人和朋友的支持（可能是物质的或是精神的）十分重要，有44.1%的人选择了"十分重要"这一项。被当地的居住、生活环境所吸引（F4）、能与家人生活在一起（F2）、结识朋友（F9）、尝试不同的致富途径（F14）是排在3~6位的影响因素，平均值分别为3.98、3.97、3.97、3.97，绝大多数的受访者"完全同意"和"同意"这些因素的重要性。因此，可以认为社区居民创办乡村民营旅游经济的创业影响因素除经济方面的原因外，社交方面的需求、不愿意离开故土也是创业的动机之一，调查显示，创业影响因素均值低于4的项分别是："承继祖业或家族传统（F3）"、"获得或提高声望、地位（F8）"、"赚取、积攒养老金（F10）"、"政府不定期开展创业引导、宣传和技能培训（F18）"，均值分别为2.56、2.93、2.73、

2.48。55.0%的受访者认为政府开展创业培训和其他引导性工作方面不足，政府的公共服务职能缺失，没有很好发挥政府应尽的社会义务。54.1%的受访者表示创办民营经济不是承继祖业或家族传统，这说明在广西少数民族地区，由于历史和地理的原因，经商的传统在少数民族地区并不多见，商业文化不发达，很多创业者属于首次创业，缺乏创业的经验。由于是首次创业，且创业的时间不长，实体的发展还处在初级阶段，因此"获得或提高声望、地位（F8）"，"赚取、积攒养老金（F10）"并不是主要的创业影响因素。

四、创业影响因素差异分析

就受访者的性别、婚姻状况、年龄、文化程度、家庭经济地位、工作经历（共6项）、风险规避倾向、实体性质、实体初始投资、实体经营场所、实体经营时间、实体员工人数共12项指标，对上述18项创业影响因素进行独立样本T检验或一维方差分析。结果显示：广西乡村民营旅游经济创业影响因素没有因性别、婚姻状况、实体性质、经营时长4项指标的差异而存在显著差异；广西乡村民营旅游经济创业影响因素因年龄、文化程度、家庭经济地位、工作经历（4项）、风险规避倾向、实体初始投资、实体经营场所、实体员工人数等指标差异而存在显著差异，具体数据参见表4-2。

表4-2 乡村民营旅游经济创业影响因素差异

项目	影响因素	I	J	Mean Differnce (I-J)	P value
年龄	F2	18~34岁	35~54岁	0.47	0.009
		18~34岁	55岁及以上	1.01	0.001
	F10	18~34岁	35~54岁	-0.62	0.002
		18~34岁	55岁及以上	-0.80	0.015
	F11	18~34岁	35~54岁	0.32	0.046
		18~34岁	55岁及以上	0.56	0.035
	F12	18~34岁	35~54岁	0.38	0.023
		18~34岁	55岁及以上	0.73	0.010

项目	影响因素	I	J	Mean Differnce（I－J）	P value
文化程度	F2	小学及以下	初中	－0.49	0.015
	F4	小学及以下	初中	－0.41	0.012
	F9	小学及以下	初中	－0.45	0.014
		小学及以下	高中及以上	－0.61	0.004
	F10	小学及以下	初中	0.45	0.041
		小学及以下	高中及以上	0.59	0.021
	F11	小学及以下	初中	－0.36	0.039
		小学及以下	高中及以上	－0.61	0.003
	F13	小学及以下	高中及以上	0.55	0.015
经济收入	F4	中等以下	中等	－0.51	0.011
		中等以下	中等以上	－0.84	0.000
		中等	中等以上	－0.33	0.029
	F6	中等以下	中等以上	－0.54	0.013
	F15	中等以下	中等以上	－0.76	0.001
		中等	中等以上	－0.40	0.022
	F16	中等以下	中等以上	0.68	0.018
	F18	中等以下	中等以上	－0.76	0.010
生意经历	F7	不具备	具备	0.29	0.015
旅游相关工作经历	F6	不具备	具备	0.37	0.012
	F14	不具备	具备	0.40	0.004
	F16	不具备	具备	0.40	0.048
	F17	不具备	具备	0.36	0.009
外出经历	F2	不具备	具备	－0.37	0.033
	F6	不具备	具备	0.40	0.005
	F10	不具备	具备	0.43	0.023
	F11	不具备	具备	－0.36	0.017
	F17	不具备	具备	0.27	0.047
管理经历	F6	不具备	具备	－0.38	0.020
	F15	不具备	具备	－0.36	0.044

项目	影响因素	I	J	Mean Differnce (I－J)	P value
风险规避倾向	F8	中间型	保守型	0.48	0.013
	F9	敢闯爱拼型	保守型	0.43	0.026
		中间型	保守型	0.66	0.000
	F13	中间型	保守型	－0.50	0.013
实体初始投资	F2	不足5万元	5万元及以上	－0.44	0.010
	F3	不足5万元	5万元及以上	－0.80	0.000
	F8	不足5万元	5万元及以上	－0.56	0.001
	F9	不足5万元	5万元及以上	－0.43	0.006
实体经营场所	F13	基本不花钱	花钱购置或租借	0.54	0.014
	F16	基本不花钱	花钱购置或租借	0.77	0.002
员工人数	F2	1~2人	3人及以上	－0.37	0.027
	F8	1~2人	3人及以上	－0.46	0.006
	F11	1~2人	3人及以上	－0.31	0.042
	F15	1~2人	3人及以上	－0.40	0.010

从创业者个人背景角度看，创业影响因素显著差异表现在：

（1）从年龄角度看，差异主要表现在"能与家人生活在一起（F2）"、"赚取、积攒养老金（F10）"、"挑战和激励自己（F11）"、"寻求经济独立（F12）"四项指标上，与中年人、老年人相比，青年人将创业看作是挑战和激励自己的方式，通过创业既可与家人一起生活，又可以在经济上相对独立，但中年人、老年人更看重通过实体赚取、积攒养老金。

（2）从文化程度角度看，差异主要表现在"能与家人生活在一起（F2）"、"被当地的居住、生活环境吸引（F4）"、"结识朋友（F9）"、"赚取、积攒养老金（F10）"、"挑战和激励自己（F11）"、"旅游经营风险不大（F13）"六项指标上。相对而言，文化层次高的创业者更多是被当地的居住、生活环境吸引，看重与家人生活在一起、结交朋友、挑战和激励自己，并认为创业风险较大，而文化层次低的创业者更认可通过实体赚取、积攒养老金的重要性。

（3）从经济收入角度看，差异主要表现在"被当地的居住、生活环境所吸引（F4）"、"体验和享受旅游经营生活方式（F6）"、"旅游经营有一定市场（F15）"、"农闲时有事可做以增加家庭收入（F16）"、"政府不定期开展创业引导、宣传和技能培训（F18）"五项指标上。相对而言，经济地位高的业主创业更多地受当地的居住、生活环境所吸引，并喜欢旅游经营生活方式，受旅游业市场导向、政府导向影响大，而低收入者更看重创业在农闲时增加家庭收入。

（4）就个人经历看，具备和不具备生意经历的业主相比，后者更看重通过旅游经营实体赚取更多的钱；在"体验和享受旅游经营生活方式（F6）"、"尝试不同的致富途径（F14）"、"农闲时有事可做以增加家庭收入（F16）"、"家人和朋友的支持和激励（F17）"四项指标上具备和不具备旅游相关工作经历的业主看法有显著差异，后者认为上述指标对其创业影响更大；不具备外出经历的业主认为"体验和享受旅游经营生活方式（F6）"、"赚取、积攒养老金（F10）"、"家人和朋友的支持和激励（F17）"对其创业影响更大，而具备外出经历的业主认为"能与家人生活在一起（F2）"、"挑战和激励自己（F11）"对其创业影响更大；具备管理经历的业主认为"体验和享受旅游经营生活方式（F6）"、"旅游经营有一定市场（F15）"对其创业影响更大。

（5）就风险规避倾向看，差异主要表现在"获得或提高声望、地位（F8）"，"结识朋友（F9）"，"旅游经营风险不大（F13）"三项指标上，敢闯爱拼型业主更多地看重获得或提高声望、地位，结识朋友及旅游经营风险不大。

从实体角度看，创业影响因素的显著差异表现在：

（1）就实体初始投资看，与投资额小的业主相比，投资额较大实体业主更看重"能与家人生活在一起（F2）"、"承继祖业或家庭传统（F3）"、"获得或提高声望、地位（F8）"、"结识朋友（F9）"。

（2）就经营场所是否需要花钱获得看，实体场所是利用自家财产或公共场所的业主认为"旅游经营风险不大（F13）"、"农闲时有事可做以增加家庭收入（F16）"对创业影响更大。

（3）就员工人数看，创业者、配偶及其他家人在一起共同经营实体与仅创业者、配偶为经营的实体相比，前者更看重"能与家人生活在一起（F2）"、"获得或提高声望、地位（F8）"、"挑战和激励自己（F11）"、"旅游经营有一定市场（F15）"。

五、创业动机因素国内外比较研究

创业动机是企业家由于个体内在或外在的需要而在创业时所表现出来的目标或愿景，它在创业的过程中驱动着创业者的行为，并影响创业行为和创业绩效。创业动机是创业行为背后的驱动力，是个体的动机因素，激励创业者去寻找机会，把握机会，实现创业成功。一般认为，个人参与创业有两个主要原因：一是属于机会型创业，创业者把创业作为其职业生涯中的一种选择；二是属于生存型创业，创业者把创业作为其不得不做出的选择，因为所有的其他选择不是没有就是不满意，创业者必须依靠创业为自己的生存和发展谋求出路。2004年5月19日清华大学中国创业研究中心发布的"全球创业观察（GEM）2003中国报告"中指出，从总体上看全球的创业活动是以机会型创业为主、生存型创业为辅的，而中国有60%的创业者是为了生存而创业的。这表明，中国的创业活动主要是由于创业者别无更好的选择而不得不做出的一种选择的结果。创业型总是在捕捉市场机会。一般认为，机会型创业看重的市场机会与生存型创业看重的市场机会是不同的：机会型创业看重创业进入的是新创造出来的市场，而且是大市场和中市场；生存型创业则很少考虑创业是否进入了新市场，即使开创了新市场，也是以小市场为主，最常见的是在现有市场中捕捉机会。

国外Getz研究对象为西方发达国家的乡村旅游小企业，本研究对象为发展中国家的乡村民营旅游经济。将与Getz研究中相同的指标进行平均值和排名对比，具体数据参见表4-3。在Getz研究中，最重要的两个创业动机为"被当地的居住、生活环境所吸引（F4）"、"体验和享受旅游经营生活方式（F6）"，本案为"为了赚更多的钱（F7）"、"被当地的居住、生活环境所吸引（F4）"。Getz研究中，最不重要的两个创业动机为"获得或提高声望、地位（F8）"、"为了赚更多的钱

（F7）"，本案为"承继祖业或家庭传统（F3）"、"赚取、积攒养老金（F10）"。值得注意的是，本案中业主创业"为了赚更多钱"是非常重要的动机，而Getz研究显示，业主恰恰最不重视"赚更多钱"这一点。另外，其他创业因子得分和排名在两份研究中均有较大的差异。Getz研究表明，在发达国家业主更多将创办乡村旅游小企业看作是一种生活方式，是家庭生活中的一部分，而发展中国家将创办乡村旅游小企业作为谋生的手段，还谈不上享受旅游经营这种生活方式，也并没有更多考虑养老之类的长远问题。

表4-3　Getz与创业动机对比

影响因素		F1	F2	F3	F4	F5	F6	F7	F8	F9	F10	F11	F12
Getz	mean	3.94	3.71	3.45	4.51	3.57	4.37	2.88	2.16	3.96	3.56	3.93	3.97
本案	mean	3.93	3.97	2.56	3.98	3.73	3.79	4.34	2.93	3.97	2.73	3.55	3.76
Getz	rank	5	7	10	1	8	2	11	12	4	9	6	3
本案	rank	5	3~4	12	2	8	6	1	10	3~4	11	9	7

六、创业影响因素因子分析

对创业影响因素进行巴特利球度检验，Bartlett值为153，其对应的相伴概率值为0.000，小于显著性水平0.05，进行KMO检验，KMO值为0.713，适合作因子分析。以18个创业影响因素为变量进行因子分析，利用主成分分析方法，提取特征值得超过1的因子，采用方差极大法作因子旋转。结果显示，6个公共因子可以描述原变量总方差的56.088%，具体情况参见表4-4。

表4-4　创业影响因素主成分分析因子旋转结果

公共因子	特征根	方差贡献率	累计方差贡献率
1	1.940	10.777	10.777
2	1.875	10.414	21.191
3	1.848	10.265	31.455
4	1.649	9.163	40.618
5	1.508	8.379	48.997
6	1.277	7.092	56.088

基于因子变量的最大载荷，公共因子尽量反映包含因子的内容对公共因子命名。第一个公共因子变量，包括为了赚更多的钱（F7）、尝试不同的致富途径（F14）、农闲时有事可做以增加家庭收入（F16）、家人和朋友的支持和激励（F17），基本反映了在家人和朋友的支持下通过创业提高家庭经济收入状况，命名为"增加经济收入"。第二个公共因子变量，包括结识新朋友（F9）、挑战和激励自己（F11）、寻求经济独立（F12），基本反映了自我实现，命名为"自我实现"。第三个公共因子变量，包括做事不受约束，生活自由（F1）、能与家人生活在一起（F2）、喜欢当地的居住、生活环境（F4）、获得或提高声望、地位（F8），基本反映了家庭生活需要的情况，命名为"家庭生活需要"。第四个公共因子变量，包括能将旅游经营与兴趣爱好结合起来（F5）、体验和享受旅游经营生活方式（F6），基本反映了旅游创业支持兴趣爱好的情况，命名为"兴趣爱好"。第五个公共因子变量，包括承继祖业或家庭传统（F3）、旅游经营有一定市场（F15）、政府不定期开展创业引导、宣传和技能培训（F18），基本反映了外部因素诱导创业情况，命名为"外部支持"。第六个公共因子变量，包括赚取、积攒养老金（F10）、旅游经营风险不大（F13），命名为"投资风险"，具体情况参见表4－5。

表4－5　创业影响因素因子分析的因子旋转结果

创业影响因素	公共因子					
	1	2	3	4	5	6
F1			0.667			
F2			0.655			
F3					0.648	
F4			0.627			
F5				0.796		
F6				0.812		
F7	0.702					
F8			0.355			
F9		0.760				
F10						0.719

创业影响因素	公共因子					
	1	2	3	4	5	6
F11		0.722				
F12		0.679				
F13						-0.535
F14	0.708					
F15					0.768	
F16	0.652					
F17	0.544					
F18					0.491	

就受访者的性别、婚姻状况、年龄、文化程度、家庭经济地位、工作经历（共四项）、风险规避倾向、实体性质、实体初始投资、实体经营场所、实体经营时间、实体员工人数共 15 项指标对上述 6 个公共因子进行独立样本 t 检验或一维方差分析。结果显示：广西乡村民营旅游经济创业影响因素的公共因子没有因性别、婚姻状况、经营时长等 3 项指标的差异而存在显著差异；广西乡村民营旅游经济创业影响因素因年龄、文化程度、家庭经济地位、工作经历（4 项）、风险规避倾向、实体初始投资、实体经营场所、实体经营时间、实体员工人数等 12 项指标不同而存在显著差异，具体数据参见表 4-6。

从创业者个人背景角度看，公共因子显著差异表现在：

（1）从年龄看，显著差异在于自我实现、家庭生活需要方面，与中年人、老年人相比，年轻人更看重创业对自我实现及家庭生活需要满足的功能。

（2）从文化程度角度看，差异主要表现在"增加经济收入"、"自我实现"、"家庭生活需要"三方面，学历低者更看重增加经济收入，学历高者看重"自我实现"、"家庭生活需要"。

（3）从经济收入角度看，差异主要表现在经济地位高者更看重"兴趣爱好"、"外部支持"两方面。

表4－6 乡村民营旅游经济创业影响因素公共因子差异

项目	公共因子	I	J	Mean Differnce (I－J)	P value
年龄	2	18～34 岁	35～54 岁	0.34	0.015
		18～34 岁	55 岁及以上	0.53	0.026
	3	18～34 岁	35～54 岁	0.30	0.033
		18～34 岁	55 岁及以上	0.51	0.033
文化程度	1	文盲、小学	高中及以上	0.41	0.021
		初中	高中及以上	0.40	0.016
	2	文盲、小学	高中及以上	－0.41	0.007
		初中	高中及以上	－0.57	0.001
	3	文盲、小学	高中及以上	－0.36	0.020
		初中	高中及以上	－0.42	0.018
经济收入	4	中等以下	中等以上	－0.59	0.003
		中等	中等以上	－0.33	0.021
	5	中等以下	中等以上	－0.78	0.000
		中等	中等以上	－0.46	0.001
生意经历	1	不具备	具备	0.47	0.000
旅游相关工作经历	1	不具备	具备	0.39	0.005
	4	不具备	具备	0.37	0.007
外出经历	4	不具备	具备	0.35	0.008
	6	不具备	具备	0.33	0.013
管理经历	4	不具备	具备	－0.30	0.050
风险规避倾向	1	敢闯爱拼型	保守型	－0.36	0.030
		中间型	保守型	－0.36	0.020
	2	敢闯爱拼型	保守型	0.37	0.024
		中间型	保守型	0.46	0.003
实体性质	2	合伙	家族	1.15	0.049
实体初始投资	3	5 万元以上	5 万元及以上	－0.33	0.014
实体经营场所	1	基本不花钱	花钱购置、租借	0.38	0.028
	6	基本不花钱	花钱购置、租借	－0.36	0.016
员工人数	2	1～2 人	3 人及以上	－0.31	0.023
	5	1～2 人	3 人及以上	－0.32	0.017

（4）就个人经历看，不具备生意经历者更看重创业增加经济收入。不具备旅游相关工作经历者更看重增加收入、创业符合自己的兴趣爱好。未曾外出者认为创业更符合自己的兴趣爱好，有外出经历者认为旅游经营风险不大。

（5）从风险规避角度看，保守者更看重创业以增加经济收入，敢闯爱拼者将创业看作实现自我途径。

从实体角度看，公共因子显著差异表现在：

（1）就实体的性质看，合伙性质实体比家族性质实体更看重创业以实现自我。

（2）就实体初始投资看，投资额大的实体更重视家庭生活需要。

（3）就实体经营场所看，场所是利用自家财产或公共场所的业主更看重创业增加经济收入，而花钱购置、租借场所者认为创业风险不大。

（4）就员工人数看，创业者、配偶及其他家人在一起共同经营实体与仅创业者、配偶为经营的实体相比，后者更看重创业的自我实现功能，创业受外部因素影响大。

七、结论与展望

通过对乡村民营旅游经济创业组有效问卷整理分析结果显示，大多数的创业者其创业动机是生存的需要。综观这些创业者，大多没有正式的工作，没有稳定的收入，生活相对窘迫。自主创业成为他们改善生活现状，追求事业成就的较好选择。也正是这种生存的压力，迫使他们坚定信心，志在一搏，成功概率大大增加。

进一步研究表明，乡村旅游经营实体的创办受增加经济收入、自我实现、家庭生活需要、兴趣爱好、外部支持和投资风险的综合影响，并且随创业者个体差异、实体差异在多方面表现出显著差异。从乡村民营旅游经济创业的影响因素调查可以看出，无论是在创业前、创业初期或是其他经营时期，资金短缺、融资难始终是影响广西民族地区乡村民营旅游经济创立和经营的一个重大难题。对于乡村民营旅游经济而言，外部的发展环境仍不宽松，体现在政府的各项政策、市场秩序混乱、管理不到位等现象明显。在实践中以针对性的差异研究为指导，可以进行有效的创业引导。如利用公共/免费场所、自家房屋作为经营场所的业主，认为旅游经营风险不大，在旅游基础设施的建设方面尽可能多地为村民配备免费可供经营用的公共设施，或尽可能让村民的房屋分布在旅游线路附近，可以有效地促进更多的社区居民参与创业，与具备旅游相关工作经历的业主相比，不具备者认为创办实体符合自己的兴趣爱好，需要引导其正确认识旅游工作和旅游经营工作。另外，创业动机具有引导经营实体目标实现的功能，通过 Getz 与本案创业动机对比研究，也发现动机存在明显差异，因此在借鉴发达国家乡村旅游小企业经营、管理经验时，需要慎重考虑其在我国的适应性。

第二节　基于社会资本的乡村民营旅游经济创业研究

一、社会资本

国内外对社会资本的研究已经有二三十年的历史，虽然学者对社会资本的实质看法不一，但社会资本已成为促进社会发展的有效工具，引起了研究者、实践者甚至政府部门的关注和重视。20 世纪 70 年代以来，社会学、经济学、行为组织理论以及政治学等多个学科都不约而同地开始关注社会资本。自 20 世纪 90 年代以来，社会资本理论逐渐成为学界关注的前沿和焦点问题，不同学科利用社会资本解释经济增长和社会发展。在社会资本研究方面，布迪厄、科尔曼、林南均得出了独特的见解。

皮埃尔·布迪厄将资本划分为经济资本、文化资本和社会资本，认为资本之间可以相互转换，他是第一位在社会学领域对社会资本进行初步分析的学者，认为社会资本是与群体成员相联系的实际的或潜在的资源的总和，它们可以为群体的每一个成员提供集体共有资本支持，社会成员和社会团体因占有不同的位置而获得不同的社会资源和权利。布迪厄认为，所谓社会资本就是"实际的或潜在的资源的集合体，那些资源是同对某些持久的网络的占有密不可分的。这一网络是大家共同熟悉的，得到公认的，而且是一种体制化的网络，这一网络是同某团体的会员制相联系的，它从集体性拥有资本的角度为每个会员提供支持，提供为他们赢得声望的凭证"。社会资本以关系网络的形式存在。

科尔曼认为，社会资本、物质资本和人力资本相并存的，其中物质资本是有形的，社会资本和人力资本是无形的，它们三者之间可以转换，他以微观和宏观的联结为切入点，对社会资本做了较系统的分析，他把社会结构资源作为个人拥有的资本财产叫做社会资本，指出："蕴涵某些行动者利益的事件，部分或全部处于其他行动者的控制之下。行动者为了实现自身利益，相互进行各种交换……其结果，形成了持续存在的社会关系。""……一种责任与期望、信息渠道以及一套规范与有效的约束，它们能限制或者鼓励某些行为……""这些社会关系不仅被视为社会结构的组成部分，而且是一种社会资源。"

林南从政治学的角度研究了社会资本，他把资源分为个人资源和社会资源，认为社会资源指那些嵌入于个人社会关系网络中的资源，如权力、财富、声望等，这种资源存在于人与人之间的关系之中，必须与他人发生交往才能获得。在社会资源理论的基础上林南提出了社会资本理论，认为社会资本是"投资在社会关系中并希望在市场上得到回报的一种资源，是一种镶嵌在社会结构之中并且可以通过有目的的行动来获得或流动的资源"，"……内嵌于社会网络中的资源，行为人在采取行动时能够获取和使用这些资源。因而，这个概念包含两个重要的方面：一是它代表的是内嵌于社会关系中而非个人所有的资源；二是获取和使用这种资源的权力属于网络中的个人……"

简言之，所谓社会资本，一般是指个人在一种组织结构中，利用自己特殊位置而获取利益的能力。一般就是指个人的亲戚、朋友、同学、老乡等关系，一个人能从这些关系中获取的利益越高，那么他的社会资本就越高。开展乡村旅游社区，由于居民物质资本、资金资本、人力资本、社会资本、文化资本的差异，导致其分化成创办乡村民营旅游经营的群体和未创办乡村民营旅游经济的群体；社区由纯农业社区转变为亦农亦旅社区，社区变迁、居民经济状况和生活质量的变化备受社会关注。从个体角度进行社会资本的探索，以期从社会资本的角度促进乡村旅游经营实体的创办。

二、乡村民营旅游经济相关的社会资本指标

目前研究最为广泛的是将社会资本分为结构社会资本和认知社会资本，结构社会资本指相关联系或活动的范围和强度，认知社会资本是指社会资本的认知/知觉成分，其包括对支持、互惠、共享和信任的感知。社会资本有宏观和微观层面，个体层面的社会资本是狭义的社会资本，被认为是个人网络内的直接关系，即个人对自身环境、社会网络的理解以及社区活动参与程度，包括血缘关系、地缘关系、业缘关系、朋友关系为主要形式的社会资本。

本研究在参考其他学者对社会资本的测量的基础上，将开展乡村旅游社区居民的社会资本的测量集中在与居民创办乡村民营旅游经济密切相关方面，且这些方面细划为社区居民密切关注且易于理解的指标，包括结构社会资本（Structure Social Capital）8 个指标、关系社会资本（Relation Social Capital）10 个指标、认知社会资本（Cognition Social Capital）7 个指标，详见表 4－7。指标采用李科特级度进行评价，用 1～5 分别代表"完全不同意"、"不同意"、"中立"、"同意"、"完全同意"。

表 4－7　开展乡村旅游社区居民的社会资本构成

认知社会资本(Set1)	我认为成年后应该自主创业（C1），我很关注成功的商人（C2），我认为接待和服务游客是很好的职业（C3），我经常关注与旅游、游客相关的报道和新闻（C4），当地政府颁布了许多优惠政策支持小型民营经济的发展（C5），当地银行、信贷部门愿意向小型民营经济实体提供贷款（C6），我认为这里旅游业发展前景乐观（C7）
结构社会资本(Set2)	我有很多家人、亲戚在做生意（S1），我有很多朋友、熟人在做生意（S2），我有很多家人、亲戚在从事与旅游、住宿、餐饮等相关的工作（S3），我有很多朋友、熟人在从事与旅游、住宿、餐饮等相关的工作（S4），我有很多家人、亲戚是公务员或村干部（S5），我有很多朋友、熟人是公务员或村干部（S6），我有很多家人、亲戚在银行、信贷部门工作（S7），我有很多朋友、熟人在银行、信贷部门工作（S8）

关系社会资本（Set3）	我经常与家人、亲戚交流就业和投资信息（R1），我经常与朋友、熟人交流就业和投资信息（R2），我经常从家人、亲戚那里寻求意见和建议（R3），我经常从朋友、熟人那里寻求意见和建议（R4），我经常与家人、亲戚借钱（R5），我经常与朋友、熟人借钱（R6），当我遇到困难时，家人、亲戚会帮助我（R7），当我遇到困难时，朋友、熟人会帮助我（R8），家人、亲戚对我很信任（R9），朋友、熟人对我很信任（R10）

在开展乡村旅游社区，部分居民善于抓住旅游开发机会，结合自身条件创办住宿、餐饮、旅游商品销售、旅游交通等乡村民营旅游经济，在分析中将之称为创业组，而另一些居民却未创办经济实体，在分析中将之称为对照组。在研究中力求从社会资本的角度探究原因，一是创业组居民与对照组居民的社会资本具有显著的差异。二是结构社会资本与认知社会资本、关系社会资本与认知社会资本间整体相关可以用较少的指标表示，可以从这些方面提高居民的社会资本。居民人际交往圈大小、人际关系和谐状况会影响到对旅游开发认识的差异，但每一指标的影响程度都具有差异。

三、创业组与对照组社会资本比较

两独立样本 t 检验是根据样本数据对它们来自的两独立总体的均值是否有显著差异进行推断。在开展乡村旅游的社区，分别对创业组居民和对照组居民进行抽取随机样本，抽样不会相互影响，创业组居民与对照组居民这两组总体是独立的，通过对两组居民社会资本 t 检验，可深入了解两总体均值是否存在显著性差异。

1. 结构社会资本比较

结构社会资本主要反映对受访者有重要影响的家人、亲戚、朋友、熟人的数量规模，这些人从事生意、从事旅游相关工作、为公务员或村干部、为金融部门员工都将影响到居民创办乡村民营旅游经济。具有明显家族性质的乡村民营旅游经济之所以能创立，其家庭内部成员必至少有一人亲自参与到实体创立和经营中。相对而言，农村信息主要在家庭成员、亲戚、朋友、熟人之间流动，这些人物数量规模将影响到社区居民接收信息渠道，当渠道通畅且每一渠道中拥有足够诱发创业信息就使村民创业的可能性增加，如做生意的经历、受旅游相关工作的影响，村里能人点拨、金融部门提供资金资助等。总的来看，受访者家庭中做生意仅约为1/5，但朋友、熟人中做生意的比例高达40%。同样，受访者家庭中从事旅游相关工作、为公务员或村干部、为金融部门员工的数量均较少，相对而言，朋友、熟人中能够影响创业人物的比例明显高一些，详细数据见表4-8。

表4-8 受访者结构社会资本

指标	1（%）	2（%）	3（%）	4（%）	5（%）	平均值	标准差
S1	37.7	26.5	13.8	6.5	15.6	2.36	1.434
S2	38.5	7.5	13.1	3.3	37.5	2.94	1.776
S3	47.7	26.7	12.1	4.6	9.0	2.00	1.261
S4	54.4	9.0	10.6	2.5	23.5	2.32	1.665
S5	55.4	25.2	10.6	2.9	5.6	1.78	1.114
S6	62.5	9.6	9.8	1.7	16.5	2.00	1.509
S7	87.7	11.2	0.4	0.2	0.4	1.14	0.441
S8	84.2	9.2	4.4	0.4	1.9	1.27	0.731

分别对创业组、对照组居民的结构社会资本进行比较，从反映居民结构社会资本的8项指标可以看出，从总体上看，虽然受访者的结构社会资本普遍偏少，见表4-9，但创业组的结构社会资本全部高于对照组，以创业组的平均值减去对照组的平均组，发现两组人员结构社会资本相差0.11~1.35个级度。对两组样本进行两独立样本t检验结果显著，8项指标的P值均为0.000，在显著性水平为0.001，对照组居民与创业组居民的结构社会资本具有显著性差异，即对照组居民的结构社会资本明显少于创业组居民。进一步研究组别与8项结构社会资本的相关性，发现结构社会资本与组别之间具有正相关性。因此，研究认为结构社会资本的增加有利于乡村民营旅游经济的创立。

表4－9　对照组与创业组居民结构社会资本平均值比较

组别	S1	S2	S3	S4	S5	S6	S7	S8
对照组	1.88	2.29	1.57	1.68	1.60	1.60	1.09	1.12
创业组	2.88	3.64	2.48	3.01	1.98	2.43	1.20	1.43
差值	1.00	1.35	0.91	1.33	0.38	0.83	0.11	0.31

2. 关系社会资本比较

关系社会资本主要反映受访者与家人、亲戚、朋友、熟人的人际关系状况，受访者与上述群体间相互交流就业和投资信息、提供意见和建议、相互借钱、相互帮助、相互信任能够获得在旅游投资决策、经营方面有参考价值的资源。从反映居民关系社会资本的10项指标可以看出，从总体上看，受访者与家人、亲戚的关系明显比与朋友、熟人融洽，表现为与家庭成员关联度高的R1、R3、R5、R7、R9指标的平均值均比与朋友、熟人相关的R2、R4、R6、R8、R10指标的平均值高，见表4－10。将关系社会资本的认可情况为"同意"、"完全同意"的两项相加，发现在受访者中对关系社会资本表示认可的程度为51.8%（R2）～85.9%（R9），可以认为乡村旅游开发社区属于和谐社区。

表4－10　受访者关系社会资本

指标	1（%）	2（%）	3（%）	4（%）	5（%）	平均值	标准差
R1	17.7	9.4	9.4	23.1	40.5	3.59	1.518
R2	20.6	14.1	13.5	25.2	26.6	3.23	1.494
R3	12.7	4.8	8.3	28.3	45.9	3.90	1.367
R4	18.9	9.4	13.1	30.1	28.5	3.40	1.462
R5	10.6	10.0	10.6	21.4	47.4	3.85	1.384
R6	18.3	12.3	15.6	23.9	29.9	3.35	1.474
R7	3.1	2.5	7.5	26.6	60.3	4.38	0.955
R8	6.0	8.9	13.5	31.6	39.9	3.90	1.195
R9	0.6	2.1	11.4	25.7	60.2	4.43	0.821
R10	2.1	3.7	19.5	28.5	46.2	4.13	0.990

分别对创业组、对照组居民的关系社会资本进行比较，从反映居民关系社会资本的10项指标可以看出，从总体上看，创业组和对照组的关系社会资本认可度较高。不论是创业组还是对照组，其与家人、亲戚的关系明显比与朋友、熟人融洽，其R1、R3、R5、R7、R9指标的平均值均比R2、R4、R6、R8、R10指标的平均值高，见表4-11，因为居民本身强烈地倾向于信任与自己有血缘关系的人，而对家庭或亲属以外的人信任程度降低。以创业组的平均值减去对照组的平均组，发现两组人员结构社会资本相差0.32~0.8个级度。两独立样本t检验结果显著，R3指标的P值为0.002，R4指标的P值为0.015，其他指标的P值均为0.000，在显著性水平为0.05，对照组居民与创业组居民的关系社会资本具有显著性差异，即创业组居民的关系社会资本明显比对照组高。进一步研究组别与10项关系社会资本的相关性，发现结构社会资本与组别之间具有正相关性。因此，研究认为关系社会资本的增加有利于乡村民营旅游经济的创立。

表4-11　对照组与创业组居民关系社会资本平均值

组别	R1	R2	R3	R4	R5	R6	R7	R8	R9	R10
对照组	3.23	2.84	3.72	3.24	3.54	3.06	4.17	3.70	4.24	3.96
创业组	3.98	3.64	4.09	3.57	4.18	3.66	4.61	4.12	4.62	4.31
差值	0.75	0.8	0.37	0.33	0.64	0.6	0.44	0.42	0.38	0.32

3. 认知社会资本比较

认知社会资本主要反映受访者对周边人和事的看法，开发乡村旅游业后，村民对旅游业会产生相应的看法，但由于社区居民个体差异及与旅游业接触程度存在差异，导致其对自主创业、对成功商人、对旅游服务业、对旅游信息、对创办乡村旅游经营实体的政策支持、金融支持和旅游业前景产生不同的看法。受被访者当地商业氛围的影响，做生意成功的人士普遍受到当地人的关注，因而认为孩子成年后应该自主创业，这有利于培养后代的独立性。相对于外出打工、在家务农，受访者认为旅游业是很不错的职业，既能赚钱又能兼顾家庭生活。在旅游信息接收方面，受访者普遍还停留在传统的人与人之间的交流上，而对旅游、游客相关的报道和新闻兴趣不高。虽然受访者认为当地旅游业发展前景乐观，但对于政府的优惠政策、信贷部门的资金支持的认可程度较低。

表4-12　受访者认知社会资本

指标	1（%）	2（%）	3（%）	4（%）	5（%）	平均值	标准差
C1	2.7	8.9	15.6	32.8	39.9	3.98	1.076
C2	7.5	12.0	19.1	21.8	39.6	3.74	1.295
C3	0.6	3.5	9.8	39.2	46.9	4.28	0.828
C4	27.4	19.1	11.4	24.7	17.3	2.85	1.486
C5	35.1	15.9	18.5	23.6	6.8	2.51	1.356
C6	25.6	17.6	23.8	23.1	9.8	2.74	1.327
C7	2.3	8.4	21.1	32.4	35.8	3.91	1.053

从反映居民认知社会资本的7项指标可以看出，创业组居民对上述指标的认可程度比对照组高，见表4-13。以创业组的平均值减去对照组的平均值，发现两组人员认知社会资本相差0.11~0.82个级度。两独立样本t检验结果显著，C3指标的P值为0.425，C7指标的P值为0.254，其他指标的P值均为0.000，在显著性水平为0.001，对照组居民与创业组居民对旅游服务业、对旅游业的前景有一致的认识，即普遍认为接待和服务游客是一项受尊敬、还不错的职业，当地的旅游业发展前景乐观，但对自主创业、对成功商人、对旅游信息的关注情况具有显著的差异，表现为创业组居民比对照组居民关注程度高。进一步研究组别与7项认知社会资本的相关性，发现组别与对商人的关注、对与旅游、游客相关的报道和新闻的关注、当地政府颁布了许多优惠政策支持小型民营经济的发展的关注，对当地银行、信贷部门向小型民营经济实体提供贷款的关注具有正相关性。因此，研究认为：在旅游业快速发展过程中旅游业前景好，社区居民愿意从事旅游服务达成了共识，乡村民营旅游经济成功经营的范例、提高居民对旅游信息的敏感度、政府部门

出台有利于民营经济成长的政策和措施将有利于乡村民营旅游经济的创办。

表4-13　对照组与创业组居民认知社会资本平均值

组别	C1	C2	C3	C4	C5	C6	C7
对照组	4.22	3.46	4.25	2.46	2.24	2.32	3.86
创业组	4.52	4.04	4.31	3.28	2.77	3.14	3.97
差值	0.3	0.58	0.06	0.82	0.53	0.82	0.11

四、社会资本典型相关分析

典型相关分析（Canonical Correlation）是用以分析两组变量间关系的一种技巧，它所描述的是两组变量组间的整体相关形式，而不是关于两组变量中个别变量的相关。它的基本思想可以简单概述为将两组多变量之间的相关化为两个新变量之间的相关。典型相关分析建立第一个典型变量的原则，是使用所建立的两个典型变量之间的相关系数最大化，然后，继续在两组变数剩余的变化中寻找第二个最大的共变部分，形成第二对典型变量，直至典型变量所能解释的两组变异数比例越来越小。

1. 认知社会资本与结构社会资本典型相关分析

对开展乡村旅游社区居民社会资本中的认知社会资本（Set1）和结构社会资本（Set2）调查数据的分析表明，共可提取出七组典型方程来代表结构社会资本和认知社会资本之间的相关性。表4-14为检验各典型相关系数有无统计学意义。P值小于0.05则表示该典型方程达到了显著水平，可以有效解释样本在认知社会资本和结构社会资本两组变量上的变异量。可见，第一典型相关系数有统计学意义，而其他相关系数则没有统计学意义。

根据各典型变量与变量组Set1（认知社会资本）、Set2（结构社会资本）中各变量间标准化的系数，可以写出第一组典型变量的转换方程为：

表 4 - 14　结构社会资本与认知社会资本典型相关的显著性检验

典型方程	Wilk's 值	Chi - SQ 值	自由度 DF	P 值
1	0.687	155.320	56.000	0.000
2	0.912	38.068	42.000	0.644
3	0.959	17.474	30.000	0.966
4	0.980	8.441	20.000	0.989
5	0.989	4.438	12.000	0.974
6	0.997	1.413	6.000	0.965
7	0.999	0.227	2.000	0.893

$$U1 = 0.359C1 + 0.404C2 - 0.334C3 + 0.573C4 + 0.089C5 + 0.213C6 - 0.012C7$$

$$V1 = -0.043S1 + 0.568S2 + 0.321S3 + 0.013S4 + 0.175S5 + 0.284S6 - 0.144S7 + 0.096S8$$

在上述典型变量的转换方程中，通过各指标与典型变量的标准化典型系数可了解各指标对典型变量的影响大小，系数越大，作用越大，即为该典型变量的主要变量。结构社会资本与认知社会资本典型相关分析表明，第一组典型变量中，反映认知资本的典型变量 U1 是由 C1、C2、C3、C4 所决定的，反映结构社会资本的典型变量 V1 是由 S2、S3 所决定的。因此，认知社会资本和结构社会资本的相关主要体现在：社区居民对自主创业、对成功商人、对旅游服务业、对旅游信息的关注情况与居民的朋友、熟人中做生意人多少及家人、亲戚是否从事旅游相关工作关系密切。

2. 认知社会资本与关系社会资本典型相关分析

对开展乡村旅游社区居民社会资本中的认知社会资本（Set1）和关系社会资本（Set3）调查数据的分析表明，共可提取出七组典型方程来代表关系社会资本和认知社会资本之间的相关性。在显著性水平 0.05，仅有第一典型相关系数有统计学意义，而其他相关系数没有统计学意义。第一组典型变量的转换方程为：

$$L1 = 0.341C1 + 0.345C2 + 0.001C3 + 0.236C4 + 0.227C5 + 0.221C6 + 458C7$$

$$M1 = 0.023R1 + 0.185R2 + 0.326R3 + 0.013R4 - 0.198R5 + 0.209R6$$
$$+ 0.324R7 + 0.176R8 + 0.047R9 + 0.295R10$$

通过关系社会资本与认知社会资本的典型相关分析表明，第一组典型变量中，反映认知资本的典型变量 L1 是由 C1、C2、C7 所决定的，反映结构社会资本的典型变量 M1 是由 R3、R7 所决定的。因此，认知社会资本和结构社会资本的相关主要体现在：社区居民对自主创业、对成功商人、对旅游业前景关注情况与家人、亲戚提供建议及家人、亲戚在困难时提供帮助关系密切。

五、从社会资本的角度促进乡村民营旅游经济发展的对策

从社会资本的角度看，创业组居民比对照组居民的结构社会资本、关系社会资本、认知社会资本高。从结构社会资本看，创业组居民和对照组居民的社会资本较少，即能够为乡村旅游经营实体创办提供支持的人际交往圈较小，但对照组居民此项社会资本的平均得分与创业组有明显差异。因此，可以推断创业组居民人际交往圈大于对照组居民，这在一定程度上有利于创办乡村旅游经营实体。从关系社会资本看，创业组居民的关系社会资本高于对照组居民，说明创业组居民良好的人际关系是促成其创业的原因之一，另外乡村旅游社区居民人际关系融洽，人与人之间信任程度较高，这正是社区能够吸引乡村旅游者的原因之一，值得注意的是人与人之间信息交流方面明显不足，将制约乡村旅游实体创办和经营。从认知社会资本看，居民对于当地旅游业发展前景及旅游服务的看法一致，表明社区居民普遍认可乡村旅游，期望参与乡村旅游经营。另外，创业组比对照组更多关注自主创业、成功商人、旅游信息也是其成功创办乡村旅游经营实体的条件之一。因此，从社会资本的角度可以认为，开展乡村旅游社区，能够成功创办乡村旅游经营实体需要的条件包括：拥有相对较高的结构社会资本、拥有良好的关系社会资本、更多关注自主创业、成功商人和旅游信息。

开展乡村旅游社区居民社会资本典型相关分析显示，结构社会资本与认知社会资本、关系社会资本和认知社会资本间整体相关，这种相关主要表现为：居民是否有熟识的人做生意或从事旅游相关工作，家

人、亲戚之间提供建议和帮助是影响其树立正确旅游创业观念的主要因素。

从某种意义上说，社会资本是一种网络、机会、功能和机制，能够把其他形式的资本或资源转化为经济资本的能力，家人、亲戚、朋友、熟人等周边群体的行为会对个人行为产生影响，拥有良好的社会资本能够为个人提供关于旅游创业的机会和有用信息，社区居民需要从个人层面和组织层面构建良好的社会资本。从个人层面看，居民应主动与邻居、朋友、旅游者交往，以扩大朋友圈的方式提升其社会资本，其次努力维护良好的农村社区居民互助、相互信任氛围，这是乡村旅游产品保持其吸引力的源泉。另外，社会资本的形成从根本上说是要发展人与社会的互动联系，所以必然要建立一个中介平台。目前，乡村旅游经营实体的创办与经营常以单个家庭为单位，缺乏统一的组织形式，要建立和完善各种社会组织、形成一个互惠互利的社会支持网络，通过鼓励现有乡村旅游经营实体加入相应组织和组织主动宣传、帮扶，扩大社区居民的社会资本。另外，要发挥乡村旅游经营实体带动社区居民参与乡村旅游开发，可通过鼓励当地人成为旅游从业人员，在条件相对成熟时通过政策引导、金融支持促进实体创办。

第三节　制约乡村民营旅游经济创办的因素分析

一、制约乡村民营旅游经济发展的个人因素

性别、婚姻状况、年龄、收入水平、文化程度、工作经历、投资风险规避倾向等可以评价被调查者的个体差异，在调查中针对上述方面共选取了 10 项指标用以描述被调查者的个人背景情况。调查结果显示，创业组中女性占 47.6%，男性占 52.4%，91.0% 已婚，9.0% 未婚。对照组中女性占 46.2%，男性占 53.8%，89.5% 已婚，10.5% 未婚，本乡人占 95.1%，外乡人占 4.9%。从性别、婚姻状况看两组人员构成比例基本一致，不存在显著差异。

创业组与对照组年龄、家庭经济地位、文化程度、主要工作经历及风险规避及 T 检验结果见表 4 – 15 ～ 表 4 – 17。就年龄而言，显著性水平为 0.12，在显著性水平为 0.05 时，两组人员年龄构成没有显著差异。两组人员的家庭经济地位、文化水平、曾经做过生意的经历、曾经从事过与旅游、住宿、餐饮等相关工作经历、曾经离开家乡、外出工作和生活 1 年以上时间的经历、在政府机关/村委会/企事业单位等从事过管理或领导工作以及风险规避倾向等 7 项指标显著性水平均为 0.000，在显著性水平为 0.01 时，创业组与对照组在上述方面存在明显差异。从总体上看，创业组所在家庭的经济地位、文化程度明显高于对照组，创业组工作经历远比对照组丰富得多，在风险规避倾向方面创业组具有一定的风险投资意识，而对照组相对保守。

表 4 – 15　创业组与对照组年龄构成对比

组别	1（%）	2（%）	3（%）	4（%）	5（%）	6（%）	Mean	SD	P value
创业组	8.6	29.2	35.2	16.7	8.2	2.1	2.93	1.150	0.12
对照组	7.2	23.7	30.5	24.1	8.4	7.2	3.21	1.269	

　　注：其中 1.18～24 岁，2.25～34 岁，3.35～44 岁，4.45～54 岁，5.55～64 岁，6～65 岁以上。

表 4 – 16　受访者经济地位、文化程度、风险规避倾向对比

组别	对比项目	1（%）	2（%）	3（%）	4（%）	5（%）	Mean	SD	P value
创业组	经济	3.1	12.7	52.0	23.1	9.2	3.23	0.894	0.000
对照组	地位	18.1	27.0	41.9	12.5	0.4	2.50	0.944	
创业组	文化	3.9	27.6	43.5	20.3	4.7	2.94	0.908	0.000
对照组	程度	16.1	41.4	33.3	9.2	0	2.36	0.898	
创业组	风险规	14.6	8.6	27.5	30.9	18.5	3.30	1.278	0.000
对照组	避倾向	2.4	3.2	21.4	25.0	48.0	4.13	1.014	

　　注：其中经济水平：1～5 分别表示下等、中下、中等、中上、上等；

　　文化程度：1. 文盲 2. 小学 3. 初中 4. 高中及中专（专业），5. 大专及以上（专业）；

　　风险规避倾向：1. 敢闯爱拼型，2. 介于敢闯爱拼型与中间型之间，3. 中间型，4. 介于保守型与中间型之间，5. 保守型。

表 4-17　受访者主要工作经历对比

组别	是否具备	1（%）	2（%）	3（%）	4（%）
创业组	是	22.5	14.5	34.5	3.6
	否	77.5	85.5	65.5	96.4
对照组	是	49.8	35.2	51.9	24.9
	否	50.2	64.8	48.1	75.1
P value		0.000	0.000	0.000	0.000

注：其中 1. 曾经做过生意，2. 曾经从事过与旅游、住宿、餐饮等相关工作经历，3. 曾离开家乡、外出工作和生活一年以上时间，4. 在政府机关、村委会、企事业单位等从事过管理或领导工作。

二、受访者宏观环境认可程度对比

就"当地旅游业前景乐观"进行调查，创业组持非常认可、认可、中立、不认可、完全不认可的比例分别为 36.1%、34.3%、18.9%、8.6%、1.3%，对照组分别为 35.1%、30.2%、23.1%、8.3%、3.3%。目前创办了乡村旅游经营实体的业主中的 71.2%，未创业村民的 65.3% 认为当地旅游业前景乐观，两类人中认为前景不乐观分别占 10.1%、11.6%。就旅游业前景对两组人员进行 T 检验，不存在显著性差异，即村民对当地旅游业的前景看法普遍比较乐观。

三、对照组未创办乡村民营旅游经济的原因调查与分析

在对照组中，84.3% 的被调查者有创办民营旅游经济的想法，没有创办旅游经济想法的仅占 15.7%。调查显示目前没有创办乡村民营旅游经济主要是受各方面条件的限制，其中村民自认为的原因中，可以归结为两大类：一跟村民的自身条件有关，一类与旅游宏观环境相关。村民自身条件中不利条件主要包括经济、房子、能力等方面的限制。

（1）经济条件的限制，绝大多数的人提到没钱进行投资。调查显示，乡村民营旅游经济的初始投资在 1 万元以下的占 30.7%，在 1 万 ~ 5 万元的占 26.7%，在 5 万 ~ 10 万元的占 14.7%，10 万 ~ 15 万元的占 9.3%，15 万元以上的占 18.7%，即有近一半的民营经济的初始投资超

过 5 万元，相对于农村的家庭收入，民营经济的投资额巨大。而由于农村金融市场发展相对滞后，投入资金主要来自家庭积蓄，不足部分则通过银行或亲友借贷获得，其他融资方式则几乎没有。

（2）房子的问题，包括房子所处地理位置不好、房子所处的地理位置虽好但房子小等。广西的农村居民有聚居的习俗，即往往一村一屯的房子集中在相对固定的区域内，往往有些家庭的房子不靠路边，即使开办民营经济，旅游者也很难找到，客源无法得到保障。另外，在相对有限的空间内，在土地承包到家庭的情况下，要协调找一地方扩大或新建住宅相对较困难。

（3）自身能力有限，包括村民提到的没文化、没经济头脑、没管理能力、没沟通能力。总体而言，乡村居民享受的教育资源有限，加上自身对教育的重要性认识不够，成年居民的文化水平普遍偏低，进而限制了他们学习新知识、接触社会，造成村民普遍经济意识不强、缺乏管理能力和沟通能力。

（4）村民有更好的选择，如在当地做老师、做其他生意等。

（5）自身不适合在当地发展旅游经济实体，包括没有从事旅游工作的兴趣、爱好、性格不适合、年龄大等。

（6）农事多，照顾老人、哺育下一代导致没有时间。

谈及前三项原因的村民绝大多数具有创办乡村民营旅游经济的想法。谈及后三项原因的村民绝大多数没有创办实体的想法。根据实际调查情况，从村民个人的角度看，未创办乡村民营旅游经济主要受到经济、文化水平、个人阅历等方面的影响。不利于村民创办乡村民营旅游经济：乡村旅游地可进入性差、旅游资源品位不高、旅游经营秩序混乱、政府政策不利于乡村民营旅游经济发展，如旅游区进行规划后政府限制建房、宣传少、培训少、游客少、竞争大等，说明村民未创办乡村民营旅游经济同时受到宏观环境的影响。

四、创办乡村民营旅游经济与个人背景的关系分析

在当地旅游业前景乐观的前提下，村民创办乡村民营旅游经济与否与个人的具体情况密切相关。性别、婚姻状况、年龄、家庭经济地位、

文化层次、曾经做过生意的经历、曾经从事过与旅游、住宿、餐饮等相关工作经历、曾离开家乡、外出工作和生活一年以上时间的经历、在政府机关、村委会、企事业单位等从事过管理或领导工作以及风险规避倾向共10项因子将共同影响村民的创业。对上述因子与创业关系进行相关性分析，在显著性水平0.05下，村民创业与年龄，在显著性水平0.01下，村民创业与家庭经济地位、文化层次、投资风险规避倾向及工作经历、年龄等共7项因子间存在明显的线性相关关系。村民创业与否与性别、婚姻状况不存在明显的线性相关关系。而基于对照组受访者调查也显示出上述8项因素是影响个人的创业因素，另外基于创业组与对照组的个人情况对比研究，除年龄外，其他7项因素在创业组与对照组间有明显的差异。因此选择年龄、家庭经济地位、文化层次、曾经做过生意的经历、曾经从事过与旅游、住宿、餐饮等相关工作经历、曾离开家乡、外出工作和生活一年以上时间的经历、在政府机关、村委会、企事业单位等从事过管理或领导工作以及风险规避倾向共8项因素构造创业与个人背景函数关系有理论支持和现实意义。

在实践中，创业与否有两种结果，为是、否二类评定，可以调用Analyze 的 logistic Regression 分析判断村民创业的可能性与个人背景信息中具有明显线性相关指标间的数量关系。结果表明可以用家庭经济地位、文化层次、工作经历、风险规避倾向共5项指标表示村民创办乡村旅游经营实体的可能性。

Logistic 回归的分类概率方程为：

$$P = \frac{e^{-1.359 + 0.592X_1 + 0.336X_2 + 0.735X_3 + 1.435X_4 - 0.440X_5}}{1 + e^{-1.359 + 0.592X_1 + 0.336X_2 + 0.735X_3 + 1.435X_4 - 0.440X_5}}$$

式中 P：村民创办乡村旅游经营实体的概率，$0 < P < 1$；

X_1：家庭经济地位，取值为区间 $[1, 5]$ 的整数；

X_2：文化层次，取值为区间 $[1, 5]$ 的整数；

X_3：曾经从事过与旅游、住宿、餐饮等相关工作经历，若具有此项经历 X_3 取值为 1，若不具有 X_3 取值为 0；

X_4：在政府机关、村委会、企事业单位等从事过管理或领导工作，若具有此项经历 X_4 取值为 1，若不具有 X_4 取值为 0；

X_5：风险规避倾向，取值为区间［1，5］的整数。

注：上述变量划分标准与上文同。

在［1，5］区间内，其他条件不变时，P 值随 X_1 的增大而增大；随 X_2 的增大而增大；随 X_5 的增大而减小。其他条件不变时，X_3 仅取常数 0 和 1，P（0）＜P（1）。其他条件不变时，X_4 仅取常数 0 和 1，亦有 P（0）＜P（1）。

五、创办乡村民营旅游经济的规律

（1）乡村旅游地区村民创办乡村民营旅游经济受个体评价因子及宏观旅游环境的综合影响。从个人角度看，村民的家庭经济地位、文化层次、曾经从事过与旅游、住宿、餐饮等相关工作经历、在政府机关、村委会、企事业单位等从事过管理或领导工作、风险规避倾向影响创业的主要因素，如村民曾从事旅游相关工作，其工作经历和经验积累将为今后创办乡村旅游经营实体奠定基础。目前乡村旅游地区村民普遍认为旅游业前景乐观，其创办乡村民营旅游主要受个人因素的影响。

（2）乡村旅游地区村民创办乡村民营旅游经济有一定的规律可循。分析表明，就某一乡村旅游地村民创办乡村民营旅游经济存在如下规律：①在具备类似的家庭经济地位、文化层次、工作经历的情况下，敢闯爱拼型的村民创办乡村民营旅游经济的可能性大于保守的村民，且越具有闯劲创办的可能性越大，越保守创办的可能性越小。②在具备类似的家庭经济地位、工作经历及风险规避倾向的情况下，村民创办乡村民营旅游经济的可能性随文化层次的提高而增大。③在具备类似的文化层次、工作经历及风险规避倾向的情况下，村民创办乡村民营旅游经济的可能性随家庭经济地位的提高而增大。④在具备类似的家庭经济地位、文化层次、风险规避倾向的情况下，曾经从事过与旅游、住宿、餐饮等相关工作经历以及在政府机关、村委会、企事业单位等从事过管理或领导工作的村民比不具备相关经历的村民创办乡村民营旅游经济的可能性大。

六、扶持乡村民营旅游经济的对策

基于村民个体差异和乡村民营旅游经济定性、定量分析，提出以下几点扶持乡村民营旅游经济的建议：

（1）慎重选择乡村民营旅游经济示范家庭。要充分发挥乡村民营旅游经济的社会效应和经济效应，对其有数量和质量方面的要求。乡村旅游地区实体成长一般会经历：少数几家开办—不断有家庭创办实体—大部分家庭开办这一由点到面的实体创办进程。我国乡村旅游的发展带有浓厚的政府主导色彩，乡村地区在各地政府的主导下开办了各具特色的乡村旅游项目。为鼓励乡村旅游的启动，政府通常采取一定的激励机制，鼓励一部分人先期创办乡村民营旅游经济，争取起到示范带动的作用。由于收入水平、文化程度、旅游相关工作经历、管理工作相关经历、投资风险规避倾向在创业组和对照组中有明显的差异，并能测度村民自发创办乡村民营旅游经济的可能性，因此示范户要优选上述五项评价指标较优的村民，做到"树一户，成功一户"。

（2）采用"经济、技术、文化、理念相结合"的全方位扶持，提高村民创办乡村民营旅游经济的能力。经济扶持，即通过贷款或送钱送物方式扶持；技术扶持，即通过培训使村民掌握服务操作技能，如餐厅、客房服务技能、烹饪技术；文化扶持是一种长效的扶持方式，通过提高村民的文化教育水平，达到长期扶持的作用；理念扶持是向村民传授先进理念达到扶持经济实体创办的目的，如目前村民普遍认为投资乡村民营旅游经济风险很大，而调查显示实体年投回报率一般在15%～25%较多，有的甚至高达40%，相对于经济发达国家和地区年投资回报率5%左右，此类投资风险较低。每种扶持措施的实施均能提高村民创办乡村民营旅游经济的可能性，要针对村民具体情况选择恰当的扶持手段。

（3）优化乡村旅游经营实体的宏观环境。乡村旅游发展的一个重要原因在于扶贫，即使当地居民增加收入，改善居民生活条件，促进乡村地区的全面发展。乡村旅游地区宏观环境不好是造成旅游受益弱势群体存在的另一主要原因。旅游受益弱势群体是指在现阶段旅游发展进程中不能平等享受或不能享受旅游发展带来的成果，以至于缺乏必要的、稳定的经济来源而处于贫困状态、接近贫困状态或趋向贫困状态的具有当地村民身份的人群。旅游业对经济、社会、环境存在正负两方面的影响，对于不能参与到旅游经济中的弱势群体，其所受到负面影响明显大于正面影响，若不改变其弱势地位，势必引发村民间以及村民与开发商之间的矛盾。旅游宏观环境改善必然引起需求增强或旅游需求重新分布，从而为乡村旅游经营实体创立提供平台。目前经营实体基本分布在游览线路旁或主要景点内，通过加强基础设施建设、重新设计旅游线路、加强旅游景点的宣传均能引导游客重新分布，从而为因地理位置不佳村民带来创办实体的机遇。另外，全方位改善乡村旅游的政策环境，制定扶持乡村旅游受益弱势群体发展政策、信贷支持政策、低息贷款、村民利益保障政策、免税、税收返还等，均能刺激乡村旅游经营实体的建立。

第五章

广西乡村民营旅游经济的经营管理

对乡村民营旅游经济的研究离不开其服务对象的研究——乡村旅游者行为的研究。为了有效地、成功地为旅游者服务，必须了解那些影响旅游者服务质量感知的各种因素。旅游者作为乡村旅游活动中的构成主体，是乡村旅游业赖以存在和发展的关键因素，研究乡村旅游者的动机可以更好地揭示其行为规律与特征，对乡村旅游区的发展和规划具有重要的指导作用。

第一节　广西乡村旅游者的需求研究

一、广西乡村旅游者需求研究的数据来源

为了更好地了解广西乡村旅游者的需求状况，区内有关部门和研究人员多次进行过与乡村旅游的相关调研，其中有部分涉及乡村旅游者的需求，这些实地调研为研究广西乡村旅游者需求提供了现实的支持。

本研究广西乡村旅游者需求的数据来源之一是《广西乡村旅游规划》编制组。在编制广西乡村旅游规划时，为更好地分析广西乡村旅游市场的发展趋势，规划编制组对广西主要乡村旅游客源市场，也即广西乡村民营旅游经济的主要客源市场进行了随机问卷调查。调查地点主要是南宁、柳州、桂林、北海等地区的乡村旅游景点、乡村宾馆、乡村餐馆以及农户家。共收集到有效问卷 987 份。

本研究广西乡村旅游者需求的数据来源之二是对南宁市民城郊乡村

旅游需求的调查。随着城市居民生活水平的提高，城市郊外旅游将会越来越受到市民的青睐。对南宁市城郊乡村旅游市场的调查也能从侧面反映出乡村旅游者的需求趋势，为此笔者曾指导学生进行南宁市城郊乡村旅游市场的调查。在调查南宁市城郊乡村旅游需求时，主要在南宁市的万达商业广场、新阳路、民族大道、广西大学等人群比较集中的地区进行，可以访问到不同类型的南宁市市民，使调查结果更具有代表性。调查中为了保证问卷填写的质量，采用的调查方式是当场发放问卷，对受访者面对面进行指导填写，当场填完当场回收。共发放了320份问卷，收回300份有效问卷。在有效问卷中表示完全没有周末城郊出游意愿的仅3%，属于小概率，因此可以用收集到的有效问卷反映城市潜在乡村旅游者的特征（调查问卷见附件3）。

本研究广西乡村旅游者需求的数据来源之三是《广西乡村旅游者旅游动机调查》，调查问卷由"乡村旅游动机"、"调查对象相关信息"和"乡村旅游活动意愿"三大部分组成。乡村旅游活动意愿调查采用封闭式问卷和开放式问卷相结合的方法，让旅游者列举其最愿意参与的乡村旅游活动。在正式调研前，对预测问卷在广西南宁"美丽南方乡村旅游景点"进行了试调查，在保证问卷有效性的基础上进行了大规模的正式调查。正式调研对象为正在进行乡村旅游的游客，调研地点选择在广西乡村旅游发展较早的地区，分别为桂林阳朔高田乡、桂林龙胜县龙脊梯田景区（平安壮寨）和南宁扬美古镇。调研采用现场发放问卷，问卷填好后直接回收的方法，共发放问卷600份，其中高田、平安、扬美各发放200份、250份和150份，分别回收问卷194份、225份和139份，总共回收问卷558份，其中有效问卷547份，占回收问卷的96.2%（调查问卷见附件4）。

二、广西乡村旅游者构成

在旅游统计指标中，常常用常住地来描述客源的构成情况，包括常住地和常住国。常住地，指一个常住国的居民，在近1年的大部分时间所居住的城镇或在这个城镇只居住了较短的时期，但在12个月内仍将返回这个城镇。常住国则指1个人在近1年的时间所居住的国家或地区，或在这个国家或地区只居住了较短的时间，但在 12 个月内仍将返回这个国家或地区。判断一个游客是国际游客还是国内游客是根据他的常住国或常住地，而不是籍贯。

从《广西乡村旅游规划》编制组的调查发现，广西乡村旅游者的常住地或常住国的构成如表 5-1 所示。可以看出，乡村旅游者主要依托广西的主要城市、县城的客源市场，广西周边的省是乡村旅游客源市场的重要补充，国外游客所占比例很小。广西区内主要城市南宁、柳州、桂林、北海区内市场所占比例高达 69.8% ~95.9%；广西周边主要省广东、湖南乡村旅游者所占比例在 3.2% ~16.9%，以广东旅游者为主；国外市场所占市场份额很小，仅为 0.2% ~3.6%。南宁、柳州、桂林、北海四市中，南宁、柳州、北海乡村旅游者构成有极大的相似性，以区内市场为主，桂林因其在国内国际旅游者中有较高的声誉，在乡村旅游发展中接待区外旅游者最多的地区，比例高达 30.2%。

表 5-1　广西乡村旅游市场空间分布（%）

客源地	本市	广西	广东	湖南	长三角	环渤海	其他省市	国外
南宁	62.3	30.3	3.9	1.2	0.4	0.2	1.5	0.2
柳州	68.3	27.6	2.2	1	0.3	0.1	0.2	0.3
桂林	45.2	24.6	12.6	4.3	3.6	2.3	3.8	3.6
北海	59.1	28.7	8.9	1.4	0.3	0.2	1.2	0.2

资料来源：广西乡村旅游规划。

三、广西乡村旅游者人口学特征

1. 广西现实乡村旅游者的人口学特征

从《广西乡村旅游规划》编制组的调查发现，广西乡村旅游者的年龄、受教育程度，如表 5-2、表 5-3 所示。

从性别构成看，调查数据显示，男性旅游者占样本总量的 58%，女性旅游者仅占 42%，男性比女性多 16%，明显多于女性。

表5－2 广西乡村旅游市场年龄结构（%）

	16 岁以下	17 ~ 35 岁	36 ~ 50 岁	51 岁以上
南宁	3. 5	59. 6	30. 6	6. 3
柳州	3. 3	64. 3	25. 9	6. 5
桂林	3. 8	62. 1	24. 8	9. 3
北海	3. 9	62. 9	26. 2	7

资料来源：广西乡村旅游规划。

表5－3 广西乡村旅游市场文化结构（%）

	高中以下	大专	大学本科	研究生及以上
南宁	1. 8	52. 5	33. 7	12. 0
柳州	2. 1	48. 6	38. 9	10. 4
桂林	1. 9	43. 7	46. 2	8. 2
北海	2. 0	45. 6	43. 2	9. 2

资料来源：广西乡村旅游规划。

从年龄结构看，调查数据显示，大多数乡村旅游者年龄集中在17~ 35 岁之间，36~50 岁之间的乡村旅游者也占有相当比例，但年龄在 16 岁以下及 51 岁以上的乡村旅游者所占比例偏少。

从受教育程度看，广西乡村旅游者文化层次大专和大学本科学历者占有相当比例，研究生及以上层次者所占比例也较高，但高中以下层次的旅游者所占比例最低。

从职业构成看，广西乡村旅游者以事业单位员工、文教科技工作者、企事业单位管理人员、公务员、学生所占比例较大。桂林、北海的乡村旅游者中离退休人员也占有一定的市场份额，见表5－4。

表5－4 广西乡村旅游市场职业结构（%）

职业	公务员	事业单位	文教科技	企业管理者	军人	工人	学生	离退休	其他
南宁	18. 2	20. 3	12. 4	18. 9	0. 4	3. 5	14. 5	5. 6	6. 2
柳州	10. 8	25. 4	8. 6	22. 5	0. 3	8. 7	9. 2	8. 9	5. 6
桂林	12. 4	13. 6	15. 7	12. 3	0. 3	2. 3	17. 9	18. 8	6. 7
北海	12. 6	18. 8	9. 6	17. 8	0. 2	1. 8	6. 3	22. 6	10. 3

《广西乡村旅游者旅游动机调查》的结果显示：调查对象从性别构成看，男性比例达 57.2%，女性为 42.8%，男性明显高于女性。年龄构成中 18~24 岁占 57.2%，25~44 岁占 35.6%，45~64 岁，18 岁以下及 65 岁以上所占比例非常低，三项之和仅占 14%。职业构成中学生排第一位，占 35.6%；企事业单位管理人员排第二位，占 21.3%；专业文教技术人员、服务销售商贸人员、公务员所占比例也较大。在学历构成中，初中及以下学历者仅占 10.6%，高中及中专占 16.2%，大专以上学历者比例高达 73.2%。《广西乡村旅游者旅游动机调查》中显示，被调查者女性比例高于男性，年龄层集中在 18~44 岁之间，以学生和具有相对稳定职业的人士为主，学历水平较高。被调查者来源广泛，区内主要来自南宁、桂林、柳州等城市，区外主要来自广东、湖南等周边省份以及北京、上海等地。

表 5-5 　《广西乡村旅游者调查》的受访者人口统计指标

项目	指标	（%）	项目	指标	（%）
性别	男	57.2	年龄	<18 岁	6.7
	女	42.8		18~24 岁	57.2
职业构成	公务员	6.3		25~44 岁	35.6
	企事业单位管理人员	21.3		45~64 岁	6.7
	专业文教技术人员	10.9		>65 岁	0.6
	服务销售商贸人员	9.2	学历	初中及以下	10.6
	军人	2.9		高中及中专	16.2
	离退休人员	4.1		大专	22.3
	学生	35.6		本科	43.6
	其他	10.3		研究生以上	7.3

2. 广西潜在乡村旅游者的人口学特征

对南宁市潜在乡村旅游意愿的市民的调查显示，受访者的基本情况如表 5-5 所示。

在受访的南宁市市民中，男性、女性所占比例分别是 52.3%、47.7%，这一比例与广西乡村旅游者的调查数据具有一致性，即在男性乡村旅游者的比例稍高于女性乡村旅游者。从年龄结构看，南宁市民受访者在 19 ~ 24 岁、25 ~ 34 岁这两个年龄段的较多，分别占 46.7%、27.7%。从年龄上对潜在乡村旅游者与乡村旅游者相比，发现乡村旅游者将以中青年市场为主。从受教育程度看，南宁市潜在乡村旅游者中高中及中专、大专、本科及以上三项所占比例为 88.9%，说明潜在旅游者受教育程度较高。从受教育程度上对潜在乡村旅游者与乡村旅游者相比，发现乡村旅游者将以学历较高的群体为主要对象。从职业构成看，南宁市潜在乡村旅游者中学生的比例相对更高一些，占 33.1%，企事业单位管理人员、服务销售商贸人员所占的比例都超过了 10%，其他职业的比例低。从职业构成上潜在乡村旅游者与乡村旅游者相比，发现乡村旅游者职业构成多样化，以事业单位员工、文教科技工作者、企事业单位管理人员、公务员、学生作为主要服务对象。从收入构成看，南宁市民受访者的收入处于较低水平，受访者中月收入 1000 元以下者较多，占到了 38.3%，但是由于学生在受访者中所占比例较大，占到了 33.1%，学生的月收入几乎是在 1000 元以下的，学生旅游的支出主要受所在家庭收入的影响，排除学生对这一指标的影响，可以认为南宁市民的收入水平在月收入 2000 元左右，具备支付乡村旅游消费的经济基础。

表 5 - 6　南宁市潜在乡村旅游需求者基本情况

项目	指标	（%）	项目	指标	（%）
性别	男	52.3	年龄	14 ~ 18 岁	3
	女	47.7		19 ~ 24 岁	46.7
受教育程度	小学及以下	1.7		25 ~ 34 岁	27.7
	初中	9.4		35 ~ 44 岁	12
	高中及中专	22.4		45 ~ 54 岁	4.3
	大专	31.4		55 岁以上	6.3
	本科及以上	35.1	职业	公务员	5.7
月收入（元）	1000 以下	38.3		企事业单位管理人员	11.4
	1000 ~ 2000	28.7		专业文教技术人员	7.4
	2000 ~ 3000	21.7		服务销售商贸人员	11
	3000 ~ 4000	7		离退休人员	5
	4000 ~ 5000	3.7		工人	2.7
	5000 以上	0.7		军人	0
				学生	33.1
				其他	23.7

3. 乡村民营旅游经济需关注的消费者人口学特征

通过以上对广西乡村旅游者及以南宁市为代表进行的潜在乡村旅游者的分析，认为广西乡村旅游者在性别上将趋于平衡，男女各占近50%的市场份额，将以受教育程度较高的群体为主，年龄以中青年群体为主，职业具有多样性，收入水平以当地城市的平均收入为基准，具备乡村旅游的支付能力。乡村民营旅游经济的经营者要特别关注几类群体，一是以家庭为单位的出游群体，二是情侣群体，三是学生市场。

四、广西乡村旅游者出游行为分析

1. 广西现实乡村旅游者出游行为分析

旅游者出游行为是旅游者在一系列心理活动、外部条件和环境的影响下产生的到异地相关的旅游行为。从《广西乡村旅游规划》调查数据看，广西乡村旅游者出游动机以休闲度假和观光为主题，得到一半以上受访者的认可，其次是观光，几乎得到1/3受访者认可。广西是一个少数民族聚居地，乡村旅游者对体验少数民族风情、历史文化、节庆活动有比较强烈的需求。另外，乡村地区的农副产品丰富，旅游者也有较强的采购欲望，见表5－7。

表5－7 广西乡村旅游市场出游动机（%）

出游动机	观光	休闲度假	民族风情	历史文化	旅游购物	节庆活动	商务会议	其他
南宁	32.3	52.4	10.4	12.3	20.7	11.6	5.6	15.6
柳州	28.9	56.8	8.9	14.6	17.4	13.7	6.7	22.7
桂林	40.6	53.2	22.6	18.6	15.2	14.1	8.4	16.9
北海	35.7	58.7	9.5	11.9	25.6	8.3	7.2	14.3

资料来源：广西乡村旅游规划。

从广西乡村旅游者的出游方式看，传统的跟随旅游团进行旅游的方式并不被乡村旅游者认可，南宁、柳州、北海跟随旅游团的比例很低，不足4%，桂林的乡村旅游者中，因外地旅游者及海外旅游者占有一定比例，因此跟随旅游团的比例较高，达15.4%。最受广西乡村旅游者青睐的出游方式是以家庭出游，被超过一半的受访者采用，另外单位组织、与朋友一起出游也十分受欢迎。

表5-8　广西乡村旅游市场出游方式（%）

出游方式	旅行社组团	家庭出游	单位组织	与朋友一起	单独	其他
南宁	2.8	57.6	22.6	12.3	2.3	2.4
柳州	2.1	56.8	20.7	13.5	3.8	3.1
桂林	15.4	48.9	18.5	11.3	2.3	3.6
北海	3.8	58.7	19.3	14.5	1.9	1.8

资料来源：广西乡村旅游规划。

从广西乡村旅游者出游采用的交通方式看，自驾车是乡村旅游的主要交通方式，约有60%的受访者是自驾车出游。采用单位车辆出游、公共交通出游的比例也较高，但通过旅游包车的比例较低，这一点也跟随旅游团出游的乡村旅游者比例不高有关，见表5-9。

表5-9　广西乡村旅游游客交通方式（%）

交通方式	自驾车	公共交通	单位车辆	旅行社包车	其他
南宁	60.5	13.5	18.9	3.5	3.6
柳州	59.4	6.3	25.5	6.3	2.5
桂林	57.3	12.6	21.4	6.4	2.3
北海	65.2	8.8	20.3	2.8	2.9

资料来源：广西乡村旅游规划。

从出游频率看，受访者每年进行乡村旅游活动次数比较多，多数旅游者年乡村旅游活动次数在2~3次，更有部分旅游者在4次以上，旅游者年均进行乡村旅游活动为2.4次，见表5-10。

从《乡村旅游者动机调查》中显示的数据看，受访者旅游形式独行的占24.8%，与亲友同行的占61.9%，跟随旅行社团队的仅占13.3%。

表 5 – 10　广西乡村旅游市场活动频率（%）

旅游次数	1 次/年	2 次/年	3 次/年	4 次及以上/年
南宁	12.6	45.5	31.6	10.3
柳州	13.7	35.4	38.6	12.3
桂林	12.8	45.7	36.7	4.8
北海	17.0	46.6	31.8	5.6

受访者停留时间白天占 41.5%，一天一夜占 25.7%，两天两夜及以上占 22.8%。在《乡村旅游者动机调查》问卷中，有更详细的数据分析旅游者的动机。心理学认为，产生行为的直接原因是动机，内部驱力和外部诱因都可以激发动机，旅游行为作为一种特殊的社会行为方式，必然有其直接动机。国内学者对不同地区乡村旅游动机进行考察，不同的学者得到的动机因子存在一定的差异，有的学者将乡村旅游动机概括为休闲度假、释放工作压力、观光旅游、探亲访友、怀旧、商务考察、进修学习、猎奇等，有的学者认为回归自然、求新求知、怀旧、休闲四个方面是城市居民的主要乡村旅游需求。另外，有学者从"乡土情结"角度指出乡村旅游者对乡村自然生态环境下的"第一自然"的情结以及对同源性地域文化的认同。对广西乡村旅游者动机则显示："缓解工作、生活压力"，"享受自然"是两个最重要评价因子，平均值分别为 4.07、4.02，其中持正面看法的旅游者分别占 81.8% 和 72.2%，持负面看法的仅为 3.4% 和 3.3%，可以近似认为旅游者都希望通过乡村旅游享受自然，以缓解工作、生活压力。"探亲访友"、"怀旧"是两个重要性认可程度最低的因子，平均值分别为 2.91、2.98，其中持正面看法的旅游者分别仅占 21.7%、30.1%，而持负面看法分别占 28.3%、31.8%。体验户外情趣、精神放松、休闲、增进感情等，都是旅游者进行乡村旅游的主要动机。总的来看，乡村旅游者希望在乡村环境中以旅游方式缓解工作、生活压力，同时增进与亲朋好友的感情，怀旧虽然也是乡村旅游动机之一，但其重要性远远低于其他动机。

表 5-11 《广西乡村旅游者调查》中动机重要性认可情况

旅游动机	1（%）	2（%）	3（%）	4（%）	5（%）	平均值	标准差	排序
缓解工作、生活压力	2.8	0.6	14.9	50.3	31.5	4.07	0.857	1
享受自然	0	3.3	24.4	39.4	32.8	4.02	0.842	2
体验户外情趣	1.1	5.0	16.6	49.2	28.2	3.98	0.866	3
精神放松	1.7	2.2	23.5	43.6	29.1	3.96	0.876	4
休闲	1.7	5.5	24.3	43.6	24.9	3.85	0.918	5
增进感情	0	7.7	33.1	39.2	19.9	3.71	0.873	6
康体健身	3.3	4.4	27.6	48.1	16.6	3.70	0.913	7
感受乡村自然环境	0.6	5.0	32.6	48.6	13.3	3.69	0.784	8
了解乡村民俗风情	1.6	9.3	31.1	35.5	22.4	3.68	0.978	9
了解乡村文化	1.6	6.0	30.8	51.1	10.4	3.63	0.816	10
欣赏田园风光	2.7	8.8	36.8	36.3	15.4	3.53	0.950	11
身体得到休息	2.2	11.7	32.2	40.0	13.9	3.52	0.948	12
乡村采风	2.8	14.0	41.6	31.5	10.1	3.32	0.935	13
怀旧	7.8	24.0	38.0	22.3	7.8	2.98	1.047	14
探亲访友	8.3	20.0	50.0	16.1	5.6	2.91	0.955	15

注：其中 1～5 分别代表"非常不重要"、"不重要"、"一般"、"重要"、"非常重要"。%代表认可的百分比。

表 5-12 南宁市潜在乡村旅游出游行为

项目	指标	（%）	项目	指标	（%）
出游方式	独行	3.9	喜欢的旅游景区资源的功能分类	观光型	63.5
	与家人	23.2		参与型	13.7
	与朋友	73.0		购物型	3.7
				保养休疗型	5.8
出游交通	自驾车	49.1		文化型	7.9
	公共交通	33.1		感情型	5.4
	自行车	9.8	出游频繁程度	经常	19.3
	步行	8.0		偶尔	80.7

2. 广西潜在乡村旅游者出游行为分析

对南宁市潜在乡村旅游者的出游行为调查显示，旅游景区资源按功能分类，潜在旅游者喜欢的旅游景区类型以观光型为主，占 63.5%，参与型景区所占比例占 13.7%。从出游方式看，南宁市潜在乡村旅游者比较注重通过乡村旅游增进与家人和朋友的感情，选择与家人同行的占 23.2%，选择与朋友同行的占 73.0%，在出游交通方式的选择上看，选择自驾车的占 49.1%，选择公共交通的占 33.1%，受访者中经常出游的占 19.3%。这一调查结果与广西现实乡村旅游者的调查结果有一定的偏差，这可能与南宁周边现有乡村旅游景区的建设相对落后有关，但两份调查均显示注重旅游者的参与需求是今后乡村旅游发展的方向之一。

3. 乡村民营旅游经济需关注的消费者出游行为特征

通过以上对广西乡村旅游者及以南宁市为代表进行的潜在乡村旅游者的分析，认为乡村民营旅游经济的经营者可以面临的消费者具有以下特征：一是具以较多的旅游经验，因而其对旅游服务的要求较高；二是旅游者注重旅游体验，需要经营者在经营项目中考虑增加体验经济的内容；三是乡村旅游者出游是为增进与亲朋好友的关系，因而具有明显的交际需求，乡村民营旅游经济的经营者如何增进与旅游者的友好关系也是需要考虑的内容。

五、广西乡村旅游者消费行为分析

1. 广西现实乡村旅游者消费行为分析

《广西乡村旅游规划》编制组对广西乡村旅游者住宿、餐饮、旅游活动内容、消费构成的调查结果见表 5 - 13、表 5 - 14、表 5 - 15、表 5 - 16。从住宿方面看，旅游者最关注的是干净、卫生，旅游安全。对住宿地点倾向选择看，住民居的比例明显高于住宾馆的比例，见表 5 - 13。旅游者对住宿档次的要求并不是很高，但倾向选择现代建筑与地方特色结合的民居。在旅游者的眼里，民居不仅是其旅游期间的居住场所，而且将民居作为旅游吸引物进行欣赏。

表 5-13　广西乡村旅游市场住宿偏好（%）

住宿偏好	卫生	安全	档次	宾馆	民居	地方特色	现代建筑
南宁	80.5	82.4	15.3	13.6	45.8	42.5	35.6
柳州	76.8	80.2	14.2	15.3	46.8	39.6	38.7
桂林	78.5	75.8	13.5	14	48.5	40	35.8
北海	68.5	85.4	12.5	16.8	40.6	43.9	37.4

资料来源：广西乡村旅游规划。

从餐饮方面看，乡村旅游目的地拥有制作具有地方特色菜肴的原材料，旅游者对餐饮的要求有利于指导餐饮产品的生产。调查结果显示，乡村旅游者的首要要求是食品卫生，其次注意地方风味和家常饭菜，多喜欢绿色蔬菜和土鸡土鸭等农户自家生产的食品、不喜欢大鱼大肉，旅游者还喜欢参与特色饭菜的制作过程，见表 5-14。

表 5-14　广西乡村旅游市场餐饮偏好（%）

餐饮要求	食品卫生	地方风味	家常饭菜	绿色蔬菜	农家食品	参与制作
南宁	82.5	56.4	38.9	62.6	58.6	45.8
柳州	78.3	54.8	41.5	56.2	60.4	51.2
桂林	73.4	52.5	35.6	68.5	55.4	58.5
北海	77.6	63.9	33.2	54.8	52.5	55.6

资料来源：广西乡村旅游规划。

从旅游活动内容来看，与农业生产有关的活动和休闲类活动受到旅游者的喜爱，其中农产品采摘、垂钓、棋牌、散步、农业节庆、购物、民间文艺活动、休闲体育项目都受到乡村旅游者的广泛喜爱。相比而言，农产品采摘是最受欢迎的项目，其次是棋牌类活动，见表 5-15。

表 5-15　广西乡村旅游市场活动内容偏好（%）

活动内容	农产品采摘	垂钓	棋牌	散步	农业节庆	购物	民间文艺活动	休闲体育
南宁	52.1	23.0	39.8	18.1	29.6	28.1	28.1	23.8
柳州	48.0	28.2	37.2	18.7	26.5	22.6	25.2	16.7
桂林	55.2	23.6	34.7	22.7	22.8	22.0	20.7	22.9
北海	53.6	33.2	33.5	27.2	24.2	20.0	24.2	17.9

从旅游活动消费水平来看，进行一次乡村旅游活动的人均消费在100～150元之间。从消费内容来看，主要集中在住宿和餐饮方面，二者占全部消费的比例高达69%～90%，旅游交通所占的比例也较高，在17.25%～22.5%之间。娱乐、购物等消费内容仅占全部消费的15.4%～24%，见表5－16。从旅游业的六要素看，购物、娱乐的消费弹性较大，而交通、住宿、餐饮、门票消费弹性小。广西的乡村旅游消费基本上集中在消费弹性小的必需项目上，因此认为广西乡村旅游消费市场还处于初级阶段。

表5－16　广西乡村旅游市场消费构成（元）

消费内容	交通	住宿	餐饮	娱乐	购物	门票	其他	合计
南宁	22.5	46.5	43.5	15	9	7.5	6	150
柳州	17.25	32.2	36.8	11.5	6.9	5.75	4.6	115
桂林	21	44.8	39.2	7	8.4	14	5.6	140
北海	18.75	31.25	43.75	12.5	7.5	6.25	5	125

资料来源：广西乡村旅游规划。

在《乡村旅游者动机调查》中，对目前乡村旅游景区开设的旅游活动进行总结并让旅游者选择其最愿意参与的3～5项旅游活动。依据旅游者的选择，可以看出旅游者愿意参与的活动广泛，包括旅游活动的各个要素，如品尝农家美食、购买地方特产、参与乡间的各种游乐活动。

表5－17　旅游者最愿意参与的乡村旅游活动排名

旅游活动名称	（%）	排名	旅游活动名称	（%）	排名
品尝农家美食	45.9	1	乡间漫步	44.8	2
漂流	37.7	3	民俗风情表演	36.1	4
观赏田园风光	34.4	5	骑自行车	33.3	6
访问历史古迹	32.2	7	爬山	29.5	8
野营	26.8	9	购买民间艺术品	21.9	10
采摘农产品	21.3	11	购买地方特产	19.7	12
参加农村节庆活动	16.9	13	垂钓	10.4	14
干农家活	8.2	15	其他	—	—

2. 广西潜在乡村旅游者消费行为分析

对南宁市潜在乡村旅游住宿要求的调查显示，不过夜的仅占18.8%，32.9%的受访者选择住宾馆，11.0%的受访者选择住旅社，16.1%的受访者选择住当地农家旅馆，而有21.2%的受访者选择住在景区中有特色的住宿设施（如帐篷）。因此认为大部分潜在乡村旅游者具有乡村住宿的意愿，并且需要多样化的住宿设施。从受访者对旅游景区餐饮的要求看，认为不在景区就餐的仅占4.7%，有6.1%的要求在有档次的餐馆用餐，14.4%的受访者选择价格便宜的饭馆，9%受访者选择烧烤、野炊类的就餐方式，值得注意的是65.8%选择具有地方特色的饮食。从受访者对购物的需求看，一般不购物的受访者仅占13%，但旅游者对旅游商品的要求较高，30.1%的受访者愿意选择地方特色工艺品，30.5%的受访者选择地方特色小吃，22.4%的受访者选择地方特色农产品，仅有4.1%的受访者会选择普通旅游商品。

3. 乡村民营旅游经济需关注的经营内容

通过以上对广西乡村旅游者及以南宁市为代表进行的潜在乡村旅游者的消费内容的分析，认为乡村民营旅游经济的经营者对经营应具备以下认识：一是乡村旅游消费者有较多的消费需求，在住宿、餐饮、购物方面均表现出多样化的需求，还有许多尚未受到关注的消费领域。二是不论选择何种经营项目，均需有自身的特色，这些特色需要与农村的环境、农村的氛围、带有乡土味的原料结合起来。三是乡村旅游者选择消费时均会将安全、卫生放在最重要的位置，消除乡村旅游者在安全、卫生方面的疑虑将是今后工作改进的重点。

第二节　广西乡村民营旅游经济的经营管理

一、乡村民营旅游经济的经营影响因素

经营是指个人或团体为了实现某些特定的目的，运用经营权使有形和无形的物质发生运动，从而获得某种结果的人类最基本的活动。进行旅游开发的社区，乡村民营旅游经济的经营者需要通过筹划、控制、组

织、实施等经营职能，实现创业的各种动机，包括提高家庭经济收入、实现自我价值、提高地位和声望。乡村民营旅游经济的创办者往往也是主要经营者，经营对象是进行乡村旅游活动的旅游者。由于乡村民营经济的经营过程常常缺乏正式组织的指导，其决策职能、管理职能、监督职能、改进职能实现往往受制于创办者个人背景和能力，经营者在经营活动中形成的观念、思想、感情、心理等经营意识或经营文化，以及外部环境的综合影响。乡村民营旅游经济的经营管理目标往往成为影响经营的主要因素，其中包括：盈利至关重要，享受工作比拼命赚钱更重要，希望这个生意做得更大些，生意做到差不多就行了，不然太操心，每天都要接待或接触顾客，接待，服务顾客对个人与家庭生活干扰大，从事旅游行业的经营活动很难将家庭生活与工作分离开，目前的经营效益达到了预期目标，追求利润最大化应该是本经济实体的核心目标，个人和家庭的兴趣比经营与管理这个实体更重要，展现、树立良好的公众或企业形象，提供高质量的产品或服务是工作重点，遵循着良好的道德标准，设立正式的经营目标等的看法。另外，对于外部环境、竞争对手的看法也会影响到经营成效。考虑影响乡村民营旅游经济经营的因素较多，最终选了 19 个因素用于分析。

二、乡村民营旅游经济的经营影响因素因子分析

对经营影响因素进行巴特利球度检验，Bartlett 值为 171，其对应的相伴概率值为 0.000，小于显著性水平 0.01，表明相关矩阵不是单位阵，进行 KMO 检验，KMO 值为 0.719，适合作因子分析。以 19 项经营影响因素为变量进行因子分析，利用主成分分析方法，采用方差极大法作因子旋转，提取特征值超过 1 的因子，结果显示 6 个公共因子可以描述原变量总方差的 56.33%，具体情况见表 5 - 18。

对影响乡村民营旅游经济经营的 19 个因素进行分析归类，基于因子变量的最大载荷，公共因子尽量反映包含因子的内容对公共因子命名，得出因子分析结果，六类因子分别对应了经营策略、交际能力、政策支持、经营目标、外部环境、行业发展六个方面，具体情况见表5 - 19。

表 5 − 18 经营影响因素主成分分析因子旋转结果

公共因子	特征值	方差贡献率（%）	累计方差贡献率（%）
1	2.53	13.31	13.31
2	2.10	11.06	24.37
3	1.78	9.36	33.73
4	1.56	8.20	41.93
5	1.52	8.02	49.95
6	1.22	6.44	56.33

表 5 − 19 经营影响因素旋转后的因子载荷矩阵

因子命名	包含因素	成分					
		F1	F2	F3	F4	F5	F6
F1 经营策略	树立良好实体形象（f1）	0.757	− 0.030	0.114	0.027	0.168	0.096
	提供质量好的产品和服务(f2)	0.849	− 0.048	0.133	− 0.042	0.020	− 0.033
	遵循良好的道德标准（f3）	0.655	0.151	− 0.012	− 0.127	− 0.203	0.065
	灵活调整产品和服务（f4）	0.607	0.151	0.142	0.061	0.117	− 0.100
F2 交际能力	与亲朋交流商业信息（f5）	− 0.016	0.780	0.051	− 0.013	0.103	0.134
	向亲朋寻求建议（f6）	− 0.057	0.706	0.443	0.103	0.028	− 0.106
	困难时亲朋会鼎力相助（f7）	0.242	0.690	− 0.009	− 0.327	0.149	0.102
	能取得亲朋的信任（f8）	0.316	0.516	− 0.164	− 0.406	0.150	− 0.042
F3 政策支持	政府出台优惠政策（f9）	0.099	0.024	0.811	− 0.025	0.088	0.058
	金融部门提供贷款（f10）	0.150	0.094	0.748	− 0.038	− 0.094	0.014
	政府与实体共同面对危机（f11）	0.167	0.060	0.473	− 0.113	0.326	0.300
F4 经营目标	盈利至关重要（f12）	− 0.082	− 0.149	0.024	0.572	0.202	0.043
	希望将生意做大（f13）	0.318	0.240	− 0.134	0.637	0.231	0.011
	以实体经营为重（f14）	− 0.042	− 0.210	− 0.061	0.558	− 0.259	− 0.051
F5 外部环境	关注行业政策调整（f15）	0.318	− 0.063	0.136	− 0.387	0.426	0.165
	了解竞争对手信息（f16）	0.048	0.104	0.030	0.138	0.636	0.096
	与其他旅游经济实体合作（f17）	− 0.016	0.133	0.002	− 0.014	0.649	− 0.139
F6 行业发展	旅游业发展前景乐观（f18）	0.019	0.176	0.137	− 0.116	0.224	0.576
	制定实体发展规划（f19）	− 0.025	− 0.040	0.005	0.109	− 0.204	0.820

三、乡村民营旅游经济经营因素认知分析

根据经营影响因素的平均值可以具体了解其对乡村民营旅游经济经营过程的影响程度，各项指标的具体情况见表5-20。

表5-20 经营影响因素的认可情况

影响因素	1（%）	2（%）	3（%）	4（%）	5（%）	平均值	标准差
树立良好实体形象	0.9	2.6	14.9	27.6	53.9	4.31	0.883
提供质量好的产品和服务	0	0.9	12.3	30.3	56.6	4.43	0.738
遵循良好的道德标准	0	0.4	3.5	28.9	67.1	4.63	0.576
灵活调整产品和服务	5.7	8.8	17.1	32.9	35.5	3.84	1.170
与亲朋交流商业信息	14.6	10.7	15.0	27.5	32.2	3.52	1.411
向亲朋寻求建议	16.7	9.0	12.0	32.6	29.6	3.49	1.427
困难时亲朋会鼎力相助	3.4	4.3	15.0	33.0	44.2	4.10	1.033
能取得亲朋的信任	1.3	1.3	16.7	27.9	52.8	4.30	0.882
政府出台优惠政策	27.7	15.2	20.3	26.0	10.8	2.77	1.381
金融部门提供贷款	14.4	16.6	23.0	32.0	14.0	3.14	1.268
政府与实体共同面对危机	23.0	13.9	25.5	25.1	12.6	2.90	1.348
盈利至关重要	2.6	7.0	13.1	17.9	59.4	4.24	1.089
希望将生意做大	3.5	4.4	8.3	14.4	69.4	4.42	1.047
以实体经营为重	13.1	21.0	28.8	23.6	13.5	3.03	1.231
关注行业政策调整	14.9	15.8	16.7	25.4	27.2	3.34	1.410
了解竞争对手信息	20.2	20.2	16.2	23.2	20.2	3.03	1.434
与其他旅游经济实体合作	22.4	9.6	13.6	29.4	25.0	3.25	1.494
旅游业发展前景乐观	1.3	8.6	18.9	34.8	36.5	3.97	1.008
制定实体发展规划	31.6	23.2	12.7	18.0	14.5	2.61	1.452

就反映受访者个体差异的性别（C1）、婚姻（C2）、生意经历（C3）、旅游相关工作经历（C4）、外出经历（C5）、管理经历（C6）、年龄（C7）、经济状况（C8）、教育程度（C9）、投资意识（C10）共10项指标对上述19项经营影响因素进行独立样本t检验或一维方差分析，见表5-21，能够了解因受访者个体差异而导致其在经营影响因素看法上的差异，可以针对性地提出提高经营管理的改进措施。

表 5-21　经营策略因子差异分析

项目	C1	C2	C3	C4	C5	C6	C7	C8	C9	C10
f1	0.195	0.511	0.940	0.240	0.874	0.008**	0.896	0.076	0.012*	0.824
f2	0.013*	0.984	0.531	0.199	0.336	0.193	0.405	0.030*	0.002**	0.495
f3	0.276	0.946	0.567	0.010*	0.091	0.531	0.686	0.067	0.151	0.879
f4	0.882	0.000**	0.625	0.431	0.882	0.021*	0.310	0.072	0.000**	0.658
f5	0.432	0.466	0.000**	0.004**	0.000**	0.001**	0.000**	0.406	0.000**	0.001**
f6	0.103	0.041*	0.116	0.144	0.175	0.638	0.000**	0.914	0.192	0.151
f7	0.630	0.003**	0.003**	0.069	0.000**	0.033*	0.000**	0.128	0.000**	0.034*
f8	0.245	0.575	0.006**	0.241	0.000**	0.000**	0.041*	0.021*	0.002**	0.101
f9	0.286	0.328	0.844	0.300	0.542	0.005*	0.226	0.551	0.223	0.712
f10	0.397	0.307	0.003**	0.066	0.107	0.001**	0.644	0.024*	0.013*	0.345
f11	0.223	0.842	0.000**	0.000**	0.000**	0.000**	0.000**	0.019*	0.000**	0.000**
f12	0.294	0.060	0.294	0.555	0.995	0.036*	0.008**	0.577	0.107	0.348
f13	0.332	0.003*	0.332	0.466	0.402	0.604	0.002**	0.975	0.341	0.488
f14	0.089	0.961	0.089	0.829	0.899	0.104	0.021*	0.170	0.099	0.212
f15	0.002**	0.346	0.103	0.562	0.017	0.000**	0.857	0.002**	0.000**	0.960
f16	0.559	0.135	0.611	0.736	0.389	0.581	0.051	0.539	0.450	0.207
f17	0.105	0.339	0.097	0.411	0.048	0.003**	0.788	0.019*	0.454	0.158
f18	0.053	0.977	0.447	0.634	0.817	0.207	0.423	0.029**	0.025*	0.685
f19	0.048*	0.839	0.467	0.972	0.364	0.401	0.625	0.922	0.396	0.016

103

四、影响乡村民营旅游经济经营的主要层面

1. 经营策略分析

在经营过程中，乡村民营旅游经济的经营者普遍遵循良好的道德标准，并希望展现、树立良好的实体形象，提供优质产品和服务，但实际上能根据市场变化，灵活调整产品和服务，转变经营方式的业主所占比例相对较低。差异性分析表明：在经济实体前未从事过旅游相关行业的经营者在道德遵循方面比曾经从事过旅游相关行业的经营者做得好，具备管理经验、受教育程度较高的经营者在实体形象树立方面做得相对较好。在旅游产品和服务提供方面，男性、家庭经济状况较好、受教育程

度较高的经营者做得相对较好。未婚、具备管理经验、受教育程度较高的经营者相应地能根据市场变化调整产品和服务。因此，经营者在创业前从事过旅游业相关行业、具备管理经验以及受教育程度的差异，将使其在经营策略的把握方面具有明显的差异。

2. 交际能力分析

目前经营者普遍能取得亲戚、朋友的信任，并且在遇到困难或挫折时，能得到相应的帮助，但经营者在沟通和交流方面的能力普遍较弱，平常与亲戚、朋友交流商业信息，以及遇事拿不定主意时，向亲戚、朋友寻求建议的经营者并不多见。差异性分析表明，除性别外，经营者的交际能力因其他9项指标的不同显示出较明显的差异。在遇到不确定的事情时，未婚经营者更趋向于向亲戚、朋友寻求建议，也更能得到鼎力相助。经营者具有的阅历越丰富，包括曾经做过生意、从事过旅游相关工作经历等，其人际交往能力越强。另外，年纪轻、家庭经济地位较高、受教育程度较高、具有投资意识的经营者相对具有较好的人际交往能力。

3. 政策支持分析

对"政府出台优惠政策"的看法平均值为2.77，仅有36.8%的经营者认为有优惠政策，而42.9%的认为没有相应的政策支持。对"金融部门提供贷款"持正面和反面看法的比例分别为46.0%、31.0%。而"政府与实体共同面对危机"持正面和负面看法的分别占37.7%、36.9%。受访者普遍认为支持乡村民营旅游经济发展的政策不到位。差异性分析结果显示，性别、婚姻的差异并没有引起政策支持因子看法的差异，而具有管理经验经营者对政策支持相关因子的看法明显有别于不具备管理经验的经营者，前者普遍认可相应的支持政策，这缘于其有较多的机会了解和接触到政府制定的针对乡村旅游经济实体的政策和措施。另外具有丰富阅历的经营者，普遍相信在出现危机时政府会与民营经济一起应对危机。年纪轻、家庭经济地位高、受教育程度高的经营者对政策支持持正面看法的比例高。

4. 经营目标分析

"盈利至关重要"、"希望将生意做大"两项的平均值分别为4.24、

4.42，持正面看法者分别占77.3%、83.8%，说明受访者普遍希望通过乡村民营旅游经济改变现有的家庭经济状况，这与乡村民营旅游经济经营者的创业动机以"为了赚更多的钱"为第一重要动机研究相一致。旅游经营活动不同于社区居民以前从事的农事活动，花费大量的时间打理生意必然与个人和家庭的兴趣爱好产生矛盾，在这一点上37.1%的受访者对"以实体经营为重"持正面看法，而34.1%的经营者对此持负面看法。差异性分析结果显示，经营目标因子因婚姻、管理经验、年龄的差异而存在显著差异。相对而言，未婚经营者希望将生意做得更大，具有管理经验的经营者认为实体盈利至关重要。另外，年纪轻的经营者比年长的经营者更看重实体的盈利，更希望将生意做大。

5. 外部环境分析

受访者"关注行业政策调整"、"了解竞争对手信息"、"与其他旅游经济实体合作"三者的平均值分别为3.34、3.03、3.25。总的来讲，受访者并不关注经营的外部环境。差异性分析结果显示，外部环境因子因性别、管理经验、家庭经济地位、受教育程度的差异而存在显著差异。相对而言，男性、具有管理经验、家庭经济地位高、受教育程度高的经营者，更关注国家、地方新闻中有关本行业的法规、政策调整，而受访者对于竞争对手的了解均表现为共同忽视。具有管理经验者更懂得经营中与其他与旅游业相关的经济实体合作及共享市场的重要性。

6. 行业发展分析

对当地旅游业的发展，71.3%受访者认为前景乐观，仅有9.9%认为前景不乐观，对于经济实体目标的设计，仅有32.5%的受访者认为需要制定实体发展规划，而54.8%的受访者认为不需要制定实体发展规划。差异性分析结果显示，行业发展相关因子因性别、家庭经济地位、受教育程度的差异而存在显著差异。相对而言，家庭经济地位高、受教育程度处于中等的经营者相对于其他经营者对旅游业的前景持更乐观的态度。

五、提高乡村民营旅游经济经营效果的建议

影响乡村民营旅游经济实体的经营因素可概括为：行业发展盲目乐

观，政策支持不到位，企业经营求大求利，经营者的商业交际能力不强，只顾埋头经营不关注外部环境变化，经营有策略但缺乏实际行动等。乡村民营旅游经济实体要持续良性运转，需要注意以下几点：

1. 完善乡村民营旅游经济的产品内容

乡村民营旅游经济业务以"食、宿"为主，逐步增强"游、购、娱"产品和服务，目前乡村旅游目的地的旅游业务基本能满足旅游者的"食、宿"需求，而对能够增进乡村旅游体验的"游、购、娱"涉及较少。由于提供住宿、餐饮的乡村旅馆众多，为了争取客源，出现业主要以回扣的形式吸引旅行社团队、散客团队的现象，具有旅游从业经验的经营者深谙此道，给其他经营者留下不遵守道德标准的印象。由于绝大多数乡村旅馆兼有自住和接待功能，接待能力普遍较低，应鼓励其做好散客旅游者的服务工作，提供特色旅游产品和服务。目前乡村旅游存在的问题之一是没有开发出适销对路的旅游产品和服务，无法激发旅游者的消费需求。就旅游购物来讲，旅游者希望能购买到当地的、有特色的旅游商品，而不是从其他地方批发来的旅游商品。例如，瑶族少女的腰带，一般要一个月才能编织完成，但不了解腰带编织工艺，旅游者体会不出腰带中的瑶族文化内涵，让旅游者欣赏、参与编织过程，既能增强旅游者乡村旅游体验，又能激发其购物需求。没有条件开发"食、宿"产品的村民，或目前经营不善的业主，应根据市场需求的变化，调整旅游产品和服务，挖掘"游、购、娱"产品和服务。

2. 提高乡村民营旅游经济经营者的商业意识

乡村民营旅游经济的经营者在经营过程中要经常与旅游者进行交流，其人际交往能力往往会影响到经营效果。目前开发乡村旅游的地区民风淳朴，人与人之间相互信任，少数民族村寨尤其明显。在龙胜平安壮寨，村里绝大多数是"廖"姓人家，30岁以上的人士有相当部分村内通婚，整个村寨人与人之间几乎都有或近或远的亲缘关系，相互信任，互帮互助的传统美德一直流传至今。但大部分乡村旅游地区在旅游开发前长期处于封闭状态，旅游经营者商业意识淡薄，不了解竞争对手信息，不懂与其他旅游经济实体合作，难以在激烈的竞争中立足生存。经营者到其他成熟乡村旅游景区观摩学习，现场进行操作指导能较好地提高乡村民营旅游经济经营者的交际能力和商业意识。

3. 营造良好的支持环境

政策支持包括完善基础设施、促进招商引资、制定支持乡村民营旅游经济发展措施等，经营者往往对物质和金钱方面的直接支持感受深刻。目前政府的引导通常以点带面，通过树立典型带动周边群众参与乡村旅游，通常直接受益的主体有限，致使村民对政府政策的认可度低。乡村民营旅游经济具有高投资的特点，资金短缺问题较严重，但由于农村信用制度不完善，贷款实施难度较大。另外，旅游业具有明显的脆弱性特点，容易受到自然灾害或社会因素的影响，在危机时政府与乡村民营旅游经济能否共渡难关将影响到经营者扩大经营规模的信心。在乡村旅游处于导入期的地区，在完善基础设施的同时，要以实物、金钱等易于接受的方式尽快让一部分人先行动起来创办乡村民营旅游经济。在发展比较成熟的乡村旅游地区，树立社区居民对政府的信心，尽量扩大社区居民在乡村旅游中的受益面。关注乡村民营旅游经济经营者中的家庭经济状况较差、受教育程度较低、缺乏社会阅历的弱势群体，采取一对一帮扶的形式让其实体不断壮大。

第三节 乡村民营旅游经济的旅游产品研究

一、乡村旅游产品

乡村旅游产品作为乡村民营旅游经济的经营对象，是其赖以生存和发展的基础，也是民营经济开始其经营活动的出发点。乡村旅游者某种需求的产生和变化，均对乡村民营旅游经济旅游产品的开发和调整提出相应的要求。这里的旅游产品不仅包括有形实物，而且还有大量的无形服务，随着乡村旅游向深度发展，旅游产品中实物部分的比例会越来越小，旅游无形服务的比例将会越来越大。乡村民营旅游经济旅游产品开发，一方面要依托乡村旅游资源和物产丰富优势，把潜在资源优势转化为产品优势；另一方面要根据市场需求来不断调整和优化乡村旅游产品结构，树立乡村旅游产品品牌，以人无我有、人有我特的具有独特旅游产品满足旅游者的需求。

二、乡村旅游产品客源市场定位

开发乡村民营旅游经济的乡村旅游产品，关键要对客源市场进行细分，寻找到目标客源市场。对于某一选定的目标市场，顾客的需求特征比较明显，有利于民营旅游经济了解不同消费者群体的需求状况及满意程度，结合自身的优势，找出可以进入的旅游产品市场，并有针对性地实施营销战术，以灵活的竞争策略应对市场竞争，提高经济效益。

1. 入境旅游市场

总的来讲，乡村民营旅游经济中具备以下条件者可以将目标市场定位于入境旅游市场，条件包括位于旅游业高度发达地区，如桂林的乡村，经营者具备一定的外语能力，具有一定的经营管理才能。在市场定位方面，考虑到港澳台地区同属中华文化圈，是亚洲重要的客源地，在我国接待的入境旅游者中占有特别重要的地位，也是我国入境游客的主要客源市场，年游客量约 4800 万人，其中 74% 的港澳游客流向广西、广东、海南。中国台湾客源市场随着两岸经贸关系的进一步密切，人员来往范围和数量的扩大保持着良好的增长趋势；亚洲地区一向是我国入境旅游的主要客源地，而东盟 10 国是广西的主要客源地，因此将入境旅游核心目标客源市场定位为：港澳台地区、东盟 10 国。日本来华人数曾长期位居第一，除了两国文化、经济方面有着千丝万缕的联系之外，很多日本人本身也与中国有着各种各样的关联，在广西很容易设计出日本人喜欢的诸如"怀旧之旅"、"茶叶之旅"、"水稻之旅"等特色线路；韩国是世界上经济发展最快的国家之一，也是东亚太地区新兴的主要客源国之一，因此乡村民营旅游经济的基本目标客源市场定位为：日本、韩国。世界 10 大出境旅游市场中，欧洲就占了 7 个（德国、英国、法国、意大利、荷兰、瑞士、俄罗斯），可见，欧洲市场对于一国或者一个地区的国际旅游有着举足轻重的影响；俄罗斯是我国北部的邻邦，随着中俄关系的不断发展，战略关系的日益深化，我国和俄罗斯的旅游合作逐步展开，由开始的短期边境一日游、购物游，发展为以边境旅游为主体，观光度假相结合的多种旅游形式；美国是世界上最大的经济体和主要的出境旅游客源输出地，由于中美关系比较稳定以及经济的来往日益密切，美国旅华市场需求呈现持续的增长趋势，因此将入境旅游市场机会目标客源市场定位为欧洲、美国、澳大利亚等远程经济发达国家。

2. 国内旅游市场

乡村旅游者一般产生于城市，乡村民营旅游经济在接待国内旅游者方面存在的障碍较少，一般均能胜任。广西乡村民营旅游经济的国内核心市场定位为广西、广东两省。相对于广西其他城市，桂林、南宁、北海、柳州人们的生活水平较高，是乡村旅游的主要区内客源市场。贵港和玉林也是广西生活水平较高的地区，值得进一步开发。广东旅游业发达，是中国重要的旅游者集散地，多年来，广东的旅游创汇、旅游业总收入、入境旅游人数等主要旅游经济指标稳居全国首位，广州、深圳两市的旅游创汇及旅游经济综合实力位居全国各大中城市的第三、四位，已成长为全国主要的旅游中心城市。与此同时，珠海、佛山、中山、东莞、江门、肇庆等旅游城市纷纷崛起，共同组成了珠江三角洲旅游城市群。另外，将广西乡村民营旅游经济的国内基本目标客源市场定位为西南（重庆、四川、贵州、云南）、华中、华东地区各省及海南省；机会目标客源市场定位为华北、东北地区各省及陕西省。

三、乡村旅游者需求定位

随着人们生活水平的提高，旅游正成为人们生活的重要组成部分，旅游者的需求正呈现多样性的趋势。旅游者的需求是旅游产品生产的起点，需要对其进行准确定位。休闲度假旅游、观光旅游、民俗风情游、节庆旅游、生态体验旅游均会成为主要的客源市场的类型。乡村民营旅游经济的产品的消费层次可定位为：以中档为主，低档消费以本地市场为主；中档消费以生态旅游、观光游览等游客为主，并逐步开发高档市场。接待旅游者的旅游方式定位：以散客为主，团体为辅，随着市场的逐步扩大，团体旅游份额将逐渐下降，家庭和亲朋好友自助式旅游、自驾车旅游份额将逐渐上升。旅游者年龄定位：入境游客以中老年为主，国内游客以中青年游客为主。旅游者职业定位：娱乐度假型游客主要为收入较高的私营企业家和白领阶层及公务员；生态旅游、城郊旅游和观光游览者为大众游客。另外，乡村民营旅游经济提供的产品要注重产品的参与性，增加游客的消遣内容。

四、乡村旅游产品体系构建要素

乡村民营旅游经济在构建旅游产品体系时要考虑到区域协调、旅游资源基础、比较优势、市场前景及实体支撑。

（1）区域协调：在乡村旅游目的地，在开发度假休闲产品、体验型产品、观光型产品等产品时，以哪一类型为主，这些都是由该区域宏观环境决定的。乡村民营旅游经济提供的旅游产品体系也要考虑到宏观背景的影响，与区域主导产品相协调，同时通过打造特色，在区域中找到自己的位置。

（2）旅游资源基础：主导旅游产品必须要有扎实的资源基础，乡村地区的民居本身也是旅游产品的组成部分，在区域各类资源中最为突出，发展依托民居的乡村住宿业和餐饮业能够充分发挥现有的资源优势。

（3）比较优势：乡村民营旅游经济旅游产品体系的构建还要考虑在区域中的比较优势，即产品在区域中具有比较优势，被替代或被模仿的可能性较小。在旅游业发展比较成熟的地区，后来进入住宿业和餐饮业的经营者大部分均为新建，在内部设施方面比较人性化、管理比较现代化，因而具有比较优势。

（4）市场前景：旅游产品需要有强劲并可持续的市场前景，良好的市场拓展空间，保证乡村民营经济进入这一市场后能够盈利，且这一市场具有相对稳定性。广西乡村民营旅游经济的经营项目鲜有旅游线路组织，主要源于客源市场不稳定。

（5）实体支撑：旅游产品需要有富有吸引力和招商潜力的项目实体支撑。需要考虑现有实体的规模、品质、科学技术含量、文化含量、经营效益，以及规划实体的开发潜力和发展前景。

在乡村旅游目的地位于不同生命周期时，乡村民营旅游经济产品体系构建的项目存在差异。当乡村旅游目的地处于进入市场的初始阶段时，地方旅游产品的生产设计还需要进一步改进，基础设施不完善。这时的旅游者以背包客、喜欢寻找旅游新目的地人士为主，乡村民营旅游经济产品以提供住宿、餐饮产品为主，这时的经营者经历从农业生产向旅游服务转变，其接待客人的技巧不熟，服务质量普遍不高，但这一阶段经营人员一般比较淳朴，往往深受旅游者的称赞。随着乡村旅游目的地逐步走向成熟，旅游地的知名度增大，旅游者的数量也会呈现上升趋势，乡村民营旅游经济的项目内容将增长旅游交通、旅游购物、游程组织等项目，且每一类项目的广度和深度将增加。

第六章

乡村民营旅游的扶贫效应分析

通过发展旅游业振兴地方经济正逐渐成为我国一种全新的扶贫手段。随着国家西部大开发战略的实施，旅游扶贫已经成为国内一个理论和实践的研究热点。实践证明，在旅游资源比较丰富的乡村地区，通过实施旅游扶贫开发，可有效地促进贫困农村地区在调整产业结构、促进农村剩余劳动力就业，同时对农村居民的价值观、婚姻观、就业观和家庭观、对待女性的态度等方面发生积极的变化。

第一节　乡村民营旅游经济对家庭的效应分析

一、乡村民营旅游经济与家庭的关系

乡村民营旅游经济与家庭关系密切，其创立构思、创业实施、经营管理无不得到家庭成员的支持和配合。在缺乏商业氛围的情况下，在有了创建乡村民营旅游经济的想法下，需要一家人，甚至是一个家族的人想办法完成资金、原材料、设施设备的筹措工作。调查中发现乡村民营旅游经济的经营场所是自有财产的占74.6%，是租借的占14.0%，花钱购置的占3.1%，而利用公共/免费场所的占8.3%，因此创办民营经济挤占了原有家庭成员的生活空间。乡村民营旅游经济的设施设备是自有财产的占45.8%，花钱购置的占87.7%，租借的占2.6%。家庭一旦决定创办乡村民营旅游经济，则四处筹钱，购置接待旅游者所需的设施设备，进而影响到家庭在其他方面的投资和消费。在经营过程中，一般

情况下是以夫妻为主要劳动力，但在旅游旺季，常常是全体家庭成员均成了旅游服务人员。考虑到我国乡村民营旅游经济广泛分布于民族地区进行了乡村旅游开发的地区，研究其对农村家庭的效益具有一定的现实意义。

二、乡村民营旅游经济对家庭的经济效益分析

在乡村旅游发展进程中出现了大量以家庭经营为主体的乡村民营旅游经济。从开办乡村民营旅游经济的经营者角度看，经济效应主要体现在创业者旅游收入、旅游支出、收入分配等主要数量指标上，而对旅游目的地而言，经济效益主要体现在对地方经济的带动效应。由于民营经济实体设立非常灵活，在旅游者消费需求的驱使下，一旦自家具备了接待条件即进行经营活动，多数没有按照企业要求，依照法定程序设立，也没有纳税。在试调查阶段，经营者对衡量经济的数量指标很敏感，在此选用比较模糊的指标评价乡村民营旅游经济对家庭的影响。这些指标包括：对当初创办旅游经营实体的看法（E1）、旅游经营实体收入占家庭收入的比重（E2）、与未创办实体前相比对目前收入满意度（E3）、与以前相比对目前实体运营的满意度（E4）、与竞争对手相比对目前收入满意度（E5）、经营收益变化趋势（E6）6 项指标对广西乡村旅游经营实体的经济效应进行了测评。另外，鉴于许多业主在经营过程中通常还要兼顾农业生产，实体一年中可以接待游客的时间（E7）、实体经营季节性（E8）亦纳入了经济效益的衡量体系。上述指标调查结果见表 6 - 1。

表 6 - 1　旅游经营实体经济效应总体情况（%）

评价标准	具体情况
对当初创办旅游经济实体的看法（E1）	非常满意：41.5　满意：37.5　中立：17.5　不满意：3.5　很不满意：0
旅游经济实体收入占家庭收入的比重（E2）	小于20：6.6　比例20~40：18.3　比例40~60：19.2　比例60~80：18.8　大于80：37.1
与未创办实体前相比对目前收入满意度（E3）	非常满意：19.2　满意：44.1　一般：25.3　不满意：8.3　很不满意：3.1

评价标准	具体情况
与以前相比对目前实体运营的满意度（E4）	非常满意：10.0　　满意：29.3　　一般：29.3　　不满意：23.6 很不满意：7.8
与竞争对手相比对目前收入满意度（E5）	非常满意：7.0　　满意：30.6　　一般：38.4　　不满意：18.8 很不满意：5.2
经营收益变化趋势（E6）	变好：40.3　　变化不明显：33.5　　变差：26.2
实体一年中可以接待游客的时间（E7）	1~3个月：7.9　　4~6个月：4.0　　7~9个月：7.0　　10~12个月：81.1
实体经营季节性（E8）	完全不同意：0.9　　不同意：2.2　　中立：6.6　　同意：21.5 完全同意：68.9

就受访者的性别、婚姻状况、年龄、文化程度、家庭经济地位、工作经历（共四项）、风险规避倾向、实体初始投资、实体经营时间、实体员工人数、实体所在地旅游业发达程度共14项指标对上述8项经济效应指标进行独立样本t检验或一维方差分析。结果显示：广西乡村民营旅游经济的经济效应没有因性别、婚姻状况、年龄、文化程度、风险规避倾向、实体经营时长、实体员工人数7项指标的差异而存在显著差异；广西乡村民营旅游经济的经济效应因家庭经济地位、曾经做过生意的经历、旅游相关工作经历、曾经外出经历、管理或领导工作经历、实体的初始投资、实体所在地乡村旅游业成熟度7项指标不同而存在显著差异，见表6-2。

表6-2　乡村民营旅游经济经济效应差异

项目	经济指标	I	J	Mean Differnce （I-J）	P value
经济地位	E1	中等以下	中等以上	-0.56（*）	0.001
		中等	中等以上	-0.31（*）	0.011
旅游业发达程度	E1	欠发达	发达	-0.36（*）	0.001
旅游从业经历	E2	不具备	具备	-0.67（*）	0.000
外出经历	E2	不具备	具备	-0.36（*）	0.042

项目	经济指标	I	J	Mean Differnce (I - J)	P value
旅游业发达程度	E2	欠发达	发达	-0.49 (＊)	0.005
经济地位	E3	中等	中等以上	-0.49 (＊)	0.001
旅游业发达程度	E3	欠发达	发达	-0.31 (＊)	0.015
经济地位	E4	中等以下	中等以上	-0.82 (＊)	0.000
		中等	中等以上	-0.70 (＊)	0.000
生意经历	E4	不具备	具备	-0.39 (＊)	0.007
旅游业发达程度	E4	欠发达	发达	-0.35 (＊)	0.019
经济地位	E5	中等以下	中等以上	-1.01 (＊)	0.000
		中等	中等以上	-0.70 (＊)	0.000
生意经历	E5	不具备	具备	-0.57 (＊)	0.000
管理经历	E5	不具备	具备	-0.58 (＊)	0.000
初始投资	E5	1 万 ~5 万元	15 万元以上	-0.40 (＊)	0.042
		5 万 ~10 万元	15 万元以上	-0.59 (＊)	0.010
		10 万 ~15 万元	15 万元以上	-0.69 (＊)	0.008
旅游业发达程度	E5	欠发达	发达	0.26 (＊)	0.046
经济地位	E6	中等	中等以上	-0.33 (＊)	0.008
旅游从业经历	E6	不具备	具备	0.29 (＊)	0.013
管理经历	E6	不具备	具备	-0.25 (＊)	0.047
初始投资	E7	1 万 ~5 万元	15 万元以上	-0.40 (＊)	0.024
		5 万 ~10 万元	15 万元以上	-0.63 (＊)	0.002
旅游业发达程度	E7	欠发达	发达	0.17 (＊)	0.013
生意经历	E8	不具备	具备	0.24 (＊)	0.022

注：＊显著性水平 0.05。

1. 广西乡村民营旅游经济的经济效应特点

（1）经营者普遍认可乡村民营旅游经济实体带来的经济效应，实体收入在家庭收入中的贡献较大，极大地改善了所在家庭的经济地位。对当初创办民营旅游经济实体的看法，持正面看法的占 89%，持负面看法的仅占 3.5%，与未创办实体前相比，对目前收入满意的占 63.3%，在民营旅游经济经营时间不长的情况下，创办实体的家庭中有一半以上的家庭旅游经营实体收入占家庭收入的比重大于60%。

（2）实体经济效应持续发挥，但经营效应的正向发挥有待进一步挖掘。2/5 的实体经济效益呈变好的趋势，变差的仅占 1/4，其余实体经济效应稳定。实体年可接待时间在 10～12 个月占 81.1%，而 90.4% 的受访者认为目前经营呈现季节性。大部分开办了经济实体的家庭以旅游接待服务为主业，与实际经营接待呈现明显的季节性存在的矛盾，必然削弱实体经济效应的发挥能力。

（3）随着竞争加剧，经营者主观感受经济效应的满意度呈下降趋势。与以前相比，对目前实体运营满意的占 39.3%，不满意的占 31.4%，与竞争对手相比，对目前收入满意的占 37.6%，不满意的占 24.0%，两项指标满意度远远低于对创业的认可程度。

2. 广西乡村民营旅游经济的家庭经济效益存在的显著差异

（1）家庭经济地位高、乡村旅游业发达地区的实体经营者对创办实体认可度高。

（2）业主具有旅游从业经历、外出经历、乡村旅游业发达地区的实体，其旅游经济收入占家庭收入的比重明显较高。

（3）与未创办实体前相比，家庭经济地位高、乡村旅游业发达地区实体的经营者对目前收入满意度高。

（4）与以前相比，经济地位高、具有生意经历、乡村旅游业发达地区的经营者对目前实体运营的满意认可度高。

（5）家庭经济地位高、业主曾具有做生意经历、管理经历、初始投资大的实体与竞争对手相比，竞争满意度高。乡村旅游业发达地区实体与竞争对手相比，却认为竞争满意度低。

（6）家庭经济地位高、具有管理经历的实体经营者认为实体经营收入趋势呈好转变化，而具有旅游从业经历的经营者却认为实体经营收入趋势呈恶化趋势。

（7）初始投资非常大、乡村旅游业欠发达地区的实体一年中可接待旅游者的时间较短。

（8）曾经具有生意经历的经营者认为实体经营季节性不强。

3. 造成差异的主要原因

（1）家庭经济地位高有相对雄厚的资金资本，实体的规模相对较大，设施设备较先进，能较好地满足旅游者的需求，其经济效益较为明显。

（2）经营者曾有生意经历、旅游从业经历、外出经历、管理或领导经历使其在经营实体时可借鉴曾有的经验，在经营实体时具有相对竞争优势。

（3）乡村旅游地区旅游业发达，实体客源相对稳定、充足，经济来源有保障，因而整体经济效应明显。

三、乡村民营旅游经济的家庭生活效益分析

乡村民营旅游经济的出现对农村社区传统的经济模式、家庭模式产生深刻的影响，其中男主外、女主内的生产生活方式，因女性在旅游业的优势明显，而对女性的影响较大，并在多方面对农村家庭生活产生影响，具体数据见表6-3。

表6-3　乡村民营旅游经济对家庭的影响

因子	1（%）	2（%）	3（%）	4（%）	5（%）	平均值	标准差
促进家庭和睦（f1）	2.6	3.5	17.1	26.8	50.0	4.18	1.010
与爱人或家人分享决策权（f2）	3.9	6.6	8.7	21.0	59.8	4.26	1.113
解决家人的就业问题（f3）	8.3	5.7	12.2	33.2	40.6	3.92	1.226
与爱人或家人平等分担工作（f4）	10.0	5.2	11.8	25.3	47.7	3.95	1.309
家人能有很多时间相处（f5）	5.2	7.4	20.1	30.6	36.7	3.86	1.150
培训子女、锻炼他们的工作或创业能力（f6）	20.5	11.4	15.3	24.9	27.9	3.28	1.493
让子女继承这份家产（f7）	24.5	9.6	17.9	12.7	35.3	3.25	1.602
提升家庭的社会地位（f8）	9.6	11.8	29.8	30.8	18.0	3.36	1.188
挣足够的钱以满足家庭经济需要（f9）	2.2	5.7	12.2	34.5	45.4	4.15	0.090
实体经营比个人和家庭的兴趣重要（f10）	13.1	21.0	28.8	23.6	13.5	3.03	1.231
最终我不会将实体卖掉（f11）	14.5	6.1	12.7	10.5	56.2	3.88	1.493

1. 实体家庭成员的影响

乡村地区开发乡村旅游为当地村民带来了商机，为旅游者提供"食"、"住"、"行"、"游"、"购"的行业产生，当地村民凭借自家的房屋为旅游者提供相应服务，产生了"以住宿、餐饮为主，以旅游交通、旅游购物为辅"的多种乡村民营旅游经济实体。这些实体具有明显的家族性质，由家人共同出资、共同经营，充分发挥了就地就业的优势。对于开办乡村民营旅游经济实体的家庭来讲，家庭成员共同商量经营何种业务、购买何种设备，共同接待旅游者，基本免除了家人到外地打工带来的夫妻分离、家人无法共同生活的烦恼。对于实体及其他相关家庭事务，家庭成员间相互交流，共同决策，平时共处时间增多，有效地促进了家庭和睦和家庭成员平等相处。另外，值得注意的是，家庭中的女性因创办和经营乡村民营旅游经济而更多参与到家庭经济贡献中，女性的地位得到明显提高。

2. 实体对家庭下一代的影响

绝大部分乡村民营旅游经济实体的经营场所亦是个人和家庭的生活场所，经营活动必然会影响到家庭生活，会影响到业主对待下一代的看法。调查显示，认为接待、服务顾客对个人与家庭生活干扰大的经营者仅占33.7%，绝大部分的乡村旅游开发地的村民对旅游业持欢迎态度。乡村旅游者在旅游时总是通过各种途径了解乡村的异域风情，在村民家消费时乐意与主人交流，绝大多数实体的从业人员也比较健谈，这种双向交流很好地满足了旅游者消费需求，从业人员也以旅游者为窗口增进对外界的了解，在思想、行为上都会有所触动。受传统思想的影响，家业的最终处理方式是遗传给下一代，这种风气在农村尤其盛行。调查中发现，认为今后会让子女继承旅游经营实体的经营者仅为46.0%，而愿意让子女参与经营、锻炼其工作或创业能力的占52.80%，大部分经营者希望自己的后代能有所作为，而不是守着家业过平淡的日子。鉴于此，经营乡村民营经济家庭的父母通常会鼓励子女与旅游者多交流，并且也更愿意对子女的教育加大投资。

3. 实体对个人和家庭兴趣的影响

开办乡村民营旅游经济实体投资一般为数万元，具有高投资的特

点。为创办乡村民营旅游经济实体，很多家庭将家中能用上的财产都利用上，实体成了一项集家庭房产、金钱为一体的重大投资。调查发现，经营者在创业之初的创业影响因素以"为了赚更多的钱"为第一重要影响因素，而在经营中"挣足够的钱满足家庭的经济需要"的平均值高达 4.15，说明经济的利益的驱使一直是乡村民营旅游经济实体存在的和发展的内在动力。实体的经营活动明显不同于农业生产活动，具有工作对象、工作时间不确定性以及旅游需求的多样性，旅游从业人员的时间安排常受到外界因素的影响，会产生从业人员个人和家庭的兴趣爱好与实体经营的矛盾。对"实体经营比个人和家庭的兴趣重要"持正面看法和负面看法的受访者比例基本相当，因此，总的来讲，受访者将实体经营与兴趣放在同等重要的位置。可以说，是乡村民营旅游经济实现了农村人自己当老板，自己随意安排生活的较为理想的生活状态。

4. 乡村民营旅游经济对家庭生活影响的深层剖析

就受访者的性别、婚姻状况、年龄、文化程度、家庭经济地位、阅历共 6 项指标对前述 11 项影响家庭的指标进行独立样本 t 检验或一维方差分析。结果显示：广西乡村民营旅游经济实体对家庭影响程度因受访者的年龄、文化程度、家庭经济地位、阅历的不同而存在显著差异，见表 6-4，受访者的性别、婚姻状况对乡村民营旅游经济所在家庭没有产生显著影响。

表 6-4 家庭影响因素的差异

因子	项目	I	J	平均差值	P 值
家人能有很多时间相处	学历	初中	小学及以下	0.390*	0.029
		初中	中专、高中及以上	0.378*	0.047
		很少	很丰富	-0.475*	0.003
让子女继承这份家产	学历	初中	中专、高中及以上	0.620*	0.019
提升家庭的社会地位	年龄	35~44 岁	18~34 岁	-0.527**	0.004
		35~44 岁	45 岁及以上	-0.483*	0.016
实体经营比个人和家庭的兴趣重要	年龄	45 岁及以上	18~34 岁	0.558**	0.006

注：*显著性水平 0.05，**显著性水平 0.01，***显著性水平 0.001。

家庭成员的共处时间的长短影响到家庭成员间的沟通，进而影响到家庭团结，具有初中文化水平的受访者比小学、文盲，以及中专、高中、大学文化程度的经营者认为实体能够保证家庭成员有较多的时间相处。学历为初中的受访者与文化层次高的受访者相比，前者更赞同让子女继承家业。年龄在 35～44 岁的受访者与其他年龄段的受访者相比，后者更希望通过实体提升家庭的社会地位。另外，18～34 岁受访者与 45 岁以上的受访者相比，当实体经营与个人和家庭的兴趣产生矛盾时，前者更注重个人和家庭的兴趣，而后者更注重实体的经营活动。

第二节　乡村民营旅游经济的社会效益分析

一、乡村民营经济与地方社会的关系

创办乡村民营旅游经济的家庭是社会的基本单位，家庭经济生活水平提高和和谐，必将促进整个地区的和谐发展。作为旅游经济的重要组成部分，旅游地众多的旅游经济实体的兴盛是少数民族地区的旅游扶贫效应的一个体现，乡村民营旅游经济作为民营经济的重要构成，在繁荣了目的地的经济的同时，也对目的地社会文化产生了一定的影响，改变了当地居民的生活环境。乡村民营旅游经济对当地的扶贫作用可以从拉动作用、推动作用、示范作用三个方面加以概括。

二、乡村民营旅游经济的拉动作用

1. 有利于扩大内需，刺激消费

广西乡村旅游游客以本地区中心城市的居民为主，少数来自发达地区的城市游客，其回归自然，体验乡村生活，调节身心的需求旺盛。在开放的市场环境中，乡村民营旅游经济顺应旅游者的消费需求，不断完善旅游产品。能够提供不同乡村旅游产品组合的民营旅游经济适应城镇居民的消费需求，而且有利于开拓农民眼界，增强广大农民的出游实力；既可拉动城镇居民的旅游消费，又可以培育农民旅游消费。通过乡村民营旅游经济开拓城市乡村两大旅游休闲消费市场，是刺激消费、扩

大内需的重要手段。

扩大内需，即扩大某经济实体内部的需求，包括投资需求和消费需求两个方面，以拉动经济增长。在乡村旅游目的地，社区居民的投资需求和消费需求均比较旺盛。社区居民一般依据自己的家庭经济状况及所处的地理位置，在早期以自家房屋翻新作为民营旅游经济的接待场所，部分人在经济积累到一定程度后扩大经营规模。同时，为了适应以城市居民为主要消费群体的需求，添置了大量的高档生活用品。在消费方面，社区居民的消费结构也发生了很大的变化，由于乡村民营旅游经济所在家庭的经济收入得到明显提高，家庭所需的物质不再自给自足，而需要到市场购买，进而促进农村市场繁荣。

2. 拉动地方经济的发展

首先，个体和私营乡村民营旅游经济的创立和发展，为地方带来丰厚的税收。近些年来，广西少数民族地区的民营旅游经济发展迅速，数量上不断增多，规模也有所扩大，给地方创造了良好的税收。其次，家庭旅馆、民居旅店、农家饭庄、旅游商店、酒吧等经济实体的建立和装修，需要购买建筑材料、装饰材料、服务设施等，拉动了建筑业和装饰业的发展；游客的日常饮食和消费品经济实体本身很难自给，因此他们还需要定期大量采购食品原料、饮料、食物、床上用品等，带动农业、零售业的发展，这是民营旅游经济实体乘数效应的体现。最后，民营旅游经济的繁荣吸引了更多的外来投资。资金的短缺成为制约广西少数民族地区经济发展的瓶颈。少数民族地区经济落后，仅仅通过内部筹资进行旅游投资毕竟有限，因此，还要寻求一定的外部资金来源。投资环境学认为，投资者的目的在于寻找最佳区位以保证其动机的实现，投资者寻找的是使其获利的机会和项目。乡村民营旅游经济在少数民族旅游景区的大量集聚，改善了少数民族旅游地区的投资环境，增强了外来投资的吸引力。因此，越来越多的外地人或外国人选择在少数民族旅游区投资，开办旅游业，从而促进投资环境的改善，形成良性的循环。

3. 转移了农村剩余劳动力，增加了就业机会

乡村民营旅游经济根植农村，绝大多数创业者均是本地人。乡村旅游需求形式多样，内容广泛，不同的乡村都可以根据本地的资源条件创

业、开发不同层次、类型的乡村旅游产品，并通过旅游提高农副产品销售，增加农业附加值，促进农民增加收入。乡村民营旅游经济不仅能就地就近利用农村人力资源、物质资源进行创业，还能吸纳弱势群体就业，有效地增加就业面，有着较强的扶贫功能，做到惠及广大农民。

我国13亿人口中，有9亿生活在农村。广西少数民族地区土地资源较为贫乏，农村闲置劳动力问题突出，如何解决农村人口大量剩余，解决农村人口的贫困问题，一直是困扰广西甚至全国的重大的社会难题。开办乡村民营旅游经济，不仅可以解决开办者自身的就业问题，还可以解决家人的就业问题。我们的调查发现，家庭经营占半数以上。此外，还有与亲戚、朋友合伙经营的，解决的就业更为显著。受经营规模和经营季节性的限制，很少经济实体有固定的员工，但是旺季雇佣短期工的现象十分普遍。从直接就业和间接就业两个角度看，可见民营旅游经济实体在吸收剩余劳动力方面作用十分明显。另外，乡村民营旅游经济为弱势群体的就业提供了可能。老人、妇女、文化层次较低者他们在就业方面受到的歧视较多，在就业方面存在极大的障碍。乡村民营旅游经济由于进入门槛低、风险小、对技术的要求低等特点，为弱势群体的就业提供了一个良好的渠道。开办旅游手工艺作坊、从事旅游商品的制作、旅游纪念品的买卖等旅游经济实体的经营者不要求太多的专业知识和技能，同时，其从业人员也可以不受自身年龄、性别、文化程度的限制，选择自己能够承担的工作。在就业的过程中，弱势群体不仅能够自食其力，还能够为家庭、为社会创造财富，有利于少数民族地区实现社会的公平与和谐。

三、乡村民营旅游经济的推动作用

1. 推动少数民族地区产业结构调整

乡村旅游业可以有效带动农村相关产业要素的发展，加快了城市信息、资金和技术等资源向农村的流动，促进农村产业结构的优化和调整，促进农副产品及加工业的现代化、无公害发展，带动乡村运输、装修、建筑和文化产业等的发展，优化农村产业结构，实现传统农业和旅游业的融合发展。少数民族地区一直以农业为主，产业结构较为单一。

发展旅游业，创建乡村民营旅游经济丰富了农村经济。由于对日用品和工艺品消费的激增，扩大了手工业、加工业和服务业的发展，从而为农村产业结构调整提供了良好契机，优化农村产业和农业经济，促进少数民族地区农村经济的持续健康发展。

2. 推动社会生活环境的改善

乡村民营旅游经济的发展方便了居民的日常生活。在没有开展旅游扶贫，旅游经济实体发展起来之前，广西少数民族地区的农村居民进行商品买卖很困难，需要等到集日，走山路、乘船把蔬菜、水果或者山货等挑到镇上去卖。如今，随着少数民族地区旅游业的发展，不仅交通得到大大改善，乡村的市场经济也迅速发展起来。餐馆、酒吧、提供食宿的旅馆对农产品的需求很大，为这些旅游经济实体提供农产品已经成为当地农民的增收渠道之一。乡村地区的商品日益丰富，便利了当地人购买。

乡村民营旅游经济改善少数民族地区的生活设施。为了更多吸引外部投资，政府增加少数民族地区的投入，用于改善交通、水电、卫生等设施。这些基础设施极大方便了当地居民的生产生活，使人们生活环境得到改观。通过改造自家房屋建立起来的家庭旅馆，除了用于满足游客的需要，也极大优化了居民的居住环境。同时，由于经济实体的增多，经济活动的增加，居民的夜晚生活也丰富起来，可以与游客唱歌，可以举办一些具有少数民族风情的文艺晚会，大大丰富了少数民族居民的日常生活。

3. 推动当地社会文化的变迁

广西旅游扶贫将经济扶贫与精神扶贫相结合，通过政府的引导和鼓励，越来越多居民通过开办乡村民营旅游经济，不仅获得了良好的经济效益，而且通过广泛接触外面的游客，他们的思想意识得到了很大的改观，摆脱自给自足的小农意识，破除多年来养成的"等、靠、要"思想，树立自力更生、脱贫致富的信念，逐步树立旅游意识、商品意识和竞争意识。旅游开发使昔日封闭的村寨成了市场经济的最前沿。大量游客带来的广泛的人流、信息流、资金流，使旅游扶贫的经济效益凸显的同时，旅游扶贫开发的成功也激发了广西各族人民对精神文明的追求，位于龙脊梯田核心区的平安寨成为自治区级文明村，"农家乐"旅游点坳背村，成为广西有名的卫生村和生态示范村。更重要的是，越来越多的人意识到知识对于脱贫致富的重要性，教育在少数民族地区受到前所未有的重视。在对"儿女继承经济实体"意向的调查中，很多经营者表示不希望儿女继续经营经济实体，认为下一代应该"好好努力，上大学，走出去"。而对于"政府组织培训"这一项，业主们表示政府对旅游经济实体经营者进行的培训太少，培训的时间太短，希望政府部门能够定期举办有关职业培训，可见他们对提高自身素质的强烈愿望，同时反映了少数民族地区经过旅游扶贫后精神面貌和精神需求的变化。

民营旅游经济在推动社会精神文明进步的同时，也对少数民族地区传统的文化造成了一些负面影响。首先，民营旅游经济带来了社会文化的过度商业化。受到商业利益的驱动，如民族歌舞、民居建筑，为了迎合游客的需要而进行改变和调整，民族文化可能受到扭曲，不利于少数民族文化的保护与传承。其次，造成家族观念和邻里关系的淡漠。由于大部分的时间都用于经济实体的管理与经营，民营旅游经济实体业主缺少与亲戚朋友之间的相处和沟通时间，这自然会造成与亲戚朋友关系的疏远。另外，原本相处融洽的邻里关系也因经营过程中产生一些竞争和矛盾而淡漠甚至恶化。很多受访者表示，村里人之间的关系相处没有以前团结融洽了。这些都是民营旅游经济发展中必然会带来的负面影响。

4. 增强少数民族认可感

广西少数民族地区不仅有着丰富的自然旅游资源，还蕴藏多彩的少数民族风情和文化。乡村民营旅游经济的经营者和从业人员在为游客提供产品和服务的过程中，与游客的接触过程中，都会起到传播少数民族文化桥梁作用。游客对少数民族文化的好奇和兴趣增加了少数民族对民族传统文化的自豪感，从而自觉维护和发扬本民族优秀的文化。少数民族的旅游产品和服务所体现的文化也因为游客的认同和宣传得以更大程度的认可，进一步扩大少数民族地区的知名度和美誉度。乡村民营旅游经济已经成为传播了广西少数民族文化，增强少数民族的对自身文化的认同的重要载体。

四、示范作用

1. 创业者的成功刺激了更多的创业愿望

无论是对创业组还是非创业组的调查中，调查对象都显示出对创业成功者的尊敬和羡慕，认为成功的商人在当地很受重视，希望自己能够向他们学习成功经商之道。另外，在创业影响因素的调查中，因受到周围人创业成功的刺激而选择创业的人不在少数。可见，创业成功给创业者带来了经济利益和一定的社会地位，从而给其他未创业者产生了创业的吸引力，越来越多的人产生了强烈的创业愿望并付诸行动。对龙胜平安寨 180 户人家的调查发现，几乎每户人家都参与了旅游经济活动。

2. 成为新的旅游吸引物，塑造地方知名度

少数民族地区的建筑极具特色，广西少数民族地区保留着传统的民族建筑，壮族的干栏，不仅造型优美，而且十分方便人们的生产生活。瑶族的吊脚楼、侗族的风雨桥和鼓楼，成为少数民族的文化的典型代表。民居旅馆、家庭旅馆、酒吧和旅游商店等大多是少数民族居民用自家房子加以一些改造而来的，在内部的设施方面既考虑游客的现实需要，在装饰方面又保留了少数民族的文化韵味。提到桂林龙胜，除了梯田，游客最留恋的就是壮家木楼式的家庭旅馆和侗家风味浓郁的小酒吧，龙胜少数民族开办的乡村民营旅游经济已经成为重要的旅游吸引物，成为地方旅游的重要标志之一，提高了地方的旅游知名度。

第七章

广西乡村民营旅游经济社会群体分化研究

改革开放以来，我国社会、经济领域的迅速发展引起全世界广泛关注，社会的转型以及随之而来的各种变迁尤其令人瞩目。近20余年间，在社会发展现实需求的强烈呼唤之下，学术界对社会转型与变迁的研究日益重视，从社会群体考察社会变迁是一个很好的途径。在经济力量的推动下，我国社会群体的剧烈变动和群体内部的变化，已成为经济社会发展进步的表现，与之相适应，当代社会群体变动已成为理论界关注的问题之一。现阶段，在开发了乡村旅游的农村，市场经济活跃，多种经济成分共同发展、多种分配方式并存，社会群体的变动问题比较突出，成为值得关注的社会现象。

第一节　乡村旅游目的地农村社会群体变动

一、社会群体变动的背景

在乡村旅游目的地，社区居民生存状态经历了农耕生活、农耕生活与外出打工相结合、农耕生活与就地创业相结合的历程。在旅游开发前很长一段时间里，由于政社合一体制和户籍的限制，农村居民按地域分割成一个个小群体，捆绑在原来祖先生存的地方，过着日出而作，日落而息的农耕生活，他们的思想落后、生活普遍困难、活动空间狭小。随着社会经济的发展、劳动生产力提高，农村剩余劳动力增强，部分居民走出家门闯天下，有的进入乡镇企业，有的到大中城市寻找生活空间，或打工或经商，变成了亦工亦农、亦商亦农的双重身份。这种农耕生活与外出打工相结合的生活方式，使农村居民的思想观念发生了巨大的变化，在改变历来被认为落后、保守、封闭的状况，对消除城乡差别走向现代化道路具有重要意义。在生活中农村居民表现出对于城市生活无比向往和依恋，却又面临无法产生归属感的巨大矛盾。开发乡村旅游业，为农村居民提供了另一种生活选择，即依靠旅游业寻找另外的生存之道。

群体与社会之间有着非常紧密的联系。新兴社会群体的形成，是社会变迁中较为直接和重要的一项内容，并对社会产生深远的影响。乡村旅游目的地从事旅游业新兴群体的产生能够促使社会群体产生分化。从整体角度来说，外出务工人员给家乡引进了先进物质文化、制度文化和精神文化，促进了社区的文化的正向变迁，包括促进居民自信心和能力的提高；外出务工人员在与异域文化碰撞和文化适应过程中增长见识，其对社区发展和进步渴望强烈；外出务工人员具备市场化的发展理念，并敢于将渴望付诸行动，当有旅游创业的机会，外出返乡者率先开展多种副业，如开商铺、开农家餐馆、农闲时做建筑活等，已不满足纯粹土地耕作所带来的收入，其中创办乡村民营旅游经济，提高经济地位和社会地位是不少返乡打工人员的理想选择。

二、乡村民营旅游经济导致的社会群体分化

由于创办乡村民营旅游经济后，创办者的家庭经济地位和社会地位均有较明显的提高，进而推动新社会群体的产生，社会群体及结构发生剧烈的变动。社会群体分化总的趋势：随着经济社会发展和社会分工与协作的扩大不断产生新的群体，今后各群体还将进一步分化、重组，新的社会群体还会出现。

在有大量乡村民营旅游经济存在的地区，社会群体的发展趋势具有明显的特点。

（1）随着市场经济的发展，纯农民群体在绝对缩小，外出打工群体在绝对缩小，亦农亦旅的绝对人数增加。创办乡村民营旅游经济的家庭在经历某一时期迅速增加后，增加的速度放缓，但民营旅游经济的规

模有增大的趋势，这样容易分化出部分明显的经济优势群体。

（2）从总体上看，不论是优势群体还是弱势群体，均重视经济利益，对利益的追求逐步升温，这样容易导致创办了乡村民营旅游经济的家庭之间产生明显的竞争关系，部分业主会采取扰乱市场经济的行为。

（3）从家庭经济收入及其所决定的生活内容和质量上看，全社会能细分若干等级群体，明显具有贫富悬殊特征，并随着社区居民参与旅游业程度不断深入，贫富悬殊将进一步加大，由不平衡走向倾斜。

（4）教育的重要性为全社会广泛接受。一般来讲，乡村民营旅游经济得天独厚的地理位置能够保证民营经济具有较高收益，如分布在人人均要经过的村口，旅游者到达景区的旅游线路两边，能够一览村中胜景的制高点。另有部分民营经济是由于业主受过专业的教育，管理得当而具有较高收益，从而让农村居民真切感受到教育的重要性。社区居民更加重视并支持子女教育，对子女的学习监督较为严格，渴望通过受教育促进下一代发展，这种思潮间接带动了整个社区的进步。

（5）各群体既遵循又打破自身的传统生活方式，赋予时代气息的新生活内容进一步融进家家户户。各群体成员向不同方向流动的速度和密度在加大，使各群体间的联系更加紧密，有助于团结和共同繁荣。

三、乡村民营旅游经济中的经济优势群体和弱势群体

随着乡村旅游的快速发展，在乡村民营旅游经济的助推下，农村社会结构和社会阶层发生了很大的变化。优势群体与弱势群体问题亦已成为当前社会关注的热点问题，同时又是社会主义新农村建设及和谐社会建设面临的一个重大问题。通过发展乡村民营旅游经济，以保障村民有较高收入，提高低收入者收入水平，逐步扩大中等收入者比重，妥善解决好经济群体的分化问题，对于整合社会力量，协调好各方面利益关系，减少农村社会矛盾，维护社会稳定具有重要意义。

近年来，在广大已开发乡村旅游的村落中经济弱势群体和优势群体已经出现，经济优势群体和弱势群体并不是理性划分的结果，也不是理想的社会状态，它是当前我国乡村旅游开发村屯社会经济发展的客观存在和反映。"优势群体"又称"强势群体"，是近年出现的一个概念，

用得并不多，但"弱势群体"的概念已经常出现，在 2002 年朱镕基总理政府报告中也提到了弱势群体，并成为 2002 年"两会"的热点话题。近年来弱势群体得到社会广泛关注，对弱势群体的研究也逐渐展开，但对相对于弱势群体的强势群体研究相当缺乏。

根据词典对"强"和"势"的解释及现实中对强势群体概念的使用，强势群体可定义为：拥有较多的社会政治资源和经济资源从而在社会中具有优势地位的群体。相对而言，农村居民涉及的政治资源往往与经济资源联系在一起，在此仅从经济角度来划分优势群体和弱势群体，研究对象为乡村旅游开发村落中的村民群体。这里所说经济优势群体，指的是在开发乡村旅游的村落中，经济状况处于"上等"和"中上"水平的村民群体，相对而言，经济弱势群体指的是经济状况处于"下等"和"中下"水平的村民群体。虽然仅从经济角度来界定优势群体，但从调查和访谈中发现，乡村旅游开发村落中的经济优势群体多拥有较好的政治资源，许多优势经济群体的家庭成员或亲属均为政府官员，有的虽然亲属中没有政府官员，但因为个人能力较强，具有良好的社会资源背景，与各级政府官员有着或多或少的联系，因而可以说在乡村旅游开发村落中绝大多数经济优势群体直接或间接拥有良好的政治资源。

在经济相对发达的旅游乡村经济弱势群体的存在，对旅游乡村的经济发展和社会稳定都十分不利。旅游乡村经济弱势群体的问题得不到有效解决，将极大地影响广大村民开发乡村旅游的积极性，不利于广西乡村旅游经济的可持续发展。弱势群体是社会弱势群体中最主要的组成部分，是指城乡中那些被排除在社会经济发展进程之外，不能享受社会经济发展的成果，缺乏必要而稳定的经济来源，处于贫困状态或接近贫困状态的人群。农村经济弱势群体是经济弱势群体中的一部分，是指农村中的贫困人口及低收入者的集群，它包含了农村绝对贫困人口和相对贫困人口两部分。农村经济弱势群体也指现阶段我国城乡中那些落后于社会经济发展进程乃至被排除在社会经济发展进程之外的不能平等享受或不能享受社会经济发展的成果，以至于缺乏必要的、稳定的经济来源而已经处于贫困状态、接近贫困状态和趋向贫困状态的具有农民身份的人群。唐玉凤等（2006）认为，农村弱势群体也指目前在我国农村社会结构中参与社会生产和分配的能力较弱、经济收入较少的社会阶层。

第二节　乡村民营旅游经济中优势
群体和弱势群体概况

一、经济优势与经济弱势群体样本选择

由于界定乡村旅游开发村落中经济优势群体的决定因素是经济收入，而收入又具有较强隐私性，在调查中一般调查对象回答都比较保守，考虑到这种现象普遍存在，我们主要对经济优势和弱势群体进行比较分析，以减少调查对象的保守回答对分析结果的影响。经济优势群体和经济弱势群体既包括开办了乡村旅游经营实体的经营者，也包含未参与乡村旅游开发和经营的其他村民群体。在此部分分析中共收集到有效样本 255 个，其中优势群体样本 106 个，弱势群体样本 149 个。

二、经济优势群体和弱势群体总体情况分析

1. 样本基本情况

根据经济划分标准，总共得到 255 个经济优势群体和弱势群体样本，其中优势群体样本占 41.6%，弱势群体样本占 58.4%。受访者中女性占 48.6%，男性占 51.4%，已婚占 90.6%，未婚占 9.4%，本乡人占 92.5%，本乡以外的人占 7.5%。受访者年龄 18~24 岁占 5.9%，25~34 岁占 28.6%，35~44 岁占 31.0%，45~54 岁占 23.5%，55~64 岁占 7.5%，65 岁以上占 3.5%。在学历方面，文盲占 10.2%，小学占 36.5%，初中占 38.0%，高中及中专占 12.9%，大专及以上占 2.4%。受访者经历方面，曾经做过生意的占 34.9%，曾从事过与旅游、住宿、餐饮等相关工作的占 21.6%，曾离开家乡外出工作/生活过一年以上时间的占 40.4%，在政府机关/村委会/企事业单位从事过管理或领导工作的占 15.3%。在风险规避方面，敢闯爱拼型占 5.9%，介于敢闯爱拼型与中间型占 4.3%，中间型占 22.0%，介于保守型与中间型占 29.4%，保守型占 38.4%。受访者目前创办了乡村旅游经营实体样本

110 个，占 43.1%，未创办样本 145 个，占 56.9%。

2. 经济优势群体和弱势群体差异性分析

被调查者籍贯、性别、婚姻状况、年龄、文化程度、有过做生意经历、旅游相关工作经历、外出工作/生活一年以上时间经历、在政府机关/村委会/企事业单位等从事过管理或领导工作经历、风险规避倾向、是否创办乡村旅游经营实体都可能是造成乡村旅游开发地区经济群体分化为优势群体和弱势群体的因素，对上述 11 项指标进行 t 检验。

从受访者的籍贯、性别、婚姻状况、年龄来看，显著性水平分别为 0.715、0.887、0.260、0.920，在显著性水平为 0.05 时，经济优势群体与经济弱势群体没有显著差异，具体数据参见表 7-1、表 7-2。其中 1：18~24 岁，2：2~34 岁，3：35~44 岁，4：45~54 岁，5：55~64 岁，6：65 岁以上基于受访者生活工作经历，从是否具备做生意经历、旅游相关工作经历、外出工作/生活一年以上时间经历、在政府机关/村委会/企事业单位等从事过管理或领导工作经历来看，显著性水平分别为 0.002、0.000、0.196、0.027，在显著性水平为 0.05 时，经济优势群体与经济弱势群体在外出工作/生活一年以上时间经历上不存在显著差异，在其他 3 项经历方面存在显著差异。

表 7-1　经济优势群体与经济弱势群体籍贯、性别、婚姻状况对比

群体类别	籍贯			性别			婚姻状况		
	本乡	非本乡	P 值	男	女	P 值	已婚	未婚	P 值
优势	91.5	8.5	0.715	49.1	50.9	0.887	92.5	7.5	0.260
弱势	93.3	6.7		53.0	47.0		89.2	10.8	

表 7-2　经济优势群体与经济弱势群体年龄构成对比

群体类别	1（%）	2（%）	3（%）	4（%）	5（%）	6（%）	平均值	标准差	P 值
优势	8.5	26.4	26.4	27.4	8.5	2.8	3.09	1.215	0.920
弱势	4.0	30.2	34.2	20.8	6.7	4.0	3.08	1.142	

注：年龄 1：18~24 岁，2：25~34 岁，3：35~44 岁，4：45~54 岁，5：55~64 岁，6：65 岁以上。

经济优势群体具备做生意经历、旅游相关工作经历、管理经历方面的比例分别比经济弱势群体高 33.9%、24.4%、25.5%，但经济优势与弱势群体中具备外出经历者所占比例较高，分别为 43.4% 和 38.3%，具体数据参见表 7-3。

表 7-3　经济优势群体与经济弱势群体经历对比

群体类别	做生意经历			旅游相关工作经历			外出经历			管理经历		
	具备	不具备	P 值	具备	不具备	P 值	具备	不具备	P 值	具备	不具备	P 值
优势（%）	54.7	45.3	0.002	35.8	64.2	0.000	43.4	56.6	0.196	30.2	69.8	0.027
弱势（%）	20.8	79.2		11.4	88.6		38.3	61.7		4.7	95.3	

受访者文化程度、风险规避倾向的显著性水平分别为 0.001、0.001，在显著性水平为 0.01 时，经济优势群体与经济弱势群体存在显著差异。总的来讲，受访者文化水平不高，投资意识淡薄，具备高中及中专、大专及以上文化学历者所占比例仅 15.3%，敢闯爱拼型以及介于敢闯爱拼型与中间型之间的比例仅为 10.2%。就文化水平而言，经济群体学历分化比较明显，经济优势群体具备高中、中专及以上学历占 15.3%，小学及以下学历占 32.1%，而经济弱势群体上述两比例分别为 6.0% 和 57.0%，弱势群体的文化层次普遍偏低。就风险规避倾向而言，经济优势群体具有较强的投资意识，保守型比例远远低于经济弱势群体，具体数据参见表 7-4。

表 7-4　经济优势群体与经济弱势群体文化程度、风险规避倾向对比

群体类别	对比项目	1（%）	2（%）	3（%）	4（%）	5（%）	平均值	标准差	P 值
优势	文化	2.8	29.2	39.6	24.5	3.8	2.97	0.846	0.001
弱势	程度	15.4	41.6	36.9	4.7	1.3	2.35	0.899	
优势	风险规	12.3	5.7	23.6	34.0	24.5	3.53	1.266	0.001
弱势	避倾向	1.3	3.4	20.8	26.2	48.3	4.17	0.961	

注：文化程度：1. 文盲，2. 小学，3. 初中，4. 高中及中专，5. 大专及以上。

风险规避倾向：1. 敢闯爱拼型，2. 介于敢闯爱拼型与中间型之间，3. 中间型，4. 介于保守型与中间型之间，5. 保守型。

受访者中是否创办乡村旅游经营实体的显著性水平为 0.000，在显著性水平为 0.01 时，经济优势群体与经济弱势群体存在显著差异。经济优势群体创办乡村旅游经营实体的比例远远高于经济弱势群体，比经济弱势群体创办乡村旅游经营实体的比例高出 45.4%，具体数据参见表 7－5。

表 7－5　经济优势群体与经济弱势群体创办乡村民营旅游经济情况对比

群体类别	样本总数	创办乡村民营旅游经济		未创办乡村民营旅游经济		P 值
		样本数	%	样本数	%	
优势	106	74	69.8	32	30.2	0.000
弱势	109	36	24.2	113	75.8	

基于上述分析，乡村旅游开发地区经济群体分化为优势群体和弱势群体主要受受访者文化水平、工作经历、风险规避倾向及是否创办乡村民营旅游经营的影响，而籍贯、性别、婚姻状况、年龄对经济群体分化作用不大。受访者文化水平、工作经历、风险规避倾向同时也影响着乡村民营旅游经济的创办，因此认为乡村民营旅游经济在当地社会群体分化中起着重要作用。

3. 创办乡村民营旅游经济受访者经济地位分析

考察 110 个创办了乡村民营旅游经济的经济优势与弱势群体在创业初期的经济地位，创办乡村民营旅游经济前，受访者优势群体仅占 24.5%，弱势群体占 49.1%，创办乡村民营旅游经济后优势群体占 67.3%，弱势群体占 32.7%，即通过创办乡村民营旅游经营，受访者中优势群体提高了 42.8%，弱势群体减少了 16.4%，具体数据参见表 7－6。对经济优势和弱势群体分别考察，74 个优势样本中在创业初处于优势经济地位的 27 个，占 36.5%，中等的 27 个，占 36.5%，弱势的 20 个，占 27.0%，通过创办乡村民营旅游经营，27 个优势群体继续保持优势，弱势的 20 个样本全部变为优势，29 个经济地位处于中等的样本中有 27 个变为优势，2 个变为弱势。因此，在进行了乡村旅游开发的农村地区，鼓励当地居民创办乡村民营旅游经营可以有效地消除贫富差距。

表7-6　受访者创办乡村民营旅游经济的样本情况

群体类别	经济优势群体		经济中等群体		经济弱势群体	
	样本数	%	样本数	%	样本数	%
创办前	27	24.5	29	26.4	54	49.1
创办后	74	67.3	—	—	36	32.7

第三节　经济优势群体和弱势群体特征分析

一、经济优势群体特征

与其他优势群体相比，广西民族地区乡村旅游开发村落中经济优势群体具有明显的特征，除具有经济收入相对较高、生活质量较好、社会地位较高、经济承受能力较强等一般特征之外，其特殊性还体现在以下几个方面：

（1）经济收入是指相对收入而不是绝对收入，即强调其经济状况是与本村其他居民进行比较，可能就绝对经济收入而言，在全国范围内，这些优势群体并不是真正意义上的乡村经济优势群体。

（2）这些经济优势群体一般抓住了改善自身条件的机会，通过经营乡村民营旅游经济获利或从旅游中获利是经济优势群体的另一主要特征。由于从事了乡村旅游开发，许多年轻有文化和一定资金的村民抓住机会，从事旅游经营，经济状况得到了明显的改善。多数未直接从事乡村旅游经营的经济优势群体也主要是通过做生意使其在经济上处于优势地位，多属于间接从旅游开发中获利的群体。

（3）经济优势群体和经济弱势群体均以本地人为主，男女比例相当，已婚占绝大多数。总的来讲，广西民族地区乡村旅游尚处于初级发展阶段，目前乡村旅游发展并没有对真正的外来投资者产生较大吸引力，受访者中非本乡人也主要是与本地居民有着亲属关系的人员。

（4）经济优势群体具有相对文化优势和较强的投资意识。经济优势群体文盲比例非常小，与经济弱势群体的文盲比例高达 15.4% 相比，其相对文化层次较高。经济优势群体属于保守型的比例比经济弱势群体低 23.8%。但总的看来，广西民族地区经济优势群体总体上受教育水平不高，随着社会经济的进一步发展，如果不加强培训和提高文化层次，其保持优势还有一定的困难，这应该引起地方政府部门的高度重视，做好相应的教育培训工作，以保障广西民族地区乡村旅游经济的可持续发展。

（5）经济优势群体和经济弱势群体各年龄段人口基本一致，且以青壮年为主，年龄偏低和偏高的比例均较少，相当多的受访者具备外出务工经历。这暗示了在开发了乡村旅游的村落，外出务工的青壮年少了，有大多数青壮年在家乡创业或准备在家创业，这与目前广西多数农村出现外出务工人数过多，平时只有"儿童村"和"老人村"的状况有很大的差别。因而，从另一方面说，广西乡村旅游开发村落中经济优势群体是"年轻"的，是年富力强的一代，这暗示着广西乡村旅游开发村落经济优势群体有较强的生命力。

（6）乡村旅游开发村落经济优势群体是一个相对的概念，不同的旅游乡村，其经济优势群体的状况是有区别的。

二、经济弱势群体特征分析

在研究中，将广西已开发乡村旅游村落中的经济弱势群体界定为乡村民营旅游经济实体及其对照样本中经济收入处于下等和中下的村民群体。与其他社会弱势群体相比，旅游乡村中经济弱势群体具有明显的特征，除具有经济收入低、生活质量差、社会地位低、承受能力差等一般特征之外，其特殊性还体现在以下几个方面：

（1）经济收入是指相对收入而不是绝对收入，即强调其经济状况是与本村其他居民进行比较，可能纯粹就经济状况而言，在全国范围内，这些弱势群体并不是真正意义上的农村经济弱势群体；

（2）这些弱势群体一般拥有改善自身条件的机会，但由于经济基础差、文化水平低、年龄过大等诸多因素导致贫困或相对贫困；

（3）乡村旅游开发村落经济弱势群体是一个相对的概念，不同的旅游乡村其经济弱势群体的状况是有区别的。

三、经济弱势群体产生的原因分析

在广西乡村民营旅游经济实体调查样本中，收入处于下等和中下的37例，占总数的17.4%。在未创办乡村民营旅游经济村落中村民收入处于下等和中下的有110例，占调查样本总数的48%。以全部样本来分析，广西旅游乡村经济弱势群体的比例为33%。在广西开发乡村旅游的村落中，已创办乡村民营旅游经济实体的37例样本中，我们发现其文化程度普遍偏低，仅有4例具有高中或中专学历，其他均为文盲或小学学历，占总数的89.2%。对于未创办乡村民营旅游经济实体的对照样本，具有高中或中专学历仅有3例，其余均为初中及以下学历，占总数的97.3%。综合访谈的结果，旅游乡村经济弱势群体与其最高学历具有明显的相关性。即文化的贫乏是导致其家庭收入少的主要因素之一。

从未创办乡村民营旅游经济实体的调查数据我们得出，232个有效样本中，缺乏经济基础的占有185个样本，占总人数的比例为80%。数据证明了经济因素是广西旅游乡村经济弱势群体不能生产自救或脱贫致富的一个主要原因。

其他因素导致乡村居民创业难的主要有年纪大、身体差或有残疾、有病、要带小孩、担心风险、性格不适合、没兴趣等诸多因素，这些因素占样本总数的20%。经济弱势群体是任何时代任何社会都存在的普遍现象，综合调查结论，广西旅游乡村经济弱势群体产生的原因主要有以下几个方面：

经济因素，主要有绝对贫困和相对贫困者，如缺乏创业基金等的村民；文化因素，主要指拥有信息、知识资源量少的人，如由于文化水平不高，缺乏创业的能力等无法创业的弱势群体；生理因素，主要有残疾人、老年人、妇女儿童与病人等。

四、经济弱势群体的帮扶对策

1. 建立健全经济弱势群体的帮扶机制

建立合理和高效的运行机制是实施旅游开发乡村中经济弱势群体帮扶战略的重要保证。应根据帮扶战略的要求构建一套制度化、常规化、人性化的运行机制，为解决旅游开发乡村中经济弱势群体问题提供各种保障，并注意措施和运行机制的灵活性。帮助旅游乡村中经济弱势群体提高素质、转变观念、开阔思路，增强主动参与和自我发展的意识，以教育培训为主，增强已开发乡村旅游村落中经济弱势群体的自我造血功能。

2. 改进扶持方法，完善二次分配机制

改变当前对旅游乡村弱势经济群体的救助方式，变生活救助为旅游扶贫开发救助，在旅游扶贫开发中，方式由现金和实物援助为主转变为培育自我发展能力的援助为主，扩大在技术、项目、培训和销售等方面的有效援助。将乡村经济弱势群体的援助纳入发展乡村旅游开发的大环境中加以考虑，旅游开发项目和人工需求应该重点照顾村落中的经济弱势群体。积极稳妥地推进旅游开发乡村的分配制度改革，既要使资源在市场调节作用下实现优化配置，又要兼顾社会公平，特别关注村落中的经济弱势群体。进一步完善税收制度，利用税收杠杆加大对高收入群体的收入调解力度，建立健全乡村旅游开发村落村民社会保障体系，加大对旅游乡村经济弱势群体的转移支付力度，有效地保护和救助旅游乡村经济弱势群体。

3. 重视乡村教育培训，健全科教扶贫长效机制

在乡村旅游开发村落，科教扶贫是对经济弱势群体最根本、最彻底的扶贫，是扶贫的长效机制。实施对经济弱势群体救助单靠一时的送钱送物势必陷入"扶则解贫，不扶返贫"的怪圈，难以从根本上让弱势群体走出困境，应该着眼于建立救助弱势群体长效机制。研究表明，旅游乡村中经济弱势群体的文化素质低是造成其收入低的主要原因，村民的收入与他们所具备的文化素质的高低密切相关。要做到乡村旅游开发与提高农民文化素质同步进行，对于经济弱势群体要改变传统的生活救

助为科技救助。加大教育援助将有效促进旅游乡村经济弱势群体文化素质的提高，增强其在乡村旅游开发中的获利能力。加强对农村弱势群体的就业培训，建立校—村科技帮扶体系是一种行之有效的手段。为弱势群体提供多种职业、多种技能的培训服务，以改变其文化低、劳动技能单一的状况，使其尽快就业。此外，解决好旅游乡村经济弱势群体的子女受教育问题，不使家长的贫困和弱势延续到下一代也非常重要。

4. 建立乡村旅游股份公司，探索多种形式的发展模式

当前广西各地乡村旅游经济多是各自为政，乡村旅游开发村落的旅游开发多以市场化形式进行调节。为加强对乡村旅游开发村落中经济弱势群体的扶持力度，在乡村旅游开发村落中成立旅游公司，建立村级董事会是一种行之有效的手段，其目的是以分散的农户为基础，组合成团体，在协作中提高竞争力，从而在市场上求生存、图发展，以统一的面貌对外。董事会要以旅游乡村的公共旅游资源为基础，村民均是公司的股东，每户村民都有基本股份，村民通过多种投资获得更多的股份。公司可以由村民自己经营，也可委托经营或聘请管理公司进行经营管理，也可将经营权作股份转让，村民从分红中获得利益，从参与管理或被聘为工作人员中获得就业机会。

5. 加强村级组织建设，大力发展集体经济

在发展市场经济的条件下，旅游乡村经济弱势群体的保障问题仅靠一家一户是无法解决的，要从加强村级领导班子建设入手，强化村级组织功能，大力发展集体经济，积极帮助、扶持有脱贫致富愿望和条件的经济弱势群体尽快脱贫致富。在搞好村级班子组织建设和思想建设的基础上，引导农村大力发展集体经济，调整产业结构，开展多种经营，村民依据自身条件，因地制宜，宜农则农，宜旅则旅，积极为广大村民特别是那些经济弱势群体搞好服务，依靠集体的力量改变旅游乡村的整体面貌，走向共同富裕。

6. 建立公共资源补偿基金，建立健全村级保障体系

将乡村旅游经济的一部分收入统一上交村集体，建立乡村公共资源占用补偿基金，以此作为村级保障体系的主要来源。基金主要用于村民教育、再就业培训、公共卫生与医疗保险、病残老弱救助等村级公益事

业，以及发展和壮大乡村集体经济等方面。由于旅游开发占用的是公共旅游资源，而受益不均衡可能导致经济弱势群体的心理失衡，造成村中不稳定的因素增加，从而可能会造成对旅游资源的破坏，影响乡村旅游的可持续发展，因此，建立村级社会保障体系是一种利益再分配的体现方式。这些社会保障包括最低生活保障、养老保障、医疗保障、提供受教育和培训的机会、提供法律援助等。保障资金可由当地政府、乡村集体经济、乡村居民按适当比例共同出资筹集。

第八章

广西乡村民营旅游经济发展案例分析

　　根据广西乡村旅游资源地域分布组合特点，可以将广西乡村旅游点分为三大类：环城市型、依托大型景区型和以古镇古村落、民族村寨和民族文化遗产为依托的乡村旅游资源集合型。南宁作为广西政治、经济、文化中心，拥有相对来说稳定的乡村旅游客源市场，分布于周边的南宁八桂田园、南宁乡村大世界、南宁金满园休闲观光园、南宁横县石井生态农业旅游点、横县木祥生态园、西乡塘石埠"美丽南方"忠良村、大明山国家级自然保护区、龙虎山区级自然保护区都是开展环城市型乡村旅游的理想场所。在桂林旅游圈子中，阳朔凭借桂林山水在国内外的良好声誉带来的客源，凭借世外桃源景区、阳朔遇龙河—田家河乡村旅游带、阳朔县龙泉度假山庄、阳朔县历村（月亮山）、阳朔县渔村等知名景区成为区域内依托大型景区型的乡村旅游目的地。恭城居住着瑶、汉、壮、苗等19个民族，是广西瑶族自治县依托红岩、横山、社山、大岭山、潮水岩等"富裕生态家园"示范点，以"节会"为载体，把生态田园风光与民族文化、民族风情结合起来，大力发展独具特色的生态文化旅游，其中以红岩为代表的农家乐休闲旅游越做越红火，并逐步树立了自己的品牌。在此选择大明山、阳朔、红岩作为案例研究，以期对分布在广西典型乡村旅游点的乡村民营旅游经济提供发展的建议。

第一节　阳朔住宿业的发展

一、研究背景

从总体上看，广西民族地区旅游发展尚处于初级开发阶段，在"吃、住、行、游、购、娱"等各方面都存在许多问题。在前期大范围的实地调查中发现，旅游产品结构性失衡已成为民族地区旅游发展的主要制约因素。鉴于每一专项深入研究均需花费大量的人力和物力，而本课题相关力量有限，因此在课题研究的第四阶段，课题组选取对整体旅游产品影响较大的"住"作为深入研究对象，以期从住宿存在的问题中引起相关行业人士和旅游管理人员对整体旅游产品结构性失调的深思。阳朔作为桂北民族地区旅游发展较成熟的目的地，其存在的问题具有一定的警示作用。

二、研究意义

1. 住宿影响着旅游的总体发展

民族地区住宿业的发展与当地旅游业的发展相辅相成。在旅游六要素即"吃、住、行、游、购、娱"中，满足旅游者基本需求的"住"影响着其他五个要素，影响旅游总收入的提高。旅游住宿虽然不是旅游者进行旅游活动的最终目的，但却是其他旅游活动得以开展和继续的重要前提与保证，旅游者只有休息好了才有心情和精力参与旅游目的地的其他活动。另外民族地区旅游住宿的经济带动作用较强，通过住宿延长整个行程停留时间，可带动旅游目的地的其他消费，增加旅游总收入。

2. 住宿对目的地的积极影响

以小型民营经济出现的住宿设施，一般既充当业主一家的生活场所，又对旅游者提供服务。旅游住宿设施的完善不仅是完善旅游目的地基础设施的重要举措，而且能够改善当地居民的居住环境，通过开办住宿业村民参与旅游开发和旅游利益分享，能够有效激发村民保护民居旅游资源。发展住宿业让更多的居民从旅游业中受益，为了保护自己的利益，居民会在无形中增强保护乡村旅游资源、保护环境的意识，同时也有助于缓解乡村旅游开发中政府或开发商与当地居民、旅游者与当地居民的矛盾关系。

3. 以阳朔为例的意义

阳朔位于广西的东北部，桂林市区南 65 公里，总面积 1428 平方公里，有着独特的区位优势和丰富的旅游资源。按照地域划分，可将阳朔的旅游分为七大区域：杨堤景区、兴坪景区、福利景区、高田景区、白沙景区、葡萄景区和县城景区。按照旅游项目来划分，主要有以下四种：

（1）农家乐，如高田历村。

（2）田园观光，如遇龙河一带的乡村田园风光游；白沙"世外桃源"田园风光；白沙镇——葡萄乡的观光农田带、瓜果园、珍稀动物饲养场、花卉苗圃等。

（3）休闲度假，如兴坪渔村、福利镇等地的古民居游，领略渔村民居、民俗、民风。

（4）特色旅游，如电动车、自行车乡村旅游、竹筏漂流、热气球观光游、徒步漓江游、修学旅游、攀岩、专业外语训练基地等。

可以看出，阳朔的乡村旅游已呈现出多样化、特色化的发展态势。阳朔的旅游景区发展较为成熟，旅游者可参与的旅游活动内容丰富，大量旅游者的光临带动了旅游住宿业的发展。据统计，2007 年到阳朔的游客就已突破 500 万人次，旅游收入达 11.6 亿元。阳朔现有各类宾馆饭店 300 多家，床位 17000 多个，旅游从业人员达 3 万人。阳朔旅游业经历了旅游者需求拉动，当地农民参与的自发阶段、政府介入的政府主导阶段和成立企业的市场运作等三个阶段的发展历程。经过近 20 年的发展，阳朔的乡村旅游取得了可喜的成绩。阳朔作为中国的旅游强县，其住宿产品发展状况比较典型，有一定的代表性。随着旅游业的深入发展，阳朔旅游住宿也暴露出一些问题，如服务质量跟不上，建设一哄而上，分布过于集中，淡季价格竞争、旺季漫天要价等。为了更好地发展旅游，有必要对阳朔的住宿产品进行探讨。一方面，可以为阳朔提高住宿服务质量和调整住宿产品提供参考；另一方面，也可以为其他民族地区旅游住宿，甚至旅游产品的其他构成要素的发展提供一些参考和借鉴。

三、相关研究

近年来，与乡村旅游住宿相关研究大都围绕家庭旅馆和农家旅馆进行。大部分研究集中在阐述住宿的必要性、地位和作用，探讨其发展模式，如韩振华（2001）阐述了农家旅馆产生的必然性和作用，探讨了农家旅馆的发展道路，彭学强（2002）分析了我国建设家庭旅馆必要性，探讨了我国家庭旅馆管理策略。部分研究主要关注住宿发展现状与存在问题，并提出对策，如张军（2004）指出了阳朔民居旅游存在的问题，并提出了开发对策；谢雨萍（2005）分析了阳朔乡村民居旅馆的发展存在问题。另有部分研究针对住宿开发、经营等，如林轶（2003）探讨了如何将传统居住文化应用到民居旅馆的开发建设中，吕建中（2003）分析了我国家庭旅馆的现状及竞争力。在众多的研究中只有少数跳出了家庭或农家旅馆的范围，如蒋素梅（2005）对乡村旅游住宿设施提出一些改进和建议；胡敏（2007）分析了乡村民宿经营管理的核心资源。从研究方法来看，已有研究大多采用定性的描述性分析为主，只有少数学者采用了定量分析（胡敏）。国外对乡村住宿的研究涉及住宿的发展、开发特点、经营管理、客源结构、营销宣传、资金支持和政府管理等层面（樊欣，2006），已经基本形成了一个完整的研究体系和多元化的研究方向，研究方面亦以定量研究为主，并注重理论研究与实践的结合。

目前乡村旅游地区的住宿经营者以本地居民为主，受其自身条件限制，在住宿产品的开发经营中容易出现一哄而上、重复建设、结构性产品竞争加剧、结构性产品缺失等问题，给旅游部门管理增加难题，影响到旅游者的满意度。笔者认为，乡村旅游住宿研究要借鉴国外定性研究思想，结合国内的实际情况，迫切需要从旅游者的需求角度研究旅游住宿产品，以为住宿产品的战略调整提供参考。

四、研究方法

本专项研究的问卷抽样调查主要分为两个阶段。首先，在参考国内外大量文献的基础上，并同时具备乡村旅游经历的旅游者、在乡村旅游地区带团导游进行访谈的基础上初步完成问卷设计，并于 2008 年 2 月底在南宁市进行了试调查。问卷第一部分调查旅游者对阳朔住宿产品的要求，包括级别、位置、建筑外观、内部装修、设施设备、卫生间、规模、从业人员、餐饮、交通、停车场、价格共 12 个项目，问卷第二、三部分采用相同服务质量评价指标，其中第一部分调查旅游者对指标表现评价，第二部分调查指标的重要性评价，第四部分为旅游者旅游后行为调查。试调查后将服务质量评价因子由 34 个修订至 25 个，旅游者行为修订为 3 个指标（见附件 4），指标采用李科特级度进行评价，重要性评价用 1 ~ 5 分别代表"完全不重要"、"不重要"、"一般"、"重要"、"非常重要"，表现评价用 1 ~ 5 分别代表表现"非常不满意"、"不满意"、"一般"、"满意"、"非常满意"，行为用 1 ~ 5 分别代表"完全不同意"、"不同意"、"中立"、"同意"、"完全同意"。另外还调查了旅游者基本情况和乡村旅游相关情况，包括性别、年龄、常住地、受教育程度、职业、月收入、旅游组织形式、旅游目的地、自驾车、在阳朔住宿时间、每年旅游次数共 11 项。调查对象为至少在阳朔住宿过一晚的旅游者，调查其住宿需求更贴近阳朔旅游者真实的需求。鉴于 2008 年年初的冰雪灾害大大影响了广大旅游者阳朔之行，本次调查集中在 2008 年 3 ~ 6 月，其间分别有三八妇女节、黄金周调整后的第一个清明节、五一假期，在节日影响下，3 ~ 6 月阳朔乡村旅游迎来了旅游小旺季，既避免了淡季的萧条和旺季过分忙碌对旅游者心理的影响，也保证旅游者来源广泛并有时间配合问卷调查。本次共选择了阳朔县城西街、月亮山、大榕树、遇龙河、兴坪共五个调查地点，在各点采用随机取样方式进行调查，调查人员对受访者进行一对一的指导填写形式，问卷完成即当场收回。本次总共发放问卷 500 份，每个点各发放 100 份，实际回收有效问卷 478 份（调查问卷见附件 5）。

五、数据分析

1. 受访者总体特征

旅游者基本情况和乡村旅游相关情况见表 8 - 1，阳朔住宿旅游者具有以下特点：男女比例基本一致，总体上年龄偏轻、文化层次偏高；

广西区外旅游者占有相当的市场份额，团队游客与散客比例基本一致，散客比例高于阳朔周边县份；旅游者职业多样化，统计中的其他类别中以自由职业者为主；阳朔旅游以观光为主，度假旅游者为辅，其他类型的旅游者比例较少，超过 1/3 的旅游者在阳朔住宿时间超过两晚，亦有近 1/3 的旅游者每年乡村旅游次数超过两次。

表 8-1　阳朔住宿旅游者基本情况

项目	指标	频数	%
性别	女	249	52.1
	男	229	47.9
年龄（岁）	25 以下	132	27.7
	25～34	152	31.8
	35～44	110	23.0
	45 及以上	84	17.5
常住地	广西区内	124	25.9
	广西区外	354	74.1
受教育程度	高中及以下	44	9.2
	专科	150	31.4
	本科及以上	284	59.4
职业	公务员	84	17.2
	企事业管理人员	48	10.0
	专业文教技术人员	52	10.9
	服务销售商贸人员	70	14.6
	学生	74	15.5
	其他	152	31.8
月收入（元）	1000 及以下	100	20.9
	1001～2000	122	25.5
	2001～3000	122	25.5
	3001 以上	134	28.1
旅游组织形式	旅游团队	248	51.9
	散客	230	48.1
自驾车	否	446	93.3
	是	32	6.7

145

项目	指标	频数	%
旅游 目的	观光	290	60.7
	度假	128	26.8
	其他	60	12.5
住宿（晚）	1	238	49.8
	2	74	15.5
	3	84	17.6
	4 及以上	82	17.1
旅游次数 （次/年）	1	178	37.7
	2	152	32.2
	3 及以上	148	30.1

2. 旅游住宿需求分析

（1）总体要求分析。在选择住宿旅游产品时，乡村旅游者对房间配备空调、电视机、独立卫生间等设施设备，住宿所在区域交通便利、用餐方便的认可情况高度一致，见表8-2。有近一半的旅游者期望住宿点具备一定的星级；住宿点所在地理位置方面，近一半人期望住宿地点在景区内或周边；超过一半的旅游者希望住宿的旅店外观具有地方特色；约3/4旅游者期望房屋内部装修比较新；超过一半的旅游者对住宿点规模没有提出特别要求，另有15.5%旅游者期望乡村旅游住宿房间数量在16间以下，25.1%的期望住宿点房间数在15间以上；60%的旅游者期望从业人员具备一定专业素养；40%的旅游者期望住宿点周边停车方便；另外，旅游者住宿价格要求多样化。

表8-2 旅游者对阳朔住宿选择

项目	指标	频数	%
级别	星级	212	44.4
	无所谓	266	55.6
住宿点 位置	县城	262	54.8
	景区	216	45.2

项目	指标	频数	%
建筑外观	有地方特色	272	56.9
	无所谓	206	43.1
内部装修	比较新	362	75.7
	无所谓	116	24.3
设施设备	完善	475	99.4
	无所谓	3	0.6
卫生间	独立卫生间	468	97.9
	无所谓	10	2.1
住宿点规模	15 间及以下	74	15.5
	16 间及以上	120	25.1
	无所谓	284	59.4
从业人员	专业人员	292	61.1
	无所谓	186	38.9
餐饮	用餐方便	443	92.7
	无所谓	35	7.3
交通	便利	456	95.4
	无所谓	22	4.6
停车场	方便	196	41.0
	无所谓	282	59.0
价格（间/天）	50 元及以下	94	19.7
	51~100 元	182	38.1
	101~150 元	78	16.3
	150 元以上	80	16.7
	无所谓	44	9.2

（2）旅游住宿要求分类。采用聚类分析对旅游住宿要求进行分类处理。聚类分析实质上是一种建立分类的方法，能够将一批样本数据按照它们在性质上的亲疏程度自动进行分类，每个类别为需求具有相似性的个体集合，不同类别之间具有明显的非相似性。本书以体现旅游者对住宿产品多样化要求的级别、位置、建筑外观、内部装修、规模、从业

人员、停车场、价格共 8 项指标为变量,利用快速聚类分析将旅游者分为三类,其中划入第一类的受访者分别为 124 位、106 位、248 位,分别占受访者总数的25.9%、22.2%、51.9%。

以受访者类别为控制变量,分别以对旅游者住宿需求进行分类的 8 项指标和描述旅游者的 11 项指标为观察变量进行单因素方差分析,显著性水平设定为 0.05。结果显示,从受访者住宿产品需求角度看,在级别、建筑外观、内部装修、规模、从业人员、停车场、价格共 7 项上存在显著差异,而仅在住宿产品位置这一项上未显示出显著性差异。从受访者角度看,三类旅游者在性别、年龄、常住地、受教育程度、月收入、旅游组织形式、在阳朔住宿时间、每年旅游次数共八项上存在显著差异,而在职业、旅游目的、是否为自驾车共三项方面不存在显著差异。

通过对第一、二、三类旅游者住宿需求中具有显著性差异的需求进行分析,发现各类旅游者在住宿产品需求方面具有显著的特点。第一类期望的住宿旅游产品:最好是有地方特色、内部装修比较新的星级饭店、要求从事人员比较专业,但对饭店规模并不十分在意,对住宿价格不敏感,可划定为高档住宿产品。第二类期望的住宿旅游产品:大部分需要具有地方特色、内部装修较新的小型住宿产品,对从业人员专业素质有一定要求,但普遍不高,不在乎是否有方便的场所,需要低价位的住宿产品,可划定为低档住宿产品。第三类期望的住宿旅游产品:有半数需要有地方特色的星级饭店、内部装修要求高,住宿产品规模绝大多数无特别要求,对从业人员专业素质要求较高,需求中低档价位的住宿产品,可划定为中档住宿产品,具体数据见表 8 - 3。

表 8 - 3 旅游住宿要求分类表

项目	指标	第一类（%）	第二类（%）	第三类（%）	P 值
级别	星级	71.0	11.3	45.2	0.000
	无所谓	29.0	88.7	54.8	
建筑外观	有特方特色	59.7	71.7	49.2	0.019
	无所谓	40.3	28.3	50.8	

项目	指标	第一类（%）	第二类（%）	第三类（%）	P 值
内部装修	比较新	85.5	62.3	76.6	0.014
	无所谓	14.5	37.7	23.4	
住宿点规模	15 间及以下	3.2	66.0	—	0.000
	16 间及以上	37.1	34.0	15.3	
	无所谓	59.7	—	84.7	
从业人员	专业人员	74.2	49.1	59.7	0.020
	无所谓	25.8	50.9	40.3	
停车场	方便	59.7	28.3	37.1	0.001
	无所谓	40.3	71.7	62.9	
价格（间/天）	50 元及以下	—	45.3	18.5	0.000
	51～100 元	—	54.7	50.0	
	101～150 元	—	—	31.5	
	150 元以上	53.2	—	—	
	无所谓	46.8	—	—	

通过对选择第一、二、三类住宿产品旅游者的具有显著性差异的基本情况进行比较，发现相对于其他需求类别的旅游者，各类旅游住宿产品的需求者具有显著的特点。第一类，中年、文化层次高、主要来自广西区外、收入水平高的旅游者群体，这类群体每年出游次数多，但每次停留时间较短。第二类，年轻人为主，文化层次、收入水平相对较低、喜欢以散客的方式出游，区内旅游者所占比重大，住宿时间较长，女性旅游者、学生群体占相当市场份额。第三类，中年、主要来自广西区外、文化层次高、旅游者收入水平多样化、旅游形式以旅行社团队为主，住宿时间较短、每年乡村旅游次数普遍不多，详细数据见表 8-4。相对而言，第一类至第三类旅游住宿产品的需求分别对应高档次乡村旅游者、低档次乡村旅游者、中档次乡村旅游者。

表 8 - 4　需要各类旅游住宿产品的旅游者基本情况

项目	指标	第一类（%）	第二类（%）	第三类（%）	P 值
性别	女	45.2	67.9	49.2	0.031
	男	54.8	32.1	50.8	
年龄（岁）	25 以下	21.0	50.9	21.0	0.007
	25 ~ 34	30.6	28.3	33.9	
	35 ~ 44	37.1	20.8	25.8	
	45 及以上	11.3	—	19.3	
常住地	广西区内	16.1	47.2	21.8	0.000
	广西区外	83.9	52.8	78.2	
受教育程度	高中及以下	6.5	13.2	8.9	0.025
	专科	24.2	43.4	29.8	
	本科及以上	69.3	43.4	61.3	
月收入（元）	1000 以下	8.1	41.5	18.5	0.000
	1001 ~ 2000	16.1	35.8	25.8	
	2001 ~ 3000	17.7	13.2	34.7	
	3001 以上	58.1	9.4	21.0	
旅游组织形式	旅游团队	54.8	20.8	63.7	0.000
	散客	45.2	79.2	36.3	
住宿（晚）	1	45.2	18.9	65.3	0.000
	2	21.0	20.8	10.5	
	3	14.5	30.2	13.7	
	4 及以上	19.3	30.2	10.5	
旅游次数（次/年）	1	38.7	18.9	44.4	0.009
	2	17.7	47.1	32.3	
	3 及以上	43.6	34.0	23.3	

（3）住宿服务质量分析，见表 8 - 5。

表 8 - 5　乡村旅游住宿产品服务质量评价指标体系

从业人员要求	着装整洁（I1）、服务耐心、周到、热情（I2）、迅速办理入住和退房手续（I3）、有效地解决旅游者问询（I4）、与旅游者沟通顺畅（I5）、提供旅游景点信息（I6）、提供旅游服务的联络（I7）、针对旅游者的特别需求提供服务（I8）

设施设备要求	房间配备电话（I9）、房间配备电视（I10）、房间配备空调（I11）、房间隔音设备（I12）、房间安全设施（I13）、床上用品干净整洁（I14）、卫生间设施（I15）、卫生间卫生状况（I16）
利益要求	入住前容易获取住宿点信息（I17）、住宿舒服（I18）、价格合理（I19）、实际提供的服务与宣传情况一致（I20）、周围景色优美（I21）、文化氛围浓厚（I22）、用餐方便（I23）、交通便利（I24）、居民友好（I25）
旅游者行为	我会故地重游（B1）、我会向亲友推荐这次旅游的景区（B2）、我会正面宣传这次旅游的景区（B3）

第一，重要性评价指标的因子分析。因子分析以最少的信息丢失，将原始的众多的指标综合成较少的几个综合指标的多元统计分析方法。通过服务质量重要性评价指标的因子分析，以便分析出旅游者评价住宿产品服务质量集中的领域，并进一步对不同领域指标，通过 IPA 方法分析住宿产品急需改进的方面。

对服务质量重要性评价 25 个指标进行巴特利球度检验，Bartlett 值为 300，其对应的相伴概率值为 0.000，小于显著性水平 0.05，进行 KMO 检验，KMO 值为 0.880，适合作因子分析。以 25 个指标为变量进行因子分析，利用主成分分析方法，提取特征值得超过 1 的因子，采用方差极大法作因子旋转。分析结果表明，问卷中住宿产品服务质量重要性评价 25 个指标贡献率很零散，说明服务质量的评价受很多因素的影响，涉及内容复杂。对因子载荷矩阵进行方差最大正交旋转后，可确定 6 个相互独立的公共因子，分别记为 F1、F2、F3、F4、F5、F6，6 个公共因子可以描述原变量总方差的 72.564%，具体情况参见表 8-6。

表 8-6　服务质量重要性评价指标旋转因子特征值及贡献率

公共因子	特征值	贡献率	累计贡献率
F1	3.976	15.904	15.904
F2	3.382	13.528	29.432

公共因子	特征值	贡献率	累计贡献率
F3	3.012	12.048	41.480
F4	2.930	11.722	53.202
F5	2.676	10.702	63.904
F6	2.165	8.659	72.564

经旋转后各变量与公共因子之间的协方差表示了它们在公共因子内的重要程度。在因子矩阵中，变量指标与某一公共因子的联系系数绝对值越大，则该指标与公共因子关系越近，旋转因子的因子矩阵如表8-7所示。基于因子变量的最大载荷，公共因子尽量反映包含因子的内容对公共因子命名。第一个公共因子基本反映了房间附加设备情况，第二公共因子反映了从业人员服务基本素质，第三个公共因子反映了住宿获得的直接利益，第四个公共因子反映了住宿时旅游者希望获得的附加利益，第五个公共因子反映了房间基本设备，第六个公共因子反映了工作人员旅游知识要求。结合行业实际情况，可以看出上述结果实际上是对假设一进行了细分，即从业人员要求实际包括第二、六个公共因子包含的内容，描述原变量总方差22.2%。设施设备要求包括第一、五个公共因子包含的内容，描述原变量总方差26.6%，利益要求包括第三、四个公共因子包含的内容，描述原变量总方差23.8%。

表8-7　服务质量重要性评价指标旋转因子矩阵

	F1	F2	F3	F4	F5	F6
I1		0.597				
I2		0.760				
I3		0.807				
I4		0.762				
I5		0.765				
I6						0.730
I7						0.788
I8						0.680

	F1	F2	F3	F4	F5	F6
I9					0.717	
I10					0.767	
I11					0.715	
I12	0.578					
I13	0.712					
I14	0.846					
I15	0.866					
I16	0.874					
I17			0.653			
I18			0.838			
I19			0.813			
I20			0.822			
I21				0.669		
I22				0.741		
I23				0.689		
I24				0.782		
I25				0.531		

第二，服务质量的 IPA 分析。即 Importance - Performance Analysis，最初只是用于评价市场营销项目的有效性。由于其简单实用，IPA 迅速被推广应用于其他研究领域。目前，作为西方一种有效的服务质量评价和改进方法，IPA 已经在包括旅游业在内的各个研究领域获得重要的地位。IPA 能够通过不同象限服务质量评价指标分布，直观反映服务质量相关指标的相对重要性与表现对比情况，决策者能够将有限的资源用在最需要改进的因子上。在象限图中，坐标原点值为所有指标重要性总平均值和表现总平均值，位于第一象限的指标，其重要性值和表现值均大于坐标原点值，说明指标在旅游者心目中重要性高，服务的供给方表现也好，位于第二象限的因子其表现值大于总平均值，但重要性值却小于总平均值，说明因子在旅游者心目中的重要性低，但实际表现却好，依次类推，第三象限的因子是重要性低，表现也差，而第四象限则是重要

性高、表现差。指标重要性评价影响着旅游者决策，表现的评价则是旅游者在接受服务后的主观评价，因此，在资源有限的情况下，显然应优先对分布于第四象限的指标进行改进。

旅游者对住宿产品服务质量重要性—表现的总体评价见表8-8。在对住宿从业人员的要求方面，目前急需改进的是从业人员"有效地解决旅游者问询"，见图8-1。在住宿设施设备方面，急需在房间隔音方面改进，见图8-2。

表8-8　住宿服务质量重要性—表现的总体评价

设施指标	I9	I10	I11	I12	I13	I14	I15	I16	—	总平均
重要性	3.80	4.23	4.38	4.50	4.64	4.80	4.76	4.79	—	4.49
表现	3.37	3.83	3.71	3.16	3.70	3.87	3.81	3.94	—	3.67
差值	0.43	0.40	0.67	1.33	0.94	0.93	0.95	0.85	—	0.81
人员指标	I1	I2	I3	I4	I5	I6	I7	I8	—	总平均
重要性	4.10	4.38	4.47	4.33	4.39	4.22	4.00	3.99	—	4.24
表现	3.55	3.62	3.65	3.53	3.76	3.63	3.52	3.26	—	3.57
差值	0.55	0.76	0.82	0.80	0.63	0.59	0.48	0.73	—	0.67
利益指标	I17	I18	I19	I20	I21	I22	I23	I24	I25	总平均
重要性	4.01	4.49	4.42	4.41	4.29	4.17	4.37	4.43	4.43	4.34
表现	3.51	3.86	3.86	3.70	4.02	3.86	3.96	4.08	4.16	3.89
差值	0.50	0.63	0.56	0.71	0.27	0.31	0.41	0.35	0.27	0.45

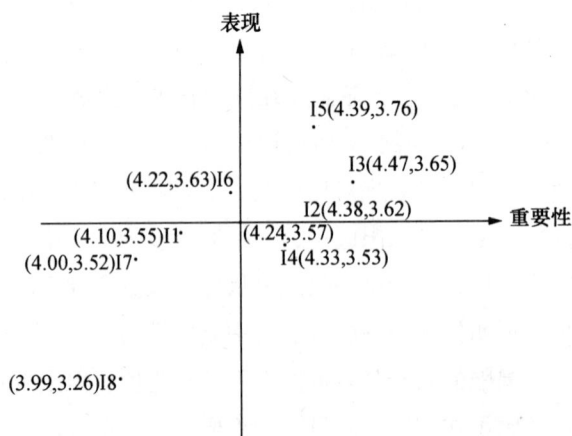

图8-1　住宿从业人员要求的 IPA 分析

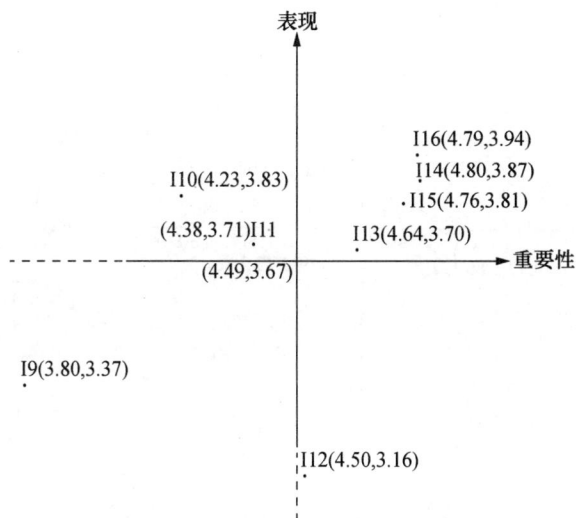

表现

I16(4.79,3.94)

I14(4.80,3.87)

I10(4.23,3.83)

I15(4.76,3.81)

(4.38,3.71)I11

I13(4.64,3.70)

重要性

(4.49,3.67)

I9(3.80,3.37)

I12(4.50,3.16)

图 8 - 2　住宿设施设备的 IPA 分析

在旅游者获得的利益方面，"住宿舒服"、"价格合理"、"实际提供服务与宣传一致"是需要改进的三个方面，见图 8 - 3。目前阳朔只有少数大型酒店通过星级评定，相当部分住宿是由民居改建而成的家庭旅馆和农家旅馆，除少数高等级的住宿外，大部分住宿投资者亦为经营者，工作人员以家庭成员为主，很少经过专业培训，其解决旅游者提出实际问题的能力还有待提高。大部分住宿存在设施简陋、房间无隔音处理，致使隔壁、楼上楼下旅游者相互影响，无法满足旅游者对私密空间的要求。旅游者在住宿方面获得的直接利益为对住宿的实际感受，同时对比付出的价格、旅游宣传，期望获得性价比较高的住宿产品，但目前旅游者获得住宿产品的性价比尚未达到旅游者的期望。

第三，服务质量指标表现评价与旅游者行为典型相关分析。典型相关分析（Canonical Correlation）是用以分析两组变数间关系的一种技巧，它所描述的是两组变数组间的整体相关形式，而不是关于两组变数中个别变数的相关。它的基本思想可以简单概述为将两组多变量之间的相关化为两个新变量之间的相关。典型相关分析建立第一个典型变量的原则，是使用所建立的两个典型变量之间的相关系数最大化，然后，继

表现

I25(4.43,4.16)

I24(4.43,4.08)

(4.29,4.02)I21

I23(4.37,3.96)

重要性

(4.34,3.89) · I18(4.49,3.86)

(4.17,3.86)I22   I19(4.42,3.86)

I20(4.41,3.70)

I17(4.01,3.51)

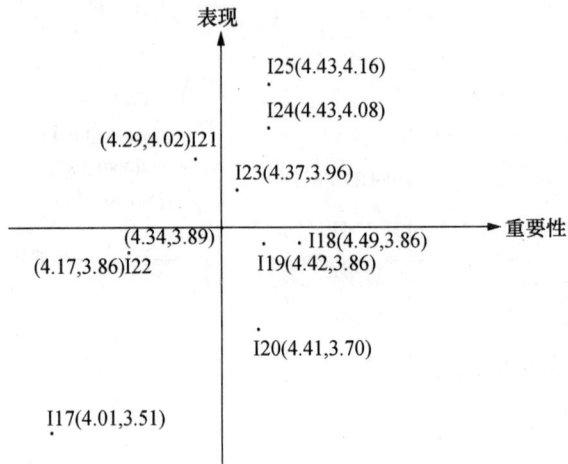

图 8－3　住宿相关利益的 IPA 分析

续在两组变数剩余的变化中寻找第二个最大的共变部分,形成第二对典型变量,直至典型变量所能解释的两组变异数比例越来越小。

以 I1～I8 表现评价为一组变量,以旅游者行为为另一组变量进行典型相关分析,共可提取出三组典型方程来代表两组变量之间的相关性。典型相关系数显著性检验表明,P 值小于 0.05 具有统计学意义。进一步分析表明,从业人员有效地解决旅游者问询(I4)、从业人员针对旅游者的特别需求提供服务(I8)与旅游者行为关系最密切。以 I9～I16 表现评价为一组变量,以旅游者行为为另一组变量进行典型相关分析,结果表明,房间安全设施(I13)、卫生间设施(I15)与旅游者行为关系最密切。以 I17～I25 表现评价为一组变量,以旅游者行为为另一组变量进行典型相关分析,结果表明,住宿舒服(I18)、实际提供的服务与宣传情况一致(I20)、交通便利(I24)、居民友好(I25)与旅游者行为关系最密切。可见目前住宿产品服务质量中最为薄弱的环节,却是影响旅游者旅游后行为的主要因素。

六、结论与建议

1. 住宿产品结构调整

通过对阳朔旅游者的调查发现,旅游者对阳朔乡村旅游住宿产品的需求分为三类，分别为高档、中档、低档，相应的需求者依次为高档次乡村旅游者、低档次乡村旅游者、中档次乡村旅游者，各类产品和旅游者具有明显的特征。另外，不论何种档次的需求，其需求共性为：对房间设施设备要求高、对卫生间要求高、要求住宿所在区域交通便利、用餐方便。

通过对需求类别识别，可以为阳朔住宿产品的战略调整提供理论指导。首先，阳朔住宿产品要分档次建设，其中高、中、低档的比例基本保持在1:2:1。其次，阳朔要改变旅游住宿过分集中在县城的现状，旅游者需求的住宿分布为县城占54.8%，景区占45.2%，目前县城提供的总量占70%以上，要适当引导景区内和周边发展乡村旅游住宿业，从长远来看，分布于县城和景区的住宿床位比例控制在6:4。最后，从旅游住宿的级别看，要实施乡村旅游住宿定级管理。虽然超过2/5的旅游者在住宿选择时有星级要求，但鉴于我国酒店星级评定对其硬件和软件要求较高，旅游者选择星级主要原因是通过星级保障产品的质量，可在住宿业中试行乡村旅游住宿星级管理。

从住宿产品的管理看，首先，完善现有住宿产品的配套设施，房间配套电视机、空调、改建独立卫生间等以满足旅游者的需求，以提高旅游者满意度。其次，对已有的旅游产品进行分类，并提供采取针对性的营销策略，如高档住宿产品应主要向区外旅游者宣传。

2. 住宿服务质量调整

通过对阳朔旅游者的调查发现，首先，评价住宿服务质量重要性的指标选择比较恰当，旅游者对所选指标重要性认可程度均较高，但对各指标进行表现评价时，其得分均远远低于重要性得分，总体来看住宿服务质量离旅游者的期望还有较大的距离。其次，旅游者对阳朔乡村旅游住宿产品服务质量评价集中在三个方面，一是对住宿从业人员的要求，包括从业人员的基本素质和旅游相关知识；二是住宿设施设备要求，包括基本设施要求和房屋附加设备；三是住宿利益要求，包括直接获得的住宿利益和旅游相关利益，三个方面在评价住宿服务质量时重要程度基本一致。再次，目前住宿产品中存在的最为突出，急需解决的问题集中在：从业人员要求方面，其解决实际问题的能力有待进一步加强；住宿设施方面，问题集中在隔音、安全等设备不完善及卫生间卫生状况需要提高方面；住宿利益方面，旅游者认为目前宣传与实际提供的服务有一定差距，获得住宿产品性价比达不到旅游者期望。最后，旅游者旅游后行为主要与从业人员有效地解决旅游者问询、从业人员针对旅游者的特别需求提供服务、房间安全设施、卫生间设施、住宿舒服、实际提供的服务与宣传情况一致、交通便利、居民友好密切相关，这些因素中大部分是目前服务质量中存在的薄弱环节。

阳朔作为国际和国内知名的乡村旅游目的地，经过数十年的发展，其住宿产品服务质量也远远不能满足旅游者的需求，这值得阳朔和其他国内乡村旅游目的地反思。乡村旅游产品最终能否得到旅游者的认可，需要从旅游者需求出发进行研究。阳朔的乡村旅游住宿已基本完成了规模扩张，下一步应从旅游从业人员、住宿设施设备、住宿利益 3 方面出发，近期以提高服务人员解决实际问题，做好真实旅游宣传促销、改善卫生状况等为主要任务。另外，要注重旅游者口碑宣传的滚雪球效应，在住宿服务中注重个性化服务、营造良好旅游氛围以吸引旅游者的再次光临和正面影响周边群体的乡村旅游行为。

第二节　社会主义新农村建设促进
乡村民营旅游经济的发展

一、乡村旅游是新农村建设的重要模式

20 世纪 80 年代初，建设社会主义新农村是小康社会的重要内容之一。十六届五中全会所提建设"社会主义新农村"，则是在新的历史背景中，在全新理念指导下的一次农村综合变革的新起点，必将极大地促进农村的发展和建设。中国社会科学院农村发展研究所所长张晓山概括说，建设社会主义新农村，在经济上就要促进农村产业结构的调整，来提高农村产业的竞争力，提高务农劳动者的收入，在社会事业、文化事业等方面可以通过国家对国民收入分配格局的调整来实现。

在新的历史背景下，社会主义新农村建设，不仅加快农村的经济发

展，农村教育、文化、医疗、社会保障、基础设施等社会事业也进入加速发展期。农村经济发展，需要进行产业结构和产品结构的调整，形成高附加值的经济产业。乡村旅游休闲产业，是乡村经济中最具有附加值的产业。新农村乡村旅游开发主体——独立经营农户，以采摘、农家乐、垂钓园、民俗大院等方式，可以直接为游客提供服务，形成家庭收入。

我国的新农村建设开发基本上都是因地制宜，因势利导，充分利用当地自然与人文资源进行开发与利用，推动农业经济的发展。但在当前新农村建设与乡村旅游开发中普遍存在缺乏规划、盲目开发、居民知识贫乏、缺乏主见或创业动机模糊、指导不足、资金筹措困难、跟风模仿、恶性无序竞争、居民参与意识淡薄与民主保障机制缺失、乡村特色文化受到威胁以及缺乏良好的可实施的旅游参与项目等现实问题。恭城瑶族自治县红岩村以乡村旅游开发作为新农村建设的衍生产品，如何充分利用好红岩村的乡村旅游资源，让特定历史阶段的新农村建设与乡村旅游实现可持续发展值得探讨。红岩新村的个案研究，对我国类似红岩村的千千万万个生态型乡村的新农村建设与乡村旅游开发具有重要的参考价值。

二、红岩村发展乡村民营旅游经济的条件分析

1. 具备良好的区位优势与乡村旅游开发前期条件

恭城红岩村位于恭城瑶族自治县南面，距县城 15 公里、阳朔 56 公里、桂林 123 公里，先后荣获广西"全区生态富民示范村"和区农业系统"十佳生态富民样板村"。红岩村 2005 年通过国家旅游专家正式验收，成为大桂林旅游圈唯一一个农民自己经营的"全国农业旅游示范点"。红岩村还是南开大学学生社会实践基地，广西中医学院大学生社会实践、学员干部教育、党校教学实习基地和桂林医学院思想政治理论教育实践基地。党的十六届五中全会提出了建设社会主义新农村的宏伟目标，红岩村作为新农村建设的典型受到全国上下关注。

近年来红岩村以优美的自然环境和村民的热情好客吸引了众多的游客前来观光旅游，红岩村乡村旅游在当地的经济发展中占有一席之地。目前红岩村已经初步形成"中国月柿之乡＋乡村旅游"的特色产业新格局，在区内外有一定的影响力，具备发展乡村旅游的良好条件。

2. 丰富的乡村旅游资源为乡村旅游提供了资源保障

社会主义新农村建设模式有资源型新农村、工业型新农村、生态型新农村、城镇型新农村、农庄型新农村、第三产业服务型新农村共6种。红岩村是一个典型的"生态型"新农村，红岩村所在区域具有丰富的乡村旅游资源，各具特色的自然风光、丰富多彩的乡村民俗风情、古老神奇的乡土文化艺术、风格迥异的乡村民居建筑、富有特色的乡村传统劳作等乡村旅游资源，融合乡村社区居民的日常生活、生产劳作，构成乡村旅游开发的本底，具备了开展乡村旅游的资源资本。

红岩村紧靠广西最大的无公害月柿生产基地——莲塘岭万亩月柿园，风景优美的平江河穿村流过，河畔翠竹林立、绿柳成荫，村中有岩溶地质丰富的马头山，村落中散落着一些百年古柿树。红岩村民风淳朴，游客无论走到哪户农家，都会受到村民们热情的款待，村中业余文艺队演绎着动人的瑶族民族风情。村中的古建筑、拴马石、牌匾等遗迹显示出红岩村丰厚的历史文化气息。依山傍水而建的农家别墅显示出社会主义新农村的"新村"风貌。自然旅游资源与人文旅游资源相得益彰，古老文化与现代文化的交融，这种自然与人文兼收并蓄的乡村旅游资源是红岩村最为宝贵的物质财富，其潜在的乡村旅游的开发优势不容忽视。

3. 特色农业为乡村旅游发展奠定了基础

红岩村因地制宜，多年来大力探索和发展月柿种植业，并将月柿做成了富有特色的主导产业，获得"中国月柿之乡"的美称。20世纪90年代初红岩村人均年收入不足400元，在政府的引导下，村民发挥优势，调整产业结构，开发荒山野岭连片种植月柿，目前该村人均有果园面积近2亩，人均纯收入明显增加，农民的生活水平不断提高。特色农业不仅让红岩村农户经济上了新台阶，而且连片果园逐渐显现出旅游观光、农业推广和科普学习的价值，更是赢得了外界对红岩村的认可，增强了红岩人的自豪感，农户参与乡村旅游的建设具备外在依托和支持，内在动力也已形成。

4. 在政府的主导下完善了基础设施和旅游设施建设

按照"生产发展、生活宽裕、乡风文明、村容整洁、管理民主"的要求，根据新时代的要求，对农村进行经济、政治、文化和社会等方面的建设，最终实现把农村建设成为经济繁荣、设施完善、环境优美、文明和谐的社会主义新农村。在恭城县委、政府的指导和协调下，红岩村的建设得到上级各部门的大力支持，村里的水、电、通信和广播电视等设施得以改善和完善，不但满足农民的基本生产生活条件，而且能够适应旅游开发需要，村里已建成环形村道、停车场等，进一步完善了当地的基础设施，同时为发展乡村旅游的需要建成了瑶寨风雨桥、滚水坝、梅花桩、旅游登山小道、果园观光台、观光亭等旅游设施。红岩村民依靠科技种植水果，走上了富裕的道路，建新房的愿望也越来越强烈。村民积极响应县委、政府建设富裕生态家园新村的号召，将红岩村建成莲花镇富裕生态家园新村示范点。新村按照"高起点、高标准、高质量、严要求"的思路进行统一规划建设，目前已成功建成几十栋独立别墅，每栋别墅拥有客房3~5间，餐馆几十家，每天可接待游客近千人，这些别墅成为乡村民营旅游经济发展的基础。红岩村以其独特的自然条件，抓住社会主义新农村建设的机遇和城里人回归自然的需求，基本形成特色乡村产业新格局。

三、红岩村发展乡村民营旅游经济的分析与思考

（1）乡村旅游开发缺乏前瞻性，限制了民营经济的发展规模。在建设新农村时，很少考虑到依托农家住宿开展旅游经营。红岩村的乡村旅游是从新农村建设中衍生出来的副产品，它是典型的市场需求推动乡村旅游开发的范例，其一开始并不是个旅游产品，而是在新村的发展过程中吸引了城里人，渐渐变成了旅游产品。乡村旅游开发是历史发展的阶段性产物。刚开始，红岩村的主要旅游接待设施普遍缺乏地方特色和田园特色，红岩村在建设之初定位为富裕生态家园，在第一期31栋别墅的建设中，并没有考虑到旅游接待需要，新村从建筑风格到工艺、标志等都缺少瑶族的特色，别墅内部房间的设计也主要是基于家庭生产和生活的需要。新村后期的建设过程中对规划进行了适当的修正，适当考

虑了别墅的旅游接待功能，当地的旅游基础设施和旅游接待设施也正在逐步完善。

（2）乡村旅游开发缺乏规划，乡村民营旅游经济的发展需要长期磨合。红岩村的乡村旅游开发之初缺乏系统规划，农户通过开办乡村民营旅游经济缺乏创业思考过程，具有明显的跟风和被动参与成分。从其他地方开展乡村旅游的历程看，多数农户成为旅游经营主体要经历较长的时间，而红岩村从破土动工到家园建设再到进行大规模的接待，历时不过 7 个月。新村无论是从家园的建设还是旅游接待方面都与政府的支持和引导分不开。在随后几期别墅建设都配备旅游接待设施。从其他地方开展乡村旅游的情况看，从开发之初到形成规模接待，需要相当长的时间。如广西龙胜各族自治县和平乡平安村的乡村旅游，经历了 1993 年至 1996 年的农民自发旅游经营阶段，1996 年政府介入旅游开发，也仅有很少部分有经营意识的农户开始在政府的指导下进行农家旅馆住宿接待和餐饮经营，直到 2003 年，大部分村民才在先期经营者的示范作用下开展了住宿、餐饮、旅游小商品经营。红岩村大部分农民在很长时间内都是与农田、果树打交道，打交道的对象简单，形成了散漫、自由、不受约束的生活习惯，而从事乡村旅游要面对"挑剔"的旅游者，目前在旅游接待规模上已进入了其他乡村旅游地区在长时间磨合后才能完成的历程。在短时间内农户在没有示范的情况下，要彻底改变传统的生活方式，完全适应旅游接待工作，这种转变也是非常艰难与漫长的。

（3）乡村民营旅游经济的经营压力大。从 2003 年 10 月第一届月柿节开始，红岩村的乡村旅游快速发展。红岩村仅 2005 年就接待游客 80 万人次，旅游使农民人均增收 2000 元，一些家庭甚至突破了 10 万元。开展了旅游业务的农户普遍认为自己的旅游经营收益呈逐年增长的趋势，在庆幸走上旅游致富之路的同时，也表现出了经济方面的压力和担忧。红岩村的经济状况也是近年才有所好转，在新农村建设中，不少家庭花光了家庭积蓄，并且从亲朋好友处借钱、从银行部门贷款。一栋别墅要具备接待功能，初始投资少的花上 10 万元，多的达 20 多万元，为适应旅游接待的需要，近年赚的钱又投入到旅游设备的配置和优化中，同时家用电器增多，即使不接待客人，家庭的用电、用水量也增加，加上目前水、电商用和家用无法分开，在收费方面也有别于日常生活用水收费，生活成本明显提高。除旅游黄金周、三八节、七一节以及月柿节期间外，旅游设施的闲置非常明显，在客源不足的情况下，村民感到明显的经济压力。

（4）农户创办乡村民营旅游经济者众多，但受益不均衡。目前红岩村旅游经营农户面临偿还借贷款、生活成本提高以及旅游投资的压力，要切实保障其旅游经营受益程度，应以农户为主要旅游经营实体，充分发挥乡村旅游的关联带动作用，真正为乡村社区带来就业机会，有效发挥旅游的乘数效应，防止旅游效益漏损的现象。从农户的旅游参与程度看，由于政府采用自上而下的政策支持和实践指导，目前红岩村农户的旅游参与程度很高，全村一半以上的家庭参与了乡村旅游经营，形成了以家庭为单位的"旅游小企业"。目前旅游经营农户受益存在明显不均衡现象，这与经营农户本身素质和拥有的社会资本有关。从乡村旅游发展实践看，能够在旅游开发中先期受益的农户通常具有一定的经营意识、具有相对较高的素质及良好的社会资本。红岩村旅游受益明显的家庭有两类，一是外来投资者，二是在当地具备良好社会资本的家庭。外来投资者通过承租部分农户的别墅进行旅游住宿和餐饮接待，其接待客源基本为恭城的游客和外地游客，比例各占50%；当地具备良好社会资本的家庭接待学习、考察和旅游团队相对较多，客源构成为恭城的游客和外地游客，分别约占90%和10%。因此，同样是经营旅游住宿和餐饮，村民的旅游收入差距十分明显。

（5）红岩农家乐旅游协会促进了乡村民营旅游经济的规范经营。红岩村民在村委会和党员的带领下，对红岩村进行精心包装，其乡村旅游经营相对规范，旅游服务质量较高，有利于提升红岩村乡村旅游服务档次和质量。在村委会的统一指导下，村里自办了民俗风情表演队，在旅游景区的主要道路和旅游线路立标示牌，在进入景区的主要路口和游览中心位置，增设了旅游指导，规范发布了公共信息图形符号，配置了中英文标示牌。为规范村里的旅游业运作，协助有关部门强化旅游管理，村里于2004年7月成立了恭城瑶族自治县莲花镇红岩农家乐旅游协会。该协会制定出了必要的行规行约，采取一定措施维护旅游者和经营者的合法权益，对破坏红岩村旅游秩序和环境的行为，制定了相应的补救措施；还组织开展各种联谊、交流和考察，并代表村民向政府和有关部门提出建议和意见。该协会自成立起就担负起村民旅游培训职能，每年在当地旅游旺季之前进行突击培训，在一定程度上保证了乡村旅游的服务质量。村内的党员充分发挥模范带头作用，根据旅游发展的需要，开展了党员设岗定责活动，岗位包括新村建设岗、电教科技致富岗、政策宣传岗、公益事业建设岗、环境卫生监督岗和旅游示范岗，从各方面切实保证红岩村建设及乡村旅游发展有序进行。

（6）乡村民营旅游经济面临客源的压力。目前到恭城红岩村的旅游者大致可分为三类，一是到桂林的旅游团队，通过旅行社运作到红岩村进行农业观光旅游；二是政府、企业事业单位的学习、考察团体；三是以自驾车、商务为主的散客。三类游客分别占20%、30%、50%，与其他地区相比，前来红岩村取经的团体比例明显偏高。目前红岩村作为社会主义新农村建设取得成功的典型，引起了全国各地的关注，前来考察的团队络绎不绝。考察团一是前来取经、考察、学习新农村建设的团体。二是进行"三个代表"重要思想、党员先进性教育等政治学习的团体。三是红岩村在新农村建设过程中引入乡村旅游，成为乡村地区发展第三产业的典范。这种考察团最基本的特点是在意识形态、政策宣传方面将红岩村作为一个典范进行实地现场教育。但随着新农村建设进程的推进，政府考察团将有更多的选择。就恭城县而言，先于红岩村而建的西岭乡大岭山村、平安乡社山村以及之后而建的横山瑶寨，对于全国各地新农村的建设都有很好的借鉴和推广作用，尤其是在发展乡村旅游方面，社山村旅游业优势地位的衰落更是值得深思和借鉴。将红岩村作为一个旅游景区进行乡村旅游经营，如果过分强调将客源市场定位在意识形态、政治范围内，它的市场范围将受到很大的限制。值得注意的是目前有部分已做了旅游接待的村民，指望政府部门能够给他们带来客源，而自己却没有进行有效的客源市场开拓。

四、恭城红岩新农村建设中促进乡村民营旅游经济发展的对策建议

红岩村乡村旅游促进了当地经济、社会和环境协调发展，培养了新型农民，提高了村民文明素质，文明、守法、和谐意识进一步增强。当地农户水果收入和旅游收入同步增长，村民生活水平得到进一步提高，思想观念得到转变，生态家园呈现新景象。红岩村还要通过不断完善旅游产品、开拓客源市场，并以农户参与、农户受益作为发展乡村旅游的出发点和落脚点，促进新农村建设与乡村民营旅游经济的协调发展。

（1）做好乡村旅游规划，完善乡村旅游产品。在乡村旅游的自发发展阶段，受到经济利益的驱使，开发存在盲目性，造成了人力、物力和财力的浪费，同时引发恶性竞争。为了避免这一情况的发生，政府往往制定相应的农村地区旅游规划或是乡村旅游规划，对乡村旅游发展进行前瞻性的指导，从政府层面确定各个地区乡村旅游业的发展方向。红岩村一开始并不是旅游产品，而是在新村的发展过程中吸引了城里人，渐渐变成了旅游产品，这是历史阶段的产物。目前红岩村提供的乡村旅游产品无法满足旅游者的旅游需求，旅游产品中食、住配套设施较为完善，但却明显缺乏游、购、娱部分。要吸引旅游团或散客，必须加强旅游产品开发力度和完善旅游产品的组成部分。一要对新村适度改造，对老村进行保护式开发。红岩村是典型的瑶族村寨，新村是典型的乡村"都市"，为使新村与周围环境更加协调，要加强新村的庭院建设和绿化美化工作，并做一些补救性措施，如卫生间的改造、别墅外部装饰适当突出瑶族特色等。对老村古老的柿树、有代表性的当地瑶族民居建筑、牌匾等要采取保护措施，在保护的前提下对老村进行适度开发。二要多开发参与性旅游项目，如马头山溶洞的开发、平江河水上娱乐项目的开发、村内鱼塘水上垂钓等，让旅游者到来后能够有真正的旅游体验。三要加强乡村旅游商品开发，将红岩村特产月柿作为拳头产品进行系列开发，并适当引入恭城的山珍和农副产品，对瑶族的特色饰物进行挖掘。

（2）做好客源市场开拓。一是以每年的"月柿节"为契机，把唱响"中国月柿之乡 + 乡村旅游"作为产业支撑，利用电视、网络等媒

体，全程报道红岩村的月柿节盛况和乡村旅游。二是寻求与桂林旅游界的合作，将红岩村具备的"生态农业＋社会主义新农村"优势与桂林旅游界丰富的客源市场开拓优势相结合，实现"双赢"。三是在特定的时期与空间范围内组织推介活动。如在每年的中国—东盟博览会期间，将恭城的生态农业和乡村旅游向东盟各国及国内消费者推介；针对近年来红岩村来自浙江、上海、广东、湖南等地散客，可选择特定的城市进行宣传促销。目前从政府部门的角度对红岩村的报道较多，报道将红岩村的一些事实告诉大众，更多地依靠自身的信息吸引旅游者，这是一种"拉式"而非"推式"的营销。对于政府部门领导的来访要善于捕捉机会，在做好相关报道的同时有意识地报道红岩村的乡村旅游建设情况。红岩村还要利用好与高校和科研院所合作的平台，有组织、有计划地利用教学科研院所的优势深入地进行旅游市场研究和市场推广。红岩村要加大旅游宣传促销力度，扩大知名度，做大做强旅游团和散客市场。

（3）切实保障农民利益。乡村旅游在特定的农村环境中进行，其开发过程及经营管理都将对农村社会、经济和环境产生一系列正面和负面的影响，乡村旅游始终要与农村居民最直接的利益联系在一起，要使当地农户在旅游开发中受益。红岩村的乡村旅游在政府指导下有序进行，农户的参与程度很高，目前已经有一半以上的农户参与了旅游接待，如何保障参与农户受益是今后旅游工作的重点。一些新农村建成后凭借其地理位置优势以及拥有良好的乡村旅游资源做起了旅游生意，但旅游业在短期火暴后迅速走向衰败，这种现象很值得红岩村深思。外来投资者过多分享当地旅游收益及注重短期利益是旅游业走向衰败的原因之一。但是农民经营旅游业在旅游业发展的初期有其弱势，创业意识弱，服务意识和竞争意识不强，对旅游者需求把握不准等，很难提供高质量的乡村旅游产品。适度引入外来经营者，产生"鲶鱼效应"激活农户经营者的潜能，把竞争引向提高旅游产品和服务质量上，带动整个旅游业向提高旅游服务效率和服务质量变革。

（4）加强培训和引导，推动乡村旅游经济的健康发展。第一，要加强基层领导干部的培训，让领导集体真正成为创新、团结、服务的团体，让其愿意并主动关注和服务农户，协调配合有关部门解决旅游开发和经营中出现的问题。同时，通过培训让领导干部对旅游业有正确、全面的认识，充分认识到乡村旅游在解决"三农"问题中的特殊作用，强化乡村旅游的社会效益和环境效益。第二，要根据实际情况加强对旅游经营农户的培训，主要培训其商业意识、竞争意识、服务意识和服务操作技能。目前红岩村农户的旅游参与有很大部分是被动参与和跟风参与，对这部分农户要着重培训商业意识。在旅游经营过程中着重培训旅游经营农户的旅游企业管理知识和服务知识，对住宿和餐饮人员培训实用技能，要以现场示范、现场指导为主。第三，要避免外来经营者垄断经营。有的地方将乡村旅游承包给外来开发商，外来者占领的市场越大，村里的村规民约约束力越小，乡村旅游丧失乡土味的可能性就越大。

（5）保持乡村旅游的"乡村性"。对乡村旅游的开发要注意保持乡土本色，突出田园特色，避免城市化倾向。乡村旅游是以现有的农业资源为基础，以乡村空间环境为依托，以乡村独特的生产形态、民俗风情、生活方式、乡村风光、乡村居所和乡村文化为对象的一种旅游方式，它和农村、农业、农民紧密相关，脱离了任何一个方面，乡村旅游都不能称为乡村旅游。保持本色，突出特色，增强乡村旅游的吸引力，乡村旅游的开发不能取代农业在农村的地位，乡村旅游的开发只是进一步提升农业资源的经济价值和休闲娱乐功能，乡村旅游的开发不应以牺牲农田、农业生产和农业文化为代价。乡村旅游开发中要注重对原汁原味的乡村本色进行保护，对乡村旅游开发要加强科学引导和专业指导，强化经营特色和差异性，突出农村的天然、淳朴、绿色、清新的环境氛围，强调天然闲情和野趣，努力展现乡村旅游的魅力。

（6）加大政府的资金扶持与业务指导。乡村旅游的顺利发展必须充分调动乡村社区居民的积极性，政府部门要通过贷款、补贴和税收刺激等措施来达到这一目的。通过政府资金的扶持，使乡村社区居民积极发展家庭餐饮、乡村旅馆等旅游接待设施，拓宽农业经营的经济附加值。同时，政府通过预算对乡村旅游目的地进行宣传促销。在乡村旅游的开发中，政府要对乡村旅游企业的经营者和当地社区居民进行教育和培训，加强乡村居民的环境生态意识，保护当地的文化，同时要求采取措施积极避免或减少乡村旅游开发产生的负面影响。针对当前我国乡村旅游开发中存在生态破坏、民族文化消失、居民道德下降、服务水平低下等问题，亟须通过教育和培训对相关人员进行引导。同时，要加强乡村居民的经营理念和服务水平，促进乡村旅游的良好发展。

（7）充分发挥农村基层组织和党员干部在乡村旅游开发中的作用。农村基层党组织是党在农村工作和战斗力的基础，是农村各种组织和各项工作的领导核心，农村党员是贯彻执行党在农村各项方针政策的骨干力量。随着市场经济的发展，广大农村的经济社会生活都发生了非常大的改变，当前许多农村基层组织建设落后于农村改革发展客观形势的需要，面临着诸多的问题，如年龄结构老化，整体素质不高，基层干部和党员带领群众脱贫致富的能力较弱，等等。在新农村建设中进行乡村旅游开发，要抓好农村基层党组织建设和农村基层政权建设，不断提高基层党员干部的素质和能力，充分发挥基层党组织在经济发展大潮中的核心作用。新农村建设与乡村旅游开发目标的实现，最终还是要靠农村基层组织和党员团结带领广大农民群众来完成。因此，要在基层党建工作的思想观念、组织设置、队伍建设、工作制度、领导方式等方面进行积极有效的探索，从而有效提升基层组织建设和驾驭经济的能力。建设"生产发展和生活富裕"的物质文明、建设"文明乡风"的精神文明、建设"村容整洁"的生态文明、建设"管理民主"的政治文明、建立"公平竞争和利益共享"经济机制等都需要有组织、有领导地进行，因而在探索生态型新农村建设与乡村旅游发展模式时，必须充分发挥基层党组织的作用。

第三节　以乡村民营经济推动广西大明山生态旅游

一、研究背景

在我国现代化发展过程中，农村社会发展相对滞后，城乡发展差距大，当前我国农民问题被摆在更加突出的位置，由此引发了全社会对农村建设的广泛关注和高度重视。十七大报告指出，必须在经济发展的基础上，更加注重社会建设，着力保障和改善民生，努力使全体人民学有所教、劳有所得、病有所医、老有所养、住有所居，推动建设和谐社会。今后我国国民经济和社会发展重点应该突出"三农"问题和改善民生的问题，民生的问题应该重点放在农村，改善民生的重点要放到革命老区、少数民族地区、贫困地区、边境地区。

自然保护区是各国为保护特殊的自然环境、自然资源、生态系统而划定的区域。我国相当一部分自然保护区位于少数民族地区，这些地方大多位置偏远，工农业基础薄弱，社会结构和社会政策两方面导致了自然保护区周边社区居民经济贫困、人文贫困和知识贫困，少数民族民生困苦，"靠山吃山、靠水吃水"的现象极其普遍，对当地的自然保护区威胁很大。广西自 1961 年开始规划和建设自然保护区，截至 2010 年 5 月，全区共建立各级各类自然保护区 78 个，面积 145.24 万公顷，约占全区国土总面积 6.14%，初步形成布局基本合理、类型较为齐全、功能相对完备的自然保护区网络。广西是我国五个少数民族自治区之一，区内自然保护区大多数是抢救性建设，许多社区在保护区建立过程中被划入保护区范围。目前与自然保护区接壤村寨众多，保护区周边社区呈现出分布广，人口增长快，居民素质低下，生产力水平低，不合理利用资源，社会发育程度低，科教文化落后，基础设施薄弱，整体处于封闭状态的特征。自然保护区周边社区居民生活质量与贫困人口的生活质量并没有太大差别，具有生活入不敷出，自给性消费比重大；家用设施简陋，文化消费支出少；农业生产水平低，缺乏长效投资；医疗卫生条件差；适龄孩童辍学风险大等一系列贫困人口的典型特征。社区居民的生计方式受到自然资本、物质资本、金融资本、人力资本缺乏的综合影响，生计暴露于风险之下，缺乏可行的措施予以补救，表现出较大的脆弱性。

生态旅游作为保护环境和维护当地居民良好生活的负责任的旅游形式，发挥了巨大的经济效益、环境效益和社会效益。在自然保护区内开展生态旅游，成为缓解保护经费压力、满足生态旅游者亲近自然、促进社区发展的积极做法，无论是发达国家还是发展中国家，均大力发展生态旅游产业。自然保护区生态旅游开发、经营和管理，均涉及多个相关利益主体，由于各个利益主体关注的利益不一致，导致生态旅游中出现了诸如资源破坏、生物多样性受影响等不和谐的现象，给自然保护区保护工作带来极大挑战。如何在生态旅游开展过程中让更多社区居民获利成为国内外学者关注的议题。1985年，墨菲（P. E. Murphy）出版了《旅游：社区方法》一书，引入了社区参与的概念，开始尝试从社区的角度研究和把握旅游。1997年6月，世界旅游组织、世界旅游理事会与地球理事会联合颁布了《关于旅游业的21世纪议程——实现与环境相适应的可持续发展》，明确提出将社区居民作为旅游发展的关怀对象之一。在不破坏自然资源的前提下，对自然保护区进行开发，通过社区参与使得当地居民收入增加，能有效地推动当地经济得到发展，许多学者认为社区参与是生态旅游内涵的一部分。国外旅游学者随后对社区参与问题进行了深入的研究，一系列的理论研究在案例中都得到了很好的阐释。Petty根据动机、方式等特征的不同，将社区参与划分为7种形式，从操作性参与到自发参与等；Cernea认为社区参与是当地居民充分发挥自身的能力来管理资源、制定政策和进行控制；Brandon进一步提出了更为主动的概念，认为社区参与是使旅游地社区"获利于"旅游而不是"受利于"旅游。建设自然保护区与周边社区为一体的和谐社区是一项系统工程，必须坚持以人为本，切实解决周边社区群众最关心、最直接、最现实的利益问题。

二、大明山自然保护区生态旅游

广西大明山国家级自然保护区地处广西首府南宁北郊，桂林—北海黄金旅游线的中部，具有丰富的自然旅游资源和人文旅游资源，它是北回归线上的生物宝库，具有大面积原生性季风常绿阔叶林，丰富的动植物资源，并是壮族龙母文化的发祥地。在大明山自然保护区生态旅游区规划控制范围内，共有武鸣、上林、马山3个县的4个乡镇，共24个行政村的范围或部分范围。大明山自然保护区的旅游服务设施集中在橄榄服务区，包括明顶山庄、龙腾宾馆、云林阁饭店、度假村木屋群、野菜馆、商店医疗点等，随着旅游设施的完善，大明山的旅游迈上了一个新的台阶。近年来，大明山生态旅游发展迅速，其中在2002年大明山自然保护区晋升为国家级自然保护区，其保护经费方面有了更大的保障，并为保护区的旅游发展提供了极大的资金支持；2008年以全新的旅游方式——生态旅游向游人开放。目前，大明山的旅游开发主要由大明山风景旅游区管理委员会（简称大明山旅管委）主导，大明山国家级自然保护区管理局（简称大明山管理局）则对大明山实施全面管理，实际上两个机构是一套人马，两套牌子，职能和职责各有侧重。大明山管理局下属的国有独资企业——大明山旅游开发有限公司负责具体的旅游招商引资和市场运作工作，即大明山自然保护区生态旅游开发管理工作由大明山管理局执行。大明山自然保护区从事旅游经营活动的企业是以餐饮和住宿为主，包括大明山下属企业、国有投资控股企业、私营企业、个体企业，共有床位约700个。大明山旅游者接待呈逐年上升趋势，统计资料显示2001年的接待量为2.75万人次，2004年达12万人次。经过近20年的发展，大明山已经初步形成了以南宁、武鸣、马山、上林以及区内附近城镇居民为主的客源市场格局。

大明山国家级自然保护区周边涉及1个市4个县11个乡镇69个行政村，分别为南宁市上林县的7个乡镇35个村、马山县的1个镇5个村、武鸣县的2个乡镇26个村和宾阳县的1个镇3个村。民族主要有壮、汉、瑶，其中壮族26万人，占84%，其次是汉族4万人。社区主要经济活动分为种植业、养殖业、采集、务工四个类型。种植业经营有农作物和经济林，农作物种植有水稻、玉米、木薯、花生等，他们生产的粮食用于家庭自给或少量出售，经济林主要以八角为主。养殖业有猪、牛、羊、鸡、鸭等，基本上每个家庭都会养殖以上种类中的一种或几种，对多数家庭而言，牛主要用于耕地，猪、羊、鸡、鸭食用，因此，卖猪和羊的收入是养殖收入中的主要组成部分。通过采集获得部分经济收入是保护区周边社区的一个明显特点，采集对象为野生菌类、草药、野菜等，这类活动季节性很强，主要在4~6月，多为妇女采集。2007年对保护区群周边社区收入情况的抽样调查显示，人均年收入最高为3691元，最低为618元，平均人均年收入1527元，比2007年广西全区农民人均收入3224元低出52%。

自然保护区开展生态旅游建设和管理工作，应当妥善处理与当地经济建设和居民生产、生活的关系。实际上，大明山周边社区中纳入风景区范围的行政村所占的比例比较低。然而，位于自然保护区内及周边的社区虽具备资源环境优势，但受自然保护区资源环境约束和自身人文基础薄弱的限制，社区居民的生存和发展问题成为生活中迫切需要解决的现实问题。目前，通过乡村民营经济扶持自然保护区周边社区群众，已开始了实践探索，但总体来讲还存在诸多的问题。调查发现，大明山周边社区居民对生态旅游的参与具有很强的主观愿望，他们普遍希望能够通过成为旅游景区工作人员、自己创办旅游经济实体的形式来实现旅游参与。

三、大明山生态旅游的主要利益相关者

国外和国内的很多学者已经对生态旅游利益相关者的界定做了系统的研究。根据斯瓦德布鲁克的研究，可持续旅游的利益相关者包括：当地社区、政府机构、旅游业、旅游者、压力集团、志愿部门、专家、媒体等。对浙江天目山自然保护区相关利益者分析表明，同时拥有合法性、权力性、紧急性特征的确定型相关利益者主要包括：自然保护区管理者、农林收入为主当地居民、非农林收入为主当地居民和当地乡镇政府，而科技工作者、环境保护组织、旅游开发者、当地与林业相关的公司或企业、一般社会公众、宗教团体、旅游观光者、妇女组织、媒体、金融机构等则是天目山的预期和潜在利益者。谭红杨则认为自然保护区生态旅游核心利益相关者为政府部门、旅游企业、旅游者、自然保护区、当地社区。作为可持续旅游的一种实现形式，自然保护区生态旅游的利益相关者要考虑到自然保护区和旅游区的特点，具体到大明山国家级自然保护区生态旅游开发中，根据利益相关者"影响与被影响"的定义，将大明山的利益相关者界定为：大明山管理局（旅管委）、生态旅游经营者、社区居民、旅游者、当地政府、社会媒体、林业部门等。

在大明山自然保护区生态旅游开发实践中，主要利益相关者是指那些在生态旅游规划、开发与管理中直接拥有经济利益、社会利益以及道德利益的群体。他们是大明山自然保护区生态旅游生存和发展的根本，对大明山自然保护区生态旅游的发展具有直接影响，任何一方的利益不

均都会对大明山自然保护区生态旅游的开发和发展产生负面影响。同样，大明山自然保护区生态旅游开发也会对他们产生重要影响，大明山自然保护区生态旅游的开发决策和开发过程将决定各主要利益相关者参与旅游开发的兴趣以及利益分配问题，在大明山自然保护区生态旅游规划、开发和管理的各个阶段，都必须充分考虑他们的利益。大明山自然保护区生态旅游开发中居于核心地位的主要利益相关者有四类：社区居民、大明山管理局（旅管委）、旅游者以及生态旅游经营者。这些利益相关者在大明山自然保护区生态旅游的发展过程中处于十分关键的地位，没有他们就没有大明山自然保护区生态旅游的发展，因此他们被纳入大明山自然保护区生态旅游利益相关者体系的核心层。

四、大明山生态旅游主要利益相关者利益诉求分析

1. 主要利益相关者利益诉求调查

广西大明山国家级自然保护区将旅游明确定位为生态旅游，因此，主要利益相关者的利益诉求要求体现出生态旅游的内涵。国际上初步形成了生态旅游的三大核心理念：保护、负责任和维护社区利益。大明山管理局负责对大明山自然保护区生态旅游实行统一规划和统一管理，其主要职责是在促进保护事业发展的同时，推动生态旅游发展和地方经济发展，具体包括理顺利益相关者关系、完善相关制度等，切实寻求生态系统保护与资源开发利用的平衡点。大明山生态旅游经营者是在大明山自然保护区生态旅游开发中直接取得经济收益的一类利益相关者，从公司治理的角度来看，如果把大明山自然保护区生态旅游开发过程看作一个公司治理的过程，那么生态旅游经营者就扮演着股东的角色，而古典经济学中的股东的利益要求就是追求最大化的经济利益，所以生态旅游经营者必然以追求经济利益为其目标。当然，生态旅游经营者与股东相比，他们又有着特有的群体特征和利益要求取向，那就是要为当地社区的发展承担更多的社会责任，不能一味地去追求经济利益，而要为生态旅游开发区域的生态环境负责，不破坏当地的自然资源和生态环境，不以牺牲环境的代价来换取目前的经济利益。目前，大明山生态旅游经营者主要为在大明山国家级自然保护区内投资生态旅游餐饮经营和住宿经

营的各个宾馆以及从事餐饮服务的小摊贩，其经营应该体现出经济效益、社会效益、环境效益的协调统一，包括自身从旅游开发中获取合理利润、扶持当地居民就业、利益分配适当向社区倾斜、自觉维护环境等。与传统旅游目的地比，生态旅游目的地要能够为旅游者提供原生态的旅游景观，能够让旅游者在旅游过程中增进对自然的了解，并且要注重旅游容量控制。与大众旅游者一样，生态旅游者关注旅游安全、价格、服务质量，且生态旅游者的责任表现在具备环境保护行为、尊重当地居民传统等方面。生态旅游的内涵之一是促进当地社区的发展，也是大明山自然保护区生态旅游开发成功的关键因素。中国大部分自然保护区处于贫困偏远地区，这些地区经济基础薄弱，结构相对单一，且对自然资源的依赖程度较高，发展社区经济的要求不仅是正当的更是迫切的。在很多案例的研究中，旅游目的地与社区居民的关系处理不好给旅游景区的开发带来了毁灭性的影响。究其深层次的原因，就是社区居民从旅游景区开发没有获得一定的经济利益，甚至旅游开发损害了他们既有的利益。社区居民参与生态旅游开发、经营是其获益的有效途径，从保持社区多样性文化角度看，当地居民的生活方式应该得到尊重。考虑到各个主要利益相关者的合法性、权利与义务一致性，将大明山管理局、生态旅游经营者、旅游者和社区居民利益诉求归纳为 31 个指标，详见表 8 - 9。

表 8 - 9　大明山生态旅游主要利益相关者利益诉求指标

利益相关者	利益诉求
生态旅游者	旅游者体验原生态的景观（E1）、旅游者人身和财产安全得到保障（E2）、旅游价格合理（E3）、旅游服务质量满意（E4）、旅游交通便利（E5）、景区控制旅游者数量（E6）、旅游者具备环境保护行为（E7）、旅游者尊重当地居民传统（E8）、旅游者在旅游过程中学习自然生态知识（E9）
生态旅游经营者	旅游投资者从旅游开发中获利（E10）、保障当地居民在旅游中获得优先就业（E11）、旅游投资收益有部分回报当地社区（E12）、旅游开发与当地生态环境相协调（E13）、旅游经营没有破坏当地生态环境及资源的行为（E14）

利益相关者	利益诉求
大明山管理局	促进保护区保护事业的发展（E15）、促进生态旅游的发展（E16）、促进当地经济发展（E17）、完善生态旅游相关制度（E18）、协调保护区、居民、经营者、旅游者的关系（E19）、对保护区从业人员、居民、旅游经营者、旅游者提供生态旅游宣传教育（E20）、改善当地人生活水平（E21）、发展旅游业来减少当地居民对自然资源的破坏（E22）、为社区居民提供旅游相关知识和技能培训（E23）、制定有利于社区参与旅游的决策（E24）
社区居民	当地居民从旅游开发中获得经济收入（E25）、旅游开发为当地居民增加就业机会（E26）、旅游开发后当地基础设施得到改善（E27）、旅游开发征地补偿合理（E28）、旅游不应该干扰当地居民正常生活（E29）、促进当地社区环境改善（E30）、当地居民支持旅游开发工作（E31）

大明山生态旅游利益相关者间相互影响，任何一方利益的实现有赖于其他利益相关者的支持和配合。因此，大明山管理局、生态旅游经营者、旅游者、社区居民对上述指标的期望程度，在一定程度上反映出其对生态旅游开发产生影响，其中，问卷评价部分采用李科特五点量表法，以 1~5 分别表示非常不期望、不期望、一般、期望、非常期望。正式调研于 2008 年 7~8 月进行，大明山管理局、社区居民、旅游经营者的问卷发放份数是根据样本总体的容量而定，旅游者随机调查，共发放问卷 510 份，回收有效卷 392 份，有效率为 76.8%，有效问卷中，大明山管理局 82 份，社区居民 116 份，旅游经营者 40 份，旅游者 154 份。

2. 主要利益相关者对利益诉求的总体看法

对回收的有效问卷采用 SPSS15.0 进行统计分析。信度分析是评价调查问卷是否具有稳定性和可靠性的有效分析方法。对主要利益相关者利益诉求指标期望评价进行信度分析，输出结果显示克伦巴赫 α（Cronbachps Alpha）系数分别为 0.946，表明量表的信度很好，因此利用上述 31 个利益诉求指标研究大明山生态旅游主要利益相关者利益诉求比较可靠。

大明山生态旅游主要利益相关者对上述 31 个指标的评价均值详见

表8-10，其中均值在1.00~2.49表示反对，2.50~3.49表示中立，3.50~5.00表示同意。除了生态旅游经营者和社区居民对"景区控制旅游者数量"的期望的平均值分别为3.10、3.33，为中立态度外，其余指标得到主要利益相关者的认可，即大明山自然保护区生态旅游开发中的各类主要利益相关者都对各自及其他利益相关者提出了很高的期望。在这些利益要求中，不仅是包括了各类主要利益相关者的核心利益要求，而且还包括了作为生态旅游开发中的主要利益相关者应该承担的生态责任和社会责任。由此可以看出，各类主要利益相关者对大明山自然保护区的生态旅游未来的开发和发展都比较看好，也都希望为和谐开发大明山自然保护区的生态旅游做出贡献。

表8-10　大明山生态旅游主要利益相关者利益诉求期望评价

利益类型	指标	旅游者	大明山管理局（管委会）	生态旅游经营者	社区居民
生态旅游者利益诉求	E1	4.36	4.41	4.23	3.79
	E2	4.37	4.40	4.10	4.03
	E3	4.18	4.44	4.18	3.83
	E4	4.27	4.48	4.28	3.75
	E5	4.27	4.52	4.21	4.30
	E6	4.05	4.22	3.10	3.33
	E7	4.26	4.44	4.18	4.30
	E8	4.18	4.20	4.02	4.03
	E9	4.31	4.30	4.35	3.86
生态旅游经营者利益诉求	E10	3.83	3.96	3.80	3.75
	E11	4.09	4.20	4.18	4.55
	E12	4.06	4.16	3.95	4.43
	E13	4.27	4.44	4.25	3.91
	E14	4.28	4.54	4.00	4.27
大明山管理局利益诉求	E15	4.22	4.39	4.25	3.81
	E16	4.25	4.45	4.50	4.13
	E17	4.21	4.41	4.31	4.52
	E18	4.17	4.45	4.15	3.61

利益类型	指标	旅游者	大明山管理局 (管委会)	生态旅游 经营者	社区居民
大明山 管理局 利益诉求	E19	4.26	4.39	4.33	3.83
	E20	4.20	4.59	4.23	3.98
	E21	4.18	4.54	4.40	4.49
	E22	4.26	4.46	4.13	3.98
	E23	4.21	4.39	4.18	4.12
	E24	4.19	4.27	4.33	3.91
社区居民 利益 诉求	E25	4.27	4.29	4.13	4.52
	E26	4.21	4.22	4.26	4.52
	E27	4.16	4.30	4.49	4.30
	E28	4.13	4.16	4.10	4.35
	E29	4.14	4.39	4.20	4.01
	E30	4.28	4.60	4.18	4.26
	E31	4.29	4.52	4.25	3.78

3. 主要利益相关者对利益诉求看法的偏差

从系统论的角度来看，同处在大明山自然保护区生态旅游开发中的各个主要利益相关者，某一个主要利益相关者提出的利益要求必然要在其他主要利益相关者的支持下甚至是在损害他人利益的前提下才能实现。因此，不同的主要利益相关者对上述指标的看法存在显著差异，将导致主要利益者之间产生矛盾。在分析方法上，对于三组以上的利益要求差异比较，可以用单因素方差分析（ANOVA），在某一设定的显著性水平下，单因素方差分析可检验不相关的样本在同一变量上的均值之间的差异是否具有统计意义，以发现主要利益相关者之间存在的利益分歧。分析结果显示，大明山生态旅游主要利益相关者对"旅游者具备环境保护行为（E7）"、"旅游者尊重当地居民传统（E8）"、"旅游投资者从旅游开发中获利（E10）"、"促进当地经济发展（E17）"、"旅游开发后当地基础设施得到改善（E27）"5个指标的看法一致外，其余26个指标的看法有一定偏差。

就生态旅游者利益诉求而言，旅游者与社区居民对旅游者的原生态体验、人身财产安全、旅游价格合理、旅游服务质量满意、旅游过程中的学习、控制旅游者数量等利益要求的评价均与旅游者的期望存在较大差异，社区居民对上述利益看法较淡漠，而旅游者要求较高，可以看出社区居民对生态旅游的理解比较肤浅，这将在一定程度制约其生态旅游开发的有效参与，同时，其参与旅游开发和经营的管理难度较大。旅游者与大明山管理局对旅游价格合理、旅游交通便利这两项指标的看法虽然有明显差异，但大明山管理局比旅游者提出的期望值还要高，大明山管理局在指导思想方面对价格和交通的足够重视，将有利于生态旅游的发展。大明山生态旅游经营者对旅游者提出的要控制旅游者数量的要求的评价得分与旅游者的期望值相去甚远，两者对此项指标的评价得分均值之差达到 0.952。控制游人数量，是保障生态旅游景区长久发展的举措，若大明山因发展需要控制游人数量时，势必遭到生态旅游经营者，尤其是势力强大的生态旅游经营者的反对。

就生态旅游经营者利益诉求而言，生态旅游经营者与旅游者的认识相当一致。大明山管理局对生态旅游经营者提出了不破坏环境和资源的生态要求，而生态旅游经营者对生态要求的认识明显低于大明山管理局的期望，因而在实践中生态旅游经营者难以处理好保护与开发的关系。社区居民在就业、合理分配旅游收益方面对生态旅游经营企业所提要求明显高于生态旅游经营者期望，而生态旅游经营者对旅游开发需要与当地生态环境相协调的意识比社区居民强。

就大明山管理局利益诉求而言，社区居民对与自身直接经济紧密相连的利益诉求与大明山管理局保持一致外，其与大明山管理局的其他利益诉求的期望均存在显著性差异，表现为对大明山管理局将采取的提高社区居民参与生态旅游、保障自然保护区功能发挥的决策、培训、宣传教育积极性较低，这一点与生态旅游经营者的看法类似。旅游者虽然对"完善生态旅游相关制度"、"对保护区从业人员、居民、旅游经营者、旅游者提供生态旅游宣传教育"、"改善当地人生活水平"看法与大明山管理局存在显著差异，但二者并不会因为大明山管理局落实上述指标的行动而导致明显矛盾。

就社区居民利益诉求而言，社区居民与大明山管理局在认识上的差异表现在两方面：一方面社区居民相当看重旅游开发的直接效益，包括从旅游开发中获得经济收益、获得就业机会；另一方面社区居民应该支持旅游开发工作、对旅游开发促进社区环境改善、开展旅游活动可能干扰居民正常生活的认识不足。生态旅游经营者对当地社区的责任权利不对等，一方面对"当地居民支持旅游开发工作"期望超过社区居民的期望；而另一方面对"社区居民从旅游开发中获得经济收入"这个利益要求的评价要低于社区居民的期望值。旅游者对旅游开发增加当地居民就业机会、旅游征地补偿，以及社区居民支持旅游开发工作虽然也与社区居民的看法不一致，但其对相关工作的影响力度较小，因而两者之间不存在明显矛盾。

表 8 – 11　旅游者利益要求评价差异表

评价指标	I	J	平均差值（I－J）	P 值
E1	旅游者	社区居民	0.564（＊）	0.000
E2	旅游者	社区居民	0.332（＊）	0.001
E3	旅游者	大明山管理局	－0.264（＊）	0.020
		社区居民	0.342（＊）	0.001
E4	旅游者	社区居民	0.516（＊）	0.000
E5	旅游者	大明山管理局	－0.246（＊）	0.018
E6	旅游者	生态旅游经营者	0.952（＊）	
		社区居民	0.722（＊）	0.000
E9	旅游者	社区居民	0.443（＊）	0.000
E11	生态旅游经营者	社区居民	－0.373（＊）	0.012
E12	生态旅游经营者	社区居民	－0.486（＊）	0.002
E13	生态旅游经营者	社区居民	0.338（＊）	0.029
E14	生态旅游经营者	大明山管理局	－0.537（＊）	0.001
E15	大明山管理局	社区居民	0.322（＊）	0.004
E16	大明山管理局	社区居民	0.583（＊）	0.000
E18	大明山管理局	旅游者	0.280（＊）	0.007
		生态旅游经营者	0.300（＊）	0.040
		社区居民	0.838（＊）	0.000

评价指标	I	J	平均差值（I−J）	P 值
E19	大明山管理局	社区居民	0.553（*）	0.000
E20	大明山管理局	旅游者	0.381（*）	0.001
		生态旅游经营者	0.360（*）	0.027
		社区居民	0.603（*）	0.000
E21	大明山管理局	旅游者	0.355（*）	0.000
E22	大明山管理局	生态旅游经营者	0.338（*）	0.044
		社区居民	0.481（*）	0.000
E23	大明山管理局	社区居民	0.267（*）	0.025
E24	大明山管理局	社区居民	0.359（*）	0.003
E25	社区居民	旅游者	0.252（*）	0.008
		大明山管理局	0.229（*）	0.040
		生态旅游经营者	0.397（*）	0.005
E26	社区居民	旅游者	0.307（*）	0.003
		大明山管理局	0.300（*）	0.014
E28	社区居民	旅游者	0.226（*）	0.034
E29	社区居民	大明山管理局	−0.381（*）	0.002
E30	社区居民	大明山管理局	−0.337（*）	0.004
E31	社区居民	旅游者	−0.516（*）	0.000
		大明山管理局	−0.749（*）	0.000
		生态旅游经营者	−0.474（*）	0.003

注：*表示显著性水平为0.05。

利益期望在很大程度上会影响到利益相关者的行为，大明山主要利益者的利益诉求期望的综合分析表明：

（1）目前大明山管理局对其旅游开发进行了明确的生态旅游定位，并不断致力于生态旅游者利益的实现，大明山旅游者与大明山管理局之间不存在明显的矛盾。旅游者与社区居民的矛盾主要集中在对旅游开发和旅游经营认识不一致，旅游者与旅游经营者矛盾集中在景区游客容量控制。

（2）以大明山生态旅游开发促进保护事业的发展得到了大明山管

理局的认可，但这一点并没有得到社区居民普遍认可。大明山管理局在落实与社区居民的旅游合作、旅游收益分配、旅游影响评估、旅游培训、宣传教育等方面工作时，将面临社区居民理解不到位而导致的冲突。

（3）大明山管理局与旅游经营者之间的冲突表现在如何处理好开发与保护的关系，尤其是对今后可能实施的控制景区游客数量的做法和看法的分歧较大，另外，生态旅游经营者对完善生态旅游相关制度重要性认识不够。

（4）生态旅游经营者，一方面希望社区居民能够支持生态旅游开发工作，另一方面对社区居民优先获得工作机会、旅游收益回报社区等社区居民非常看重的利益又不甚重视，致使社区居民与生态旅游经营者之间的责权利不对等而可能产生冲突。总的来看，大明山主要利益相关者利益冲突如图 8-4 所示，生态旅游经营者和社区居民是引发大明山自然保护区生态旅游利益冲突的主要力量，多数冲突为这类群体对有关利益的理解偏差引起。

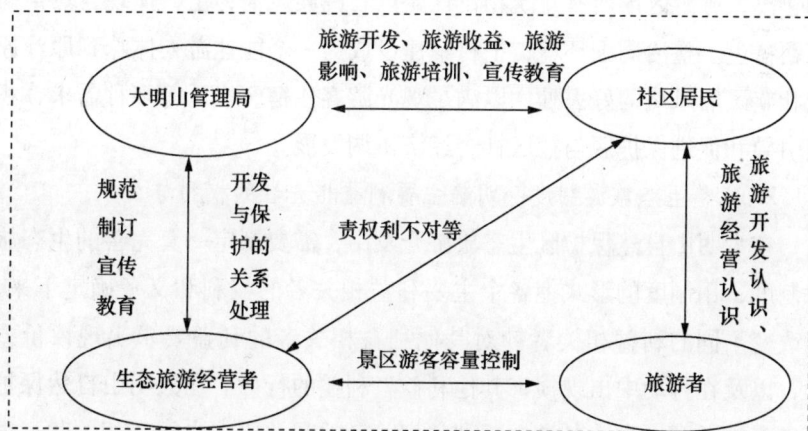

图 8-4　大明山主要利益相关者之间的利益关系冲突

五、以乡村民营经济扶持自然保护区社区发展的对策

1. 自然保护区生态旅游倡导区内游、区外住

自然保护区的核心区、缓冲区、实验区具有明确的功能定位，生态

旅游活动的开展地要严格控制在自然保护区的实验区，把旅游产品开发以及设计的旅游线路都集中在实验区，保障核心区没有游客进入，以有效保护核心区的自然生态系统、生态环境和珍稀动植物。目前，大明山服务区的接待能力已不能满足旅游业发展的需求，旅游对环境的负面影响已开始凸显。在全球可持续发展的大背景下，从国际旅游发展的趋势来看，在自然风光基础上有当地居民文化，生活生产方式构成的人文景观是生态旅游地具有很大开发潜力的旅游产品。充分挖掘大明山周边社区壮族龙母文化和壮民族民俗文化，开展具有浓郁地方特色的民间文化艺术和娱乐活动，弘扬民族民俗文化，不仅能满足旅游者多样化的需求，为当地社区居民提供参与旅游开发的机会，而且能更好地在保护中进行旅游开发，可以大大缓解山顶过分拥挤的现象，减轻保护区内环境压力。自然保护区生态旅游应倡导区内游、区外住，利用周边社区农村特有的民俗文化作为农业观光休闲活动的内容，让旅游者体验农业生产与农家生活的变迁过程。目前保护区周边社区房屋建设比较杂乱，将来在改造后服务于旅游业的过程中，应引导当地居民按照壮族特色统一规划建设，旅游区内所有建筑物设计应以壮民族风情为主，体现自然生态主题特色。整治周围环境，把村寨建设成为一个能让游人体味到原汁原味壮族民居风格的好去处，以满足观光游客住宿、娱乐等多种需求，积极引导和促进保护区与社区社会经济协调发展。

2. 完善生态旅游制度，明确主要利益相关者的权利与义务

在大明山自然保护区生态旅游开发中，需要制定一套完善的生态旅游制度，用制度的形式把各个主要利益相关者的权利和义务确定下来，以改变不同的利益相关者针对其他利益相关者的利益要求出现评价差异，以及在行动中出现损害其他利益者利益的行为。在大明山自然保护区生态旅游开发中，各类主要利益相关者的利益要求之间互相关联，很可能存在某个主要利益相关者的核心利益要求恰恰就是另主要利益相关者的义务的现象。这类主要利益相关者在生态旅游制度的约束下，既能享有大明山自然保护区生态旅游开发中所具有的权利，又要切实履行制度给其规定的义务。目前，大明山管理局重点是要协调大明山生态旅游经营者与社区居民的责权利。

3. 培育大明山各主要利益相关者共同的价值观

大明山自然保护区生态旅游中错综复杂的利益评价差异与矛盾产生的最根本原因是各利益相关者存在自利倾向，缺乏"利他意识"。总的来看，大明山管理局对自身及其他主要利益相关者的利益诉求期望最高，体现出其迫切希望做大做强生态旅游的美好愿望，其他利益相关者则更关注自身利益。要解决大明山自然保护区生态旅游开发中的主要利益相关者之间的利益要求评价差异问题，缓解他们之间的利益矛盾，生态旅游利益相关者应当具备共同的价值观，认识到生态旅游是旅游者、生态旅游管理者、经营者和当地社区居民共同积极参与的一项活动，它切实寻求生态系统保护与资源开发利用的平衡点，旨在通过旅游者与大自然的亲密接触，谋求人与自然和谐共处。生态旅游应当有利于环境保护得到了广泛的认可，目前更应该强调在生态旅游实践中尽可能避免环境利益、经济利益和社会文化利益之间的冲突，实现它们之间的平衡，真正实现生态旅游开发景区所在地经济效益、社会文化效益和环境效益三效共生，实现旅游业的可持续发展。

4. 提高社区居民的生态旅游意识，树立社区居民生态旅游成功经营典范

从大明山社区居民的角度看，社区居民年龄结构不合理、文化程度偏低及当地家庭生活水平普遍低下是造成冲突的主要原因。当地经济结构单一，很多家庭主要靠青壮年外出打工维持生计，调查中大部分受访村民年龄偏大，而大部分人仅仅是上过初中。受访者对大明山自然保护区生态旅游的理解不到位，造成了对生态旅游者的多项利益要求存在理解偏差。在广大乡村地区，社区居民创办小型民营旅游经济实体是参与旅游开发并获得收益的最直接和有效的方式，这类实体的创办人通常具有丰富的打工、经商或管理经历，且以中青年为主，资金由家族成员共同出资，以夫妻店为典型代表，相对于农村经济发展水平，具有投资高的特点。根据其他农村地区发展旅游业的经验，社区居民参与旅游通常是由点到面，即由最初几家的参与，在其成功经营的示范下，社区居民参与旅游的积极性高涨，不断有家庭加入到旅游开发中。目前，大明山周边留守的社区居民绝大多数并不具备参与生态旅游的有利条件，为鼓

励大明山周边社区居民参与生态旅游开发，大明山管理局应采取一定的激励机制，鼓励一部分人先期参与旅游开发，争取起到示范带动的作用。由于收入水平、文化程度、旅游相关工作经历、管理工作相关经历、投资风险规避倾向在旅游参与方面具有重要作用，因此示范户要优选上述条件较优的村民，重点做好留守社区居民支持旅游发展的工作和吸纳在外工作的本地青壮年回乡参与生态旅游开发工作。

5. 培育生态旅游经营者的责任感

在生态旅游开发中，生态旅游经营者重旅游、轻生态的现象已引起社会各界的广泛关注，为避免打着生态旗号而做着破坏生态旅游事情，需要培育生态旅游经营者的社会责任感。目前，旅游经营者已经具有某种程度的生态思想，但是理性层面具有生态意识，并不等于其所从事的旅游经营行为就必然呈现生态性。生态旅游景区普遍存在的旅游设施建设的生态破坏、旅游资源的过度开发与游客限量的突破，均体现出旅游经营行为的非生态性。生态旅游经营不仅需要具备获取经济收益的能力，更需要有环境保护意识和专业技能，既接受相关部门的管理，又积极参与当地社会的发展。自然保护区管理机构对生态旅游经营企业提出的环境保护要求，社区居民期望获取就业机会和利益回报等，都是生态旅游经营者应当承担的社会责任。

第九章

乡村民营旅游经济发展对策研究

　　乡村民营旅游经济能否健康成长，除了受自身条件的影响外，还受到外部环境的影响，前者是民营经济有可能控制的，而后者超越了民营经济的控制范围，是既不可控制又不可影响，但民营经济需要去适应。乡村民营旅游经济从创立到发展壮大，除了自身努力创造良好的内部环境外，还需要一个十分宽松的外部环境，认清乡村民营旅游经济发展受到的内外部制约因素，构建乡村民营旅游经济专业合作经济组织、理顺并协调利益相关者的冲突、构建乡村民营旅游经济发展机制将有利于促进乡村民营旅游经济的健康发展。

第一节　乡村民营旅游经济发展的政策建议

一、制约乡村民营旅游经济发展的内在因素

　　1. 经营者素质偏低

　　目前乡村民营旅游经济经营者的文化素质偏低，个人可利用的社会资源也普遍偏少，普遍缺乏企业家应具备的精神和素质，缺乏促进民营经济可持续发展的胆识和气魄，导致投资盲目性较大，民营经济成功率较低，经营者过于追求目标短期化，获取近期利益，却不注重实体的长远利益和可持续发展。

　　2. 经营管理方式落后

　　由于受乡村民营旅游经营者自身素质的限制，民营经济的内部管理

水平低，表现在旅游产品和服务的定位不准，管理水平落后。乡村民营旅游经济的经营管理理念大多还停留在等客上门的阶段，常以个人的见解认识、设计旅游产品，缺乏与旅游者有效沟通，提供的产品和服务仅能满足旅游基本需求，无法提供个性化服务。受农村长期封闭的影响，经营者之间相互交流少，尤其缺乏主动的经营管理方面交流。经营者缺乏主动学习的意识，且自身学习能力欠缺，需要外界帮助以提高其能力。乡村民营旅游经济的管理方式落后，缺乏明确的经营管理目标，生产经营的盲目性较大，对所需资源获取方式单一，资源利用率低。

3. 经营资源缺乏

乡村民营旅游经济经营资源缺乏集中表现在资金、技术、信息、人才缺乏。由于乡村民营旅游经济往往以非正式组织的形式存在，难以找到对口支援组织，仅靠旅游行政管理部门的指导和支持，难以获取民营经济所需的资源。由于经营者缺乏正式的交易记录和信用记录，银行、农村信用社因贷款成本高、风险大等原因，造成乡村民营旅游经济普遍面临贷款难，难以筹措到足够的资金进行扩大生产与经营。用电脑进行管理是乡村民营经济发展的必然趋势，但农村普遍缺乏信息网络运行的基础条件，民营经济与外界信息与技术交流受到极大限制。

4. 经营对社会环境负面影响凸显

随着乡村民营旅游经济数量的扩张和经营规模的扩大，出现了旅游发展与农业生产用水之争，旅游接待中产生的废气、废水和垃圾对乡村的农村良好的生态境造成了一定的负面影响。此外，由于乡村商业气息渐浓以及村民市场意识的觉醒，乡村的原有文化和生活习俗遭受现代商品经济的挑战。乡村民营旅游经济以具有特色的居民作为主要接待场所，大量砍伐树木作建筑材料致使水源减少，而旅游业用水量增大，致使农业生产用水难以保证。另外，污水处理设施的缺乏，旅游产生的污水直接排放造成良田无法耕种，导致非民营经济的社区居民对旅游开发产生抵触情绪，原来和谐的社会关系也变得比较紧张。

二、制约民营旅游经济发展的外部阻力

1. 政策阻力

政策代表了政府作为公众管理的职能部门，对于某些行为的倡导，以及对于一些不良行为的限制。支持民营经济发展，是地方经济发展的必由之路，而合理、完善的政策有利于促进民营经济的繁荣兴旺，否则将会遏制民营经济发展。自从改革开放以来，政府制定了大量的政策发展市场经济。从总体上看，乡村旅游业发展政策在大的方向上合理，在很大程度上促进了乡村旅游业和农村经济的发展。但近年来，由于旅游开发地区经济发展迅速，人们观念日新月异，对新政策的需求旺盛，而政策的更新变革相对滞后，日益显得僵化、烦琐，缺乏针对乡村民营旅游经济方面合理、明晰、协调、稳定、公平的公共政策。主要表现在：对中小民营经济的歧视性政策仍然存在，如对个体、私营企业审批流程烦琐，对外来投资门槛设置过高；政策缺乏执行力和稳定性，社区居民对政策的理解和信任程度较低。另外，对于已出台的政策，落实与否，落实的好坏取决于落实政策的部门和落实政策的人。在经济不发达地区，政府机构设置不合理，运转不规范、不协调，办公设备陈旧落后，以及政策执行主体由于自身的态度、素质和能力方面等原因，消极、被动、低效地执行政策，已成为政策执行的主要阻力。

2. 制度阻力

制度是确保民营旅游经济发展的有力支撑，制度的缺失和不完善不利于促进乡村民营旅游经济的建立和发展。乡村民营旅游经济制度供给不足主要表现在：政府投资公益性项目、扶农项目还很少，尚需加强优化乡村旅游投资环境和增强社区居民自我发展能力的制度保障；民营经济市场准入制度方面，规定的进入门槛较高，申报程度复杂，没有针对性的税收优惠政策，阻碍社区居民创办正式的民营旅游经济；土地使用权流转缺乏在乡村民营旅游经济领域的成功实践，土地制度对企业和个人土地承包优惠方面有待加强，土地审批手续需要进一步简化；银行、农村信用社等金融机构对民营旅游经济的金融支持和服务十分有限，社区居民自筹资金能力有限，难以解决创业资金和扩大再生产资金；缺乏

对社区居民的对口人才扶持项目。

3. 市场阻力

乡村旅游市场的良性运行需要深入了解乡村旅游者的需求，并将其作为乡村民营旅游经济经营管理工作的重点。总体来看，乡村民营旅游经济的经营缺乏市场拓展的能力和动力。受制于个人素质及市场信息不对称，乡村民营旅游经济提供的产品和服务出现了有效供给不足，并在某些领域出现供大于求。由于没有现实可行的市场规章制度和执行标准遵守，在有限的客源市场内，经营者使用各种竞争策略，造成市场管理混乱，竞相拉客、服务质量低下、以次充好等不良经营行为，以及随意定价、互打价格战等恶性竞争和不公平竞争现象在局部地区引起了旅游者的反感。

4. 其他阻力

乡村民营旅游经济的可持续发展离不开良好的社会公共关系，由于缺乏与政府、旅游消费者、旅游产品上下游企业、旅游竞争者、银行信用社、行业协会、民间教育培训机构、大学人才基地的良好沟通、协调，其生存环境不被相关机构关注。民营旅游经济筹建前急需的创业咨询、法律咨询、技能培训、信息等服务等得不到及时有效的供给和满足，挫伤了社区居民创办民营旅游经济的积极性和信心。

三、促进乡村民营旅游经济发展建议

1. 提升乡村旅游地位

旅游业的发展对经济社会发展的贡献大，根据《国务院关于加快发展旅游业的意见》中提出的"把旅游业培育成为国民经济的战略性支柱产业和人民群众更加满意的现代服务业"的思想，要加速旅游产业发展，推动农村地区产业结构调整。加速旅游产业扩张，延伸旅游产业链，提升旅游业在第三产业中所占的比重。各级政府要高度重视旅游业，结合地方的实际情况，将乡村旅游发展成为地方经济转型升级的力量。

乡村旅游业发展牵涉到多个部门，要重点关注和协调解决旅游业发展中的重大问题，建议政府部门建立相应的协调机构，负责做好相关政策的研究制定和协调统筹工作。目前乡村旅游的发展急需财政部门、建设部门、环保部门、质监部门、金融部门的支持。财政部门要不断加大对旅游业发展的支持力度，研究落实对旅游业加大投入的政策体系和实施措施，不断改进支持方式，引导和鼓励社会资金投向乡村旅游业。城乡建设部门要积极推进乡村旅游景区景点的建设工作，做好旅游基础设施和重点乡村旅游景区发展规划。保护好农村环境是乡村旅游的基础，环保部门要搞好乡村旅游景区和周边环境治理、污染防治和生态保护。质监部门要加强对乡村旅游经营者产品和服务的监督，激励和引导旅游行业提升服务质量和竞争实力。

2. 加强政府扶持乡村民营旅游经济的职能

政府在乡村民营旅游经济的发展过程中起着举足轻重的作用，政府担负着多重任务。政府应充分发挥其在引导、服务民营经济的作用。

（1）制定政策和法律，发挥政策引导作用。发挥政策的引导作用，主要是通过政府制定经济政策，完善乡村民营旅游经济相关的法律和法规。一是要建立民营经济获得市场机会的法律和促进民营经济经营稳定的法律，用法律的形式保证民营旅游济合法权利。加强民营经济立法工作，并细化到各行业，争取能落实到旅游行业的具体部门。建立健全适宜乡村民营旅游经济金融的法律法规、信用保险法律法规。二是政府应该制定良好的优惠的税收政策，如在创立的前几年内免税、减税的政策，鼓励乡村民营旅游经济的创立，同时致力于减轻经济的税收压力和生存压力。三是政府应该完善乡村民营旅游经济的金融政策。督促金融机构减少乡村民营旅游经济的贷款限制条件和手续，增加小额信贷的数量，扩大乡村民营旅游经济的融资渠道，解决融资难和流动资金缺乏的"瓶颈"限制。四是完善的法规是民营旅游经济健康发展的必要保障。由于起步较晚，乡村民营旅游经济处于一个初步的发展阶段，市场法规很不完善，市场秩序较为混乱。全面清理和完善现行法规，营造公平竞争的法制环境，依法取消在用地、办理证照、收费等方面不利于民营旅游经济发展的规定，依法保护民营企业经营者及其从业人员的合法权益，同时，以法规的形式明确乡村民营旅游经济的社会责任。加强对乡村民营旅游经济的约束和监督，防止违法经营、违章经营，避免破坏社会环境和生态环境的行为的发生。

（2）营造良好的环境，发挥政府的服务作用。乡村民营旅游经济的发展需要一个比较宽松的环境，除了良好的外部政策外，政府需要加大在道路、交通、水电、通讯等基础设施方面的投资，完善民营旅游经济的服务设施。广西少数民族地区大多处于地理偏远的山区，基础设施方面仍是制约旅游和民营旅游经济发展的一大要素。除了硬件设施的缺乏，商业环境、服务等环境方面的设施更是不足。在为民营经济提供创业机会、简化创业手续、降低创业成本、完善政府服务机构服务职能、提高服务意识、为民营经济提供各种有效信息和其他公共产品方面，政府的角色缺位尤为明显。因此，下一阶段的重要任务就是要转换政府职能，明确政府的服务角色，发挥政府在基础设施、服务设施、信息提供、为民营经济进行对外宣传促销等方面的作用与功能。此外，政府部门应该注意协调和明确部门间的分工，确保旅游扶贫机制下为乡村民营旅游经济的创立和发展营造一个良好宽松的环境空间，促进广西少数民族地区乡村民营旅游经济的繁荣。

（3）加强经营者的教育和培训，提高经营管理能力。通过调查可知，广西大多数的乡村民营旅游经济经营者是首次创业，从未有过从事旅游或经商的经历，对于创业的机会和风险认识不足，由于创业前缺乏科学合理的论证而导致创业艰难甚至创业失败的案例在各地较为普遍。因此，政府有关部门要协同高校旅游专业，应该组织有关专家和学者到少数民族地区进行创业知识培训，讲授创业的基本知识，向当地群众传播一种正确的创业观，避免盲目创业。同时，解答他们对于创业方面的问题和疑惑。这样，可以更好地避免创业失败，提高经济实体的存活率。

针对已经创办乡村民营旅游经济的经营者，政府应该关注他们的经营能力和管理技能的提高。在对经营者的受教育程度调查中，普遍的受教育程度是小学和初中，高中以上的寥寥无几，这样低文化程度的经营者，缺乏基本的经营管理知识和技能，加上所处的地区信息闭塞，经营者根本无从获取知识和信息以提高自己的文化水平和经营管理水平。建议政府和有关部门定期针对性地提出培训措施，开办民营经济相关培训班，帮助创业者获取新的管理、营销和宏观经济政策、法律法规方面的知识，提升个人素质，提高经营管理能力。

（4）改变乡村居民的思想观念，创立良好的商业文化。受到自然地理条件和社会经济条件的限制，在广西少数民族地区，人们对于经商、开展旅游活动存在一定的顾虑，这与少数民族长期以来形成的较为保守和封闭的观念有关。因此，转变当地居民的保守观念，促进民营旅游经济的发展，是当地政府有关部门当前开展旅游扶贫的一大重任。而教育是解决这一问题的关键。政府部门应加大少数民族地区在教育方面的投资，使更多人获得受教育的机会，接受新的思想和观念。

创造良好的商业文化，要进一步加大力度，采取多种形式，宣传发展民营经济的各项方针政策，营造一个良好的民营经济发展的舆论氛围；鼓励群众进行学习、体现自身价值和自我实现的社会文化等，从制度、政策、思想等各方面改造整个社会；建立促进竞争的机制，提高人们的竞争意识，从政府打破"大锅饭"开始做起。要建立社会诚信机制，鼓励诚实经营，打击非法经营和假冒伪劣行为。

（5）拓宽投融资渠道，解决民营经济融资难。金融支持方面，引导和鼓励金融机构对民营旅游企业予以信贷支持，在控制风险的前提下，加快开发适应旅游企业需要的金融产品。鼓励各类创业风险投资机构和信用担保机构对发展前景好、吸纳就业多，以及运用新技术、新业态的民营经济开展业务。金融机构的职能包括为乡村民营旅游经济实体的创办和发展提供财力支持，扩大农村居民信贷资金获取机会，减小由于融资渠道缺乏而对农民的创业和扩大经营规模造成的阻力。金融机构通过拓展业务范围、转变工作态度和方法，提高服务质量的努力，将大大消除乡村民营旅游经济创业和发展壮大过程中的资金顾虑，提高社区居民创业积极性和壮大实体规模的信心。金融部门应学习国外解决民营经济、微型企业融资难经验，利用先进的信息技术和科学的分析方法，深入调研民营经济的财务状况、还贷能力和信用状况，探讨农村地区以土地、房屋作为抵押的可能性，在此基础上建立科学合理的信用评价体系，以此作为是否给予信贷的依据，以减小金融机构放贷的风险。

政府部门积极争取，拓宽融资渠道，通过多种途径筹集乡村旅游发展建设资金，力争扩大国家有关项目扶持资金和国家旅游发展基金支持规模。争取地方财政投入，建议发改部门每年给旅游业安排一定的基本建设投资和技改资金，在条件具备时，专门安排针对民营经济的扶持资金。推动旅游投资环境优化和融资模式创新，坚持"国家、地方、部门、集体、个人一起上"，"谁投资，谁决策，谁受益，谁承担风险"和"统一规划，归口管理"的原则，拓展民间投资渠道和领域进军民营经济市场，努力形成社区居民投资、政府投资与社会投资的良性互动。政府部门建立和完善旅游产业融资担保体系，支持乡村民营旅游经济互助联保，建议政府设立的民营经济担保基金，为确有市场潜力但一时经营困难的民营旅游经济提供担保。

3. 充分发挥民间旅游组织的作用

单个的民营旅游经济受自身能力的限制，在获取行业信息和维护自身权利方面不具有优势。现实的情况是，广西少数民族地区的民营旅游经济处在发展的起步阶段，缺乏专业的管理和组织者。民营经济习惯各自为政，没有意识到加入民间旅游组织对民营经济发展的意义，因此，民间旅游组织在很多地方几乎是不存在的。基于行业组织对民营旅游经济的重要意义，成立相应的民间旅游组织是规范民营旅游经济发展和保护民营旅游经济的必要选择。通过发挥民间组织的作用，可以更好地代表乡村民营旅游经济与政府或其他机构平等对话，争取和维护自身的权利。作为沟通实体与政府的桥梁，民间组织为乡村民营旅游经济提供信息和智力支持，旅游经济提供技术咨询与诊断，代表乡村民营旅游经济就政策、法律、市场、技术和金融等方面的问题与政府进行沟通，并向政府部门提交议案，供政府部门合理决策。另外，民间旅游组织可以促进会员之间相互交流行业信息，促进沟通与合作，共同抵御经营风险。总之，民间组织承担的是为其成员争取合法权利，提供市场信息，协调成员之间的纠纷和矛盾等任务。同时，还需要督促其成员遵守市场经营秩序和行业规定，主动维护环境安全等社会义务。

4. 加强乡村民营旅游经济的内部管理

要实现健康发展，乡村民营旅游经济本身需要加强内部管理。首先，乡村民营旅游经济应该找准自身的定位，明确经营特色。受到创业成功者的刺激，在没有经过充分考虑和调查的情况下，很多居民盲目模仿，也建立起家庭旅馆、农家餐馆等民营经济，提供的产品和服务雷同，缺乏自家特色，从而陷于不利的竞争地位。因此，在开办民营旅游经济前进行科学合理论证，听取专家意见，找准自身特色尤为关键。其次，经营者应该努力加强经营管理方面的知识和能力。由于经营管理知识的欠缺，民营经济经营不善，管理混乱的现象较普遍。调查发现，电话成为预定业务的主要手段，而利用电脑进行经营管理的民营经济不多，而通过开设网站进行营销的实体更是极少，不利于客源市场的开拓。再次，乡村民营旅游经济之间应该树立合作的意识和理念，加强实体间的合作与交流。通过共享市场与经营信息获得更好的市场机遇。最后，乡村民营旅游经济要注重道德和诚信建设。依法进行注册登记、依法纳税、偿债还贷等。在经营过程中，要遵守道德规范、守法经营和诚实守信，树立良好的口碑。

第二节　构建乡村民营旅游经济专业合作经济组织

一、建立经济专业合作组织背景

虽然我国乡村旅游活动开展较晚，但经过数十年的发展，目前已经成为整个旅游产业板块中最重要的增长极之一。伴随着中国乡村旅游活动的蓬勃发展，近几年乡村旅游也迅速成为一个相对独立的重点研究领域。从政策方面来看，在构建和谐社会的大气候下，乡村旅游对缩小城乡差距、促进贫困地区经济发展以及加快新农村建设的战略意义已引起广泛关注。乡村旅游是满足城市居民非物质需求，抓内需促发展的有效措施；是我国农村扶贫开发、增加农民收入、缩小城乡差距的重要途径；是惠农富农、解决"三农"问题的重要民生工程；有利于促进农业产业结构调整和财富向农村转移，加快推进社会主义新农村建设，加快形成城乡经济社会发展一体化新格局；既能使农民致富奔小康，又能提高其文明意识和现代素质。依据乡村旅游各利益相关者的职能、角色及相互间关系的转换，乡村旅游组织表现为"政府主导型模式"、"外来投资型模式"、"社区居民自主经营型模式"。在乡村旅游发展的初级阶段，政府主导下旅游规划、改善旅游投资环境，外来旅游投资企业凭借雄厚的经济实力和较高的市场运作能力，共同带动乡村旅游地快速发展。但政府更多出于"政策性"考虑发展旅游，其在开发理念和目标上往往追求短期政绩和旅游经济效益，而外来企业以利益最大化为目标，实际上获取了旅游经营中大部分利润，加上政策制定者和商业精英的利益之间常常会形成利益保护关系，实践出现损害社区居民利益的现象，导致社区居民消极对待旅游现象，影响了乡村旅游的可持续发展。社区居民自主经营虽避免政府的行政干预，也可以避免乡村旅游的大部分利润被外来企业攫取，但受乡村旅游资源以及经营者自身经营观念、经济实力等方面的影响，面对竞争可能会出现无力应对的局面，或者是采取恶性压价等不正当的竞争手段，从而影响了社区的和谐发展。

在我国现有的文化背景和政治环境下，以外源式开发（政府、企业主导）为特征的社区参与模式受到学者的质疑，而以"社区主导"为特征的内生式开发模式因其兼顾经济、社会和环境效益的可持续发展而受到广泛关注。本着符合当地经济社会状况，推动经济社会良性发展，产业组织模式与社会组织结构耦合，被认为是旅游可持续发展的制度保障，农村基层组织、民间组织、社会组织促进社区居民参与乡村旅游亦进入学者的研究视野。社区参与理念在一定程度上有助于解决旅游发展中社区与政府、开发商之间的矛盾冲突，目前，乡村旅游社区参与的形式虽然出现了多样化，但从总体上来看，社区参与行为尚属于浅层次，多是自发而非自觉发展。社区参与在实践上的不成功引起了国内外学者们的质疑和反思。如何将社区参与理念本土化，并注重社区参与与外部力量抗衡，及取得权利并实现自身利益的过程，需要加强乡村旅游领域中建立农民专业合作经济组织，通过提高乡村民营旅游经济的管理效率，以提升弱势群体的权力和社会参与实效。目前全国范围内已成立了相当数量的乡村旅游专业合作社，这些组织虽然成立时间不长，组织结构、运作方式等仍欠规范，但在有效组织农民参与旅游开发方面发挥了积极作用（胡敏，2009）。

二、建立农民专业合作经济组织的作用

目前，乡村民营旅游经济一般是分散经营，单个民营经济缺乏广泛的社会联系和信息渠道，难以及时、准确地掌握旅游市场信息，难以把握市场变化，其提供的旅游产品往往具有一定的盲目性，跟风现象比较严重。乡村民营经济这种高度分散经营模式，难以与社会化大市场有效对接，导致市场上旅游产品结构性短缺，而在某些领域竞争白热化，大打价格战，既损害了消费者的利益也损害了自身利益，更导致旅游目的地形象受损，挫伤了农民发展民营经济的积极性。而且，由于单个乡村民营经济因资金、人力资源、社会资本和经营场所设施的限制，无力承担来自市场竞争和新技术运用的巨大风险。信息失灵而出现的旅游产品供需不平衡和旅游产品价格的波动，进一步加剧了农民惧怕风险的心理，抑制了民营经济市场创新和制度创新，民营经济进入缓慢发展阶段，部分经营户被迫退出市场。

乡村民营旅游经济是乡村旅游业的伴生形式，没有乡村旅游业的发展，就没有乡村民营旅游经济。乡村旅游业现代化发展趋势是要求乡村旅游的产品形式、经营管理形式有新的变革。但在分散经营下，经营者经济实力薄弱，户均占有资源有限，小农户无力承担旅游基础性设施投入，而且难以实现专业化分工，导致管理先进技术难以推广，民营经济规模经营难以实现。

合作经济是一种全球性的经济现象，在众多的经济组织形式中，合作经济以独特的制度安排和运行机制，成为人们，尤其是弱势群体通过互助达到自助的一个重要手段。我国农民专业合作社法将农民专业合作社界定为：农民专业合作社是在农村家庭承包经营的基础上，同类农产品生产经营者或同类农业生产经营服务的提供者、利用者，自愿联合、民主管理的互助性经济组织。目前，为旅游者提供旅游相关服务的乡村民营旅游经济在数量上不断扩大，而分散的家庭经营方式难以适应乡村旅游者的需要，其发展越来越受到市场的约束，并未完全发挥民营经济的旅游扶贫效益，农民通过民营经济增收放缓，成为困扰民营经济发展的现实问题。《中华人民共和国农民专业合作社法》的实施，无疑将进

一步促进农民专业合作组织的发展。农业领域农民专业合作社的理论和实践均取得了可借鉴的经验。相应地，乡村旅游专业合作组织的发育时间短于一般的农民合作经济组织，根据创办主体的性质和组建的途径，大致可分为"农家乐"服务中心、"农家乐"协会、旅游服务公司、"农家乐"联合社四大类。近年来，农村专业合作组织成为解决或缓解"三农"问题的重要组织形式，我国农民专业合作组织是市场化取向改革和农业弱质性相结合的必然结果。乡村民营旅游经济作为农村经济的增长点，通过建立专业合作经济组织能够在缓解农户高度分散的小经营与旅游市场需求的矛盾，农户经营规模狭小与乡村旅游业现代化的矛盾方面发挥作用。

三、国外乡村社区治理的经验借鉴

在几个主要西方国家，社区自治是一个已被提升到国家政治层面的重大议题。例如，英国的邻里重建计划、澳大利亚的原住民社区治理项目等均强调弱化政府角色和管理模式转变的必要性，旨在通过广泛深入的公民参与、对话以促进决策的正当性及有效性。相应地，传统的代议制民主逐步过渡为协商式民主，垂直统治结构让位给多层网络治理。随着行为参与人的多元和差异化，合作治理和互利互存成为重要的关系准则。在这样的政治环境下，社区组织在加强社会融合、赋权、推动协同合作、强化能力建设等方面的作用被凸显出来，成为建立新型国家公民关系、实现社会经济可持续发展的重要途径。社区旅游或社区主导型旅游的兴起正是社区治理结构演进在旅游业的集中体现，对落后、边缘地区意义尤为重大。社区治理和决策受多种政治、文化、历史关系的深刻影响，如家庭纽带、土地所有权以及治理历史等都从根本上关系到社区治理的动态和实践。因此，社区自治组织的发展不可避免地面临诸多制约因素，其能否充分发挥作用取决于一系列的前瞻性变革。综合有关实证研究成果，国外学者对以下几点达成一定的共识。

（1）没有万能有效的组织模式，必须认真考虑到不同地方的现实，允许多样的安排。区域文化地理是治理结构的基础，文化匹配能够带来组织正当性，从而赢得广泛信任和支持。

（2）重视社区组织领导的遴选和培养。社区组织大多在形式上较为松散，决策过程、管理功能和服务活动等往往很脆弱，核心成员的凝聚力和号召力显得至关重要。

（3）从长远来看，社区组织的延续和成功取决于完善的规章制度和激励机制，甚至需要加强相关的法律立法工作。

（4）在全球化时代，对社区的定义和定位在不断发生变化，旅游的生产和消费也越来越国际化，对社区组织的研究需要一种系统、发展的思维。

值得特别提及的是，作为一种经济型社区自治组织，农业专业合作社在对抗不平等的市场、获取工业产品或服务、经济规模效应、风险管理、改善成员收入和乡村经济等方面发挥着巨大作用，一直是乡村问题研究的热点。然而，相较于以传统农业为基础的专业合作社，旅游专业合作社则历史比较短，服务功能尚比较单一，多集中于营销合作方面。由于在西方国家各种旅游行业协会发展非常成熟，学术界对于设立旅游专业合作社的必要性存在一定的分歧。

总的来讲，国外对社区治理组织的研究开展相对较早，无论在理论研究还是实践方面，都积累了大量值得借鉴的经验教训，国内农村社区自治组织的研究也已成为热点。目前乡村旅游开发中社区自治组织快速发展，需要旅游理论提供指导，而相关研究国内外均很少见。

四、建立农民专业合作经济组织的建议

国内有关社区合作组织的研究以实证为主，一般采用实地走访调查的研究方法，一手数据的积累为这一主题研究的深度开展奠定了一定的基础。然而，受资料来源单一和分析方法的局限，学术界对乡村旅游开发社区中乡村民营旅游经济的组织治理存在较大的局限性。

（1）农民专业合作经济组织是我国乡村旅游发展到一定阶段的必然产物，一般出现于旅游目的地的快速成长期。在全球化时代，市场经济、计划经济抑或二者的混合机制无法根本解决欠发达地区的发展问题，社区自治是辅助处理各种利益相关者之间深层次矛盾的有效途径。

（2）与国外相比较，我国农民专业合作经济组织的发展可能更多地受制于农民素质偏低、民主参与和合作意识缺乏、外部干预过多、组

第九章 乡村民营旅游经济发展对策研究

197

织资源匮乏以及狭隘的家族观念等不利因素的影响。农民专业合作经济组织大多在形式上较为松散，决策过程、管理功能和服务活动等往往很脆弱，核心成员的凝聚力和号召力显得至关重要，需要重视农民专业合作经济组织领导的遴选和培养。

（3）在全球化时代，对社区的定义和定位在不断发生变化，旅游的生产和消费也越来越国际化，对农民专业合作经济组织的研究需要一种系统、发展的思维。没有万能有效的组织模式，必须认真考虑到不同地方的现实，允许多样的安排。区域文化地理是治理结构的基础，文化匹配能够带来组织正当性，从而赢得广泛信任和支持。

（4）农民专业合作经济组织长效机制的建立有赖于社会资本建设和教育培训，并需要相应调整现有的政府行政管理体系。农民专业合作经济组织的延续和成功取决于完善的规章制度和激励机制，甚至需要加强相关的立法工作。

第三节　协调利益相关者促进乡村民营旅游经济发展

一、利益相关者的界定

在经济一体化、生产社会化、利益多元化、关联网络化的今天，企业与其利益相关者之间的依存度变得更高。利益相关者主要指能够对组织投资或组织的经营有各种期望和要求，能够影响企业绩效或受企业绩效影响的团体和个人。利益相关者管理理论认为，企业的发展离不开各种利益相关者的投入或参与，企业追求的是利益相关者的整体利益，而不仅仅是某个主体的利益，即企业的经营管理活动要为综合平衡各个利益相关者的利益要求而展开进行。

影响乡村民营旅游经济创业发展的利益相关者是指与其相关的个人或组织群体，根据影响广度和深度，可分为直接的利益相关者和扩展的利益相关者，前者包括企业主、雇员和消费者、家庭成员；后者则包括社区居民、其他旅游企业（包括竞争对手、供应商和联盟伙伴）、政府、非政府组织（行业协会、消费者协会）、金融机构、人文生态环境见图9-1。利益相关者依靠企业来实现其个人或组织目标，而企业也依靠他们来维持生存，不仅强调利益相关者对组织的支持，同时也强调利益相关者和企业之间影响的交互性，强调的是企业与利益相关者之间互动和交叉影响的关系。

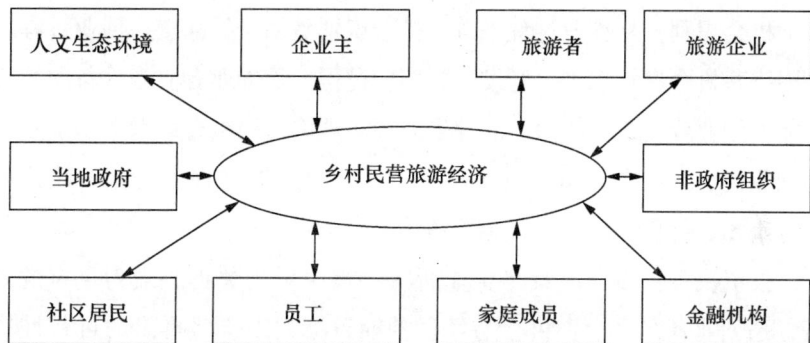

图9-1　乡村微型旅游企业利益相关者图谱

二、利益相关者对乡村民营旅游经济的影响分析

1. 民营旅游经济业主

乡村民营旅游经济业主是小型民营旅游经济创业活动投资者和经营者，也是最主要受益者，其向民营经济提供经营场所，经营资金等有形的资产，同时提供经营思想、理念等无形资产，其对民营经济的主要期望就是利润最大化。从开始的创业机会识别到创建新民营经济，以及后期经营管理，业主以及业主所代表的创业团队是这一系列活动的组织者和执行者，业主的意志力或者意图，是推进创业活动的重要执行者。乡村民营旅游经济业主在民营经济创办的不同阶段，通过产生创业动机、进行机会识别、最后投资经营等企业创业与发展，成为民营经济的重要影响力量，是民营经济得以发展的最主要内部力量。业主对民营经济的影响大小源于心理素质和能力素质两部分。心理素质包括创业意识、自信心、冒险精神、挫折的忍受以及盲从、武断等；能力素质包括机会识别能力、理解能力、风险应对能力、获取信息能力、学习技能能

力等。

创业动机：企业主的创业动机更多的是从实现自身利益目标出发来考虑，这些目标包括家庭相关目标、个人目标、经济利益目标等，创业动机同时受外部因素的诱导。创业动机通过企业主经营管理得以实现，并决定小型民营旅游经济的最终发展方向。

机会识别：从创业过程来看，机会识别是创业的起点。创业过程就是围绕着机会进行识别、开发、利用的过程。是创业者应当具备的重要技能。创业者在自身能力、心理素质等主观因素的综合影响下识别正确的创业机会，并在小型民营旅游经济经营与发展过程中对相关政策制度、市场、信息、环境、资源等各种机会综合把握。

投资决策：投资决策是企业所有决策中最为关键、最为重要的决策，是创业者在将投资机会与经营预期目标相结合后得出的可行性决策，是影响小型民营经济的直接体现。在投资决策过程中，企业主要对重大问题进行分析、判断和方案选择，包括经济利益和生活、个人兴趣爱好方面的机会成本；如何获得经营资金；以及经营管理要考虑能否偿还借贷并获得收益。然后，进一步调整其运营行为与方式，改善其提高产品与服务的能力，从而实现经济实体的自我调整和良性循环。

2. 员工

员工一般包括企业的基本劳动操作者、专业技术人员，基层管理人员及基层职员。受乡村民营旅游经济规模的影响，员工往往要求同时具备上述几种人员的基本素质。一方面，员工的能力与素质对经济实体的效益有着重要影响，尤其是以服务为主的旅游业，其为游客提供的产品是有形实物与员工无形服务的结合，因此员工的旅游服务基本知识与能力直接影响了旅游消费者的消费效果。乡村地区的旅游从业人员大都是由农业人员转化而来，其个性和能力不同，因而其工作适应情况存在个体差异，从事旅游业所需技能大都需要再学习和培训。另一方面，员工和其家属的生活完全或部分领先于民营经济的经营。民营经济经营状况与效益的好坏，直接影响可雇用员工的数量和工资，通常情况下员工追求是个人收入和职业稳定性的极大化，同时追求家庭生活和谐。

3. 旅游者

旅游者是旅游三大要素的基本要素之一，是旅游消费的购买者。为获得旅游经历，旅游者购买旅游产品和服务，相应的供给机构获得自己的经济利益，如果没有旅游者，旅游业的发展将不可能。旅游产品和服务大量依赖劳动力投入，其具有无形的特点使旅游者在购买过程中有高度感知不安全性，旅游者往往在决策前搜索大量的信息，并在购买过程中包含大量的情感因素。乡村民营旅游经济作为提供的乡村旅游产品与服务机构，主要是满足旅游消费者的需求，旅游者在旅游消费过程中也会评价经济实体提供产品与服务的能力。旅游者对提供产品和服务的满意程度将影响民营企业的客源。可以从以下多个方面考虑旅游消费者的需求，从而决定民营经济提供的产品与服务。

客观因素：职业、收入、性别、年龄、文化、社会阶层、家庭生命周期、民族、宗教信仰等决定旅游者的购买能力。

主观因素：旅游意愿、旅游动机、个人偏好、消费习惯等会对旅游者的购买决策有重要影响。

外部因素：产品价格、质量、特色等外部因素都会使旅游者产生购物欲望。在旅游产品的核心构成部分并无明显差别的情况下，旅游产品的品质、形态、类型等形式旅游产品，以及旅游者在购买旅游产品之前、之中和之后能够获得的附加服务和利益影响旅游者的购买决策。这种外部因素甚至可以包括营造良好的消费环境，通过消费方式的示范性使旅游者产生从众心理而实施购买行为。

4. 家庭成员

小型民营旅游经济实体的企业主、员工往往来自同一家族，家庭成员的社会资本、资金资本、智力资本往往影响企业的经营效益。对以"夫妻店"为主要形式的乡村民营旅游经济影响力较大的家庭成员主要是配偶，双方平等协商，包括如何利用家族资金、经营内容、经营接待的具体操作。家庭中的未成年子女也是影响创业的主要角色，一般而言，农村家庭的主要开支之一是孩子的教育资金，若家中有子女上学，尤其是上大学，巨额的花费往往会使家庭放弃旅游创业。另外，家庭成员的健康状况也影响创业，健康的家庭成员可免除医疗花费，同时也成为民营经济的主要劳动力来源。

5. 地方社区居民

社区在贫困地区发展旅游扶贫中的作用，越来越受到关注和认同。一方面，社区所体现出来的友好、热情等氛围，会给当地旅游业及旅游经济带来正向的促进作用；富有民族特色的社区风俗习惯和建筑景观甚至会成为旅游的主要吸引物，成为旅游经济得以发展的外部环境。另一方面，旅游经济实现的脱贫致富等正效益，会给社区带来一种示范和带动作用；而旅游经济造成的环境污染等负效益，又是由社区居民来共同承担；旅游者在旅游消费过程中甚至会从旅游区整体角度来评价旅游经济对旅游目的地社区的影响。

6. 其他旅游经济实体

旅游经济实体之间主要表现为替代关系和竞争关系，经济实体经营效益的好坏，直接或间接地影响着供应商、生产同类产品的企业、联盟伙伴等的收益。这些小型经济实体因各种联系聚集在一起共同为旅游者提供产品与服务，甚至会产生聚集效应形成一定的小型民营旅游经济特色，从而吸引更多的旅游者，反过来又促进个体旅游经济实体的发展。

7. 政府

民营旅游经济促进了当地经济社会的发展。然而，经济实体的运行及其经营管理目标的实现，并不必然地会促成环境改善、生态保护等某些扶贫目标的实现；而众多非正式经济实体的存在，虽然具有就业容量大等优点，但也因其不易管理而增加了负面扶贫效益产生的可能性。这样，就需要政府各部门为执行主体，社会协助为辅，为弱、小、差为特征的小型民营经济提供政策支持与引导调控。政府制定旅游开发及向贫困人口创业倾斜的金融政策、税收政策，各行政部门合作为旅游开发提供便捷服务，规范管理经济秩序、社会秩序，鼓励社区参与旅游开发实现利益在贫困人口中的分配，政府牵头、社会参与共建旅游信息交流平台，帮助贫困人口开发特色商品、开拓市场，将小型民营经济经营与当地旅游主导产品捆绑进行联合营销，为动力的产生、执行的顺畅、目标的实现提供保障。

8. 非政府组织（行业协会、培训机构、媒体）

非政府组织是以促进国家经济和社会发展为己任的组织，尤其是那些草根层次组织。非政府组织的原动力是人们基于一定的公共意识、关怀意识、责任意识、参与意识、合作意识和奉献精神，以及个人追求生命的意义和价值基础之上的自觉努力。各种非政府组织对乡村民营旅游经济起着支持、监督、评估等作用。

9. 自然存在的人文生态环境

自然存在的人文生态环境是主要的旅游吸引物，是进行旅游扶贫开发和民营旅游经济得以发展的基础。民营旅游经济的发展对旅游开发地的人文生态环境的影响是两方面的，民营经济的生产与经营可能会对自然生态及民族文化带来破坏性影响，也可能在正确的经营与外部的宣传、教育、引导下对民族文化传承、自然生态的保护带来积极作用。

10. 金融机构

金融机构是那些关心和了解并影响企业取得资金能力的组织。在小微企业普遍面临资金短缺的情况下，争取金融机构的支持对创建新的企业、扩大经营规模无疑十分重要。金融机构很少顾及农村的信贷市场需求。与其他正规企业相比，乡村民营旅游经济一般要求小额贷款，对金融机构来说，处理和管理贷款的相关交易成本是固定的，处理民营经济贷款往往被认为缺乏效率。为了进行金融资源配置，金融机构往往需要获取贷款企业的信息，但由于对民营经济的偏见，金融机构缺乏对民营经济这类客户的了解，缺乏民营经济的信用状况和信用记录。

三、发展民营旅游经济中利益相关者冲突分析

1. 经济利益的冲突

旅游资源是一种特殊的资源，可产生明显的经济效益。乡村民营旅游经济功能表现为显著提高创业家庭的家庭收入，并带动地方经济的发展。受乡村旅游开发程度、当地社区居民的资金、人力资源、社会资本，以及政府引导乡村旅游业发展政策、外来投资者的社会责任感的综合影响，并不是所有的社区家庭均能将市场机会转化为创办乡村民营经济的机会。在有效供给一定的情况下，随着大量外来者参与到乡村旅游

中，推动当地食、住、行各方面的旺盛需求，农村家庭生活消费支出明显增加，加重了社区居民的生活成本。

2. 自然环境的冲突

对于大部分出于乡村旅游目的的家庭来说，农业生产仍是家庭收入主要来源之一。发展乡村旅游业对农村自然环境的负面影响主要表现在：一是由于旅游者用水量激增，农村水资源大量开发利用，造成农田灌溉用水不能满足，旅游景区内水田变旱地影响了当地社区家庭的农业收入。二是由于农村基础设施落后，尤其是对生活污水处理能力不足，造成紧邻村庄的农田逐年丧失种植能力。另外，生活污水随着沟、渠流入下游，影响到下游群众的生产生活，增加了村庄与村庄之间产生冲突的风险。三是乡村旅游景区配套设施建设造成开发性破坏。景区的开发需要占用一定的土地来建设基础设施和旅游设施，由于开发企业合同期满后的后续经营具有诸多不确定性，企业更多考虑自身经济利益，规避不能直接受益项目，造成公共产品，尤其是环境保护措施缺失。另外景区为满足游客而大兴土木，众多的商业化景观挤占了具有多种生态功能的原始景观，对生态造成破坏。

3. 管理体制的冲突

目前，旅游业单一的产权结构已经被多元化的所有制关系所取代。私营企业、国家、地方、集体、以家庭为单位的社区居民纷纷加入到乡村旅游开发中，并分享旅游收益。政府部门对旅游经济活动的管理也从全面的直接干预变为间接的引导和调控，寻求开拓者、规范者、协调者、受益者等多种角色的平衡。乡村旅游活动的开展涉及食、住、行、游、购、娱有关行业和部门，但目前并没有一个跨行业、跨部门的旅游管理机构来制定旅游产业政策、规划产业布局、控制产业规模、调整产业结构，致使乡村旅游业长期处于各自为政、条块分割的局面。乡村旅游"自上而下"或"自下而上"的开发，均使处于不同层次的主体间产生冲突和抗争。在现有的体制下，政府主导型开发模式、外来投资型模式，虽然促进了乡村旅游目的地快速发展，但一定程度上导致本地经济控制权丧失，形成新型的剥削与被剥削关系，以社区主导为特征的内生式开发模式能够兼顾经济、社会和环境效益，实现乡村旅游可持续发展，代表了正确的发展方向。虽然社区参与和社区自治理念逐渐深入人心，并被广泛贯彻于各类旅游规划之中，但现阶段真正的乡村旅游社区参与行为在我国尚不普遍。社区参与在实践中不能取得真正进步，源于社区居民在很多情况下处于弱势地位，在旅游发展过程中没有话语权。

四、协调利益相关者，促进乡村民营旅游经济发展措施

1. 协调好政府与村民营旅游经济的关系

社区获得政府的支持是乡村民营经济发展的前提。乡村地区虽然具备一定的旅游资源优势，资源—市场—产品的高度一致性是乡村旅游开发成功的条件之一。长期以来，广大农村地区面临基础设施落后、人口素质低下、可有效利用资源有限的制约，单纯依靠社区做好乡村旅游管理并不现实。成立由社区、政府管理部门、旅游企业多方参与的景区管理机构，共同负责景区的各项事务，并制定以乡村民营旅游经济的形式，扶持社区有效参与旅游建设控制性要求并制定相关的条例和规范；建立村级旅游发展公积金，支持各种基础设施的建设和维修；建立"政府主导＋部门管理＋企业经营＋居民创办乡村民营旅游经济"的旅游区经济发展模式，使各相关群体都受益。

2. 建立良好的游客与乡村民营旅游经济关系

旅游者是社区创办乡村民营经济的主要消费者。乡村民营旅游经济数量、质量直接影响到旅游者的旅游体验。旅游者对新、奇、乐项目的追求可能导致其干扰社区居民的正常生活。建立良好的游客与社区的关系，需要加强对游客的宣传引导，让游客意识到保持社区居民正常生活的重要性，尽量减少游客给社区居民带来的负面影响。乡村民营旅游经济诚信经营是树立良好形象的手段，需要引导社区居民规范旅游商业行为，并创造更多的旅游商业机会和更好的旅游经济收入，让先行获得旅游收益的民营经济推动地方经济发展，形成良好的旅游社会环境。

3. 协调好乡村民营旅游经济内部的关系

农村社区简单、和谐的社会关系对城市居民产生巨大的吸引力。开办乡村民营旅游经济后，村民与村民间的关系正发生微妙的变化。为扩大经营场所，乡村民营旅游经济的接待场所尽量扩大，致使农村房屋间

的采光、道路受到影响，进而影响村民之间的邻里关系。为获得更多的客源，乡村民营旅游经济间由原来农村的互帮互助关系转变为竞争关系。政府部门要加强对社区居民的教育、宣传，建立合理的利益分配机制，引导社区发展。协调好社区居民内的关系，需要由政府牵头制定相关的规划，如旅游规划、村庄规划，建立和完善各种行业服务标准和规范，完善监督管理机制，形成良好的社区服务氛围，杜绝拉客、宰客、劣质服务、恶性竞争等不良现象。

第四节　乡村民营旅游经济发展机制的构建

一、乡村民营旅游发展机制的构成系统

"机制"一词最早源于希腊文，原指机器的构造和动作原理，包括两个方面，一是机器的组成及组成的原因；二是机器是怎样工作和为什么要这样工作，即机器运转过程中各个零件之间的相互联系、互为因果的联结关系及运转方式。《现代汉语词典》对"机制"的解释是：泛指一个系统中，各元素之间相互作用的过程和功能。把机制的本义引申到不同的领域，就产生了不同的机制。将"机制"一词引入经济学的研究，用以表示一定经济机体内，各构成要素之间相互联系和作用的关系

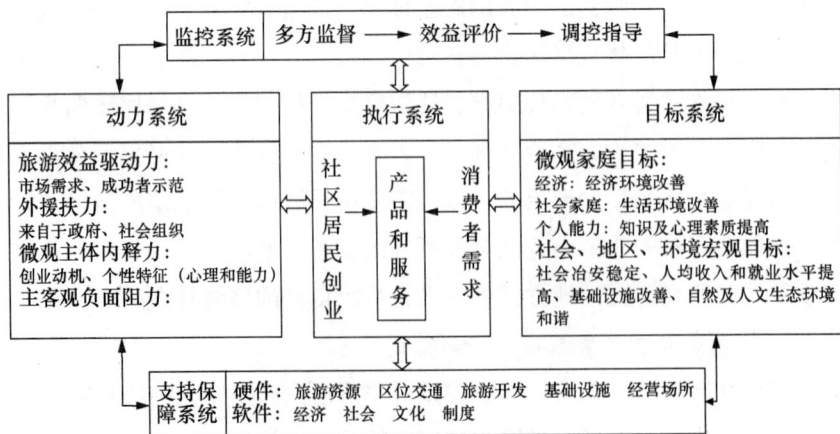

图 9 - 2　乡村民营旅游经济发展机制

及其功能。乡村民营经济作为复杂的社会系统中的一个组织，应该通过机制的构建，以提高民营经济管理效率，提高管理措施的针对性和适用性，降低管理成本，使其有可能在激烈的竞争中立于不败之地。

乡村民营旅游经济在发展中自身要不断得到提高，实现可持续发展，主要体现在民营经济的自我调节、自我积累功能上，以使民营经济主动适应外部环境变化，不断增强发展后劲。乡村民营旅游经济需要在支持保障系统、动力系统、执行系统、目标系统、监控系统的协作下实现良性发展，在此，构建基于支持保障系统、动力系统、执行系统、目标系统、监控系统的乡村民营旅游经济发展机制。

二、支持保障系统

乡村民营旅游经济是在旅游开发的关联带动下产生和发展起来的，所提供的产品和服务往往不是主要的旅游吸引物，对当地旅游开发的依赖度很大，其创业与发展的支持除了一般社会、经济、制度、文化和自然环境以外，还包括旅游开发的环境和程度。支持保障系统对乡村民营旅游经济的经营活动具有很强的支持或制约作用，影响社区居民创业机会与创业动机的发生，并影响其经营与发展决策和各项目标的实现。

1. 硬件环境

乡村民营旅游经济创业与发展，需要旅游开发地具有一定的硬环境建设。旅游开发客观上要求一定的旅游资源优势、交通条件和区位优势（高舜礼，1997）。除此以外，旅游开发的程度、基础设施的建设以及可以提供的经营场所，都构成了乡村民营旅游经济创业与发展的基本条件。它们共同为当地社区居民营造了一个能动参与到旅游开发、实现旅游目标的环境。

20世纪50～70年代我国农村基础设施得到了较快的发展，当年新修了很多农村小型基础设施，但自20世纪80年代农村家庭联产承包责任制以来，农村基层组织管理功能削弱，许多农村小型基础设施无人管理、失修、报废甚至人为损坏，远远不能适应现代农村经济发展的要求。要发展农村经济，促进农民增收，首先必须加强农村基础设施建设。在2004～2010年连续7个中央1号文件支农的政策背景下，提出需要按照"生产发展、生活宽裕、乡风文明、村容整洁、管理民主"的要求，加强农村基础设施建设和村庄整治。特别是 2010 年的中央一号文件指出，要"加快改善农村民生，缩小城乡公共事业发展差距"，这为进一步加强农村基础设施建设指明了方向。而国务院在关于进一步促进广西经济发展的文件中指出，要加强农村基础设施和公共服务能力建设。加强小型农田水利建设，加快灌区配套改造，扩大农田有效灌溉面积。实施农村饮水安全工程，提高乡村自来水普及率。加快县乡公路建设，推进农村公路乡镇"通畅"和乡村"通达"工程，开展建制村通沥青（水泥）路建设试点，提高路网密度和县乡村屯通达率。建设农村户用沼气池、农村沼气乡村服务网点、大中型沼气工程、养殖小区和联户沼气工程等项目。加快农村电气化和小水电代燃料工程建设，完善农村电网。推动医疗卫生、教育培训、农业科技、新闻出版、广播电视、体育健身等公共服务向农村延伸。

（1）旅游基础设施。广西农村普遍存在基础设施落后的问题，开发乡村旅游的地方迫切需要加强农村交通道路项目、供水给水项目、电力项目、邮政通讯及广播电视工程、环卫设施项目、安全项目的落实，使上述各项目达到乡村旅游者的要求。

交通道路项目：要实现乡村旅游，需要实现乡村旅游者在常住与旅游目的地之间流动，客观上要求乡村旅游目的地进得去，出得来，重点要对道路交通进行整治。交通项目包括进入旅游区的交通、游览区道路、停车场、交通工具等。

旅游区交通：连接城市、乡村的进入旅游区的道路最好能建设成供汽车行驶的双车道公路。

游览区道路：乡村旅游区需考虑主干道及游览步道的设计。道路设计过宽会占用大量的土地，且容易破坏乡村的宁静，因此，旅游区主干道最好能设计成环形，或在不能设计成环形的情况下保留会车空间，尽量不要修得太宽。乡村要因地制宜修建各种类型的游览步道，其中主游览步道宽度为 1.2～1.5 米为宜，可采用不同质感的多种材质铺砌，如石板、石块卵石、青砖等，次游览步道道路形式根据实际情况灵活决定，宽度为 1.0～1.2 米，采用天然路面或稍加铺砌或以栈道形式，供游人进入景区深处，所有游览步道尽量不采用水泥等人工建材。

停车场：为适应旅游者自驾游的需要，要妥善解决乡村旅游景区内的车辆停放问题。凡有汽车到达的乡村旅游景区（点）选择适宜地段设停车场，要综合考虑旅游景点的游人规模、节假日高峰游人数，推算车流、人流及集散情况确定集中停车场面积。考虑到旅游景区的经营具有一定的季节性，停车场可结合篮球场、文化中心和村民集散广场建设。在依托社会主义新农村的乡村旅游景区（点），每户均规划生态停车位，以供村民自用及入住自驾车游客停车。

交通工具：结合乡村旅游景区（点）的实际情况，各功能区交通工具可灵活采用轿子、马车、牛车、水上自行车、山地自行车等交通形式。这些特色鲜明的交通工具将成为重要的旅游吸引物，可开发为乡村民营旅游经济的经营内容，民营经济的主要任务是做好交通组织工作，包括组织旅游者和组织地方居民作为旅游接待人员。

供水排水项目：随着旅游者的增加，乡村旅游地的供水和排水都面临较大的问题，用水量、污水的排放量均大增。大部分的乡村旅游区水资源丰富，水质优良，能满足旅游发展的要求，用水主要依靠山泉水和地表水，但普遍面临没有污水排水系统、雨水系统。乡村民营旅游经济因其主要以家庭为接待场所，在供水方面各自为政的现象普遍存在，常常面临水压小，在用水高峰期不能满足沐浴、冲厕所等基本生活需要。另外，多数乡村民营旅游经济的生活污水直接排放，影响下游居民生活用水。

供水系统项目：乡村旅游区主要通过山泉水或抽取地下水解决。为保证乡村旅游区村的正常生活用水和消防用水，需要在村内建设大容量高位蓄水池，通过建加压泵站，将山泉水或地下水输送上高位蓄水池，然后通过管道各旅游功能区和乡村民营旅游经济经营用水。各给水管以分枝状形式布置，为便于检修管网，在节点等适当位置设检修阀门。供水流程为：山泉水（地下水）—取水构筑物—输水管—混凝—沉淀—消毒—输水管—高位水池—给水管—用水点。处理工艺：原水—混凝—沉淀—过滤—消毒—给水，以保证乡村旅游区安全卫生用水。

排水系统项目：排水采取污水、雨水分流方式。污水导流收集餐饮设施、公厕、宿舍等污水，雨水排放系统主要收集地面降水、消防废水、道路喷洒废水等，排入林地或作绿化灌溉用。污水处理可采用地埋式有动力污水净化装置处理，在各功能区及乡村旅游民营经济经营家庭埋设污水管道，将污水统一收集排放至地埋式无动力污水净化处理装置，进行统一处理。

电力项目：在旅游开发前，乡村已有一定的供电设施，全部通电。进行旅游开发后，乡村旅游景区用电量远远超过原有的供电能力，需要根据旅游区各用电设施的规模、相应单位安装功率、需要系数进行电荷测算，安排变电所以满足旅游开发的需要。另外，在用电高峰期，农村用电常常不能得到保证，而乡村民营经济的经营对电的依赖大，因此有必要设置应急用电设施。

邮政通讯及广播电视工程项目：乡村旅游区需满足旅游者对邮政、电话、互联网、广播电视的需求，重视网络基础建设，创造良好的互联网设施，设立自助上网设施，设立满足游客需求的电视卫星接收系统。目前，在广西鲜有提供上述项目的乡村民营旅游经济，可考虑细分旅游者需求，在具备条件的乡村旅游区提供上述服务，以延长旅游者在乡村地区的停留时间。

环卫设施项目：乡村旅游景区应设置满足旅游者需要的环卫设施。在当地居民的居住区域环卫设施极其欠缺，多数没有配备专门的环卫人员，严重影响到乡村旅游者对乡村民营旅游经济的评价。为营造干净整洁的旅游环境，需要在车行道及主要游览线路上，社区居民的居住点，设置垃圾箱，配备垃圾清运人员对垃圾进行集中处理。要根据旅游发展的需要，建立旅游公共厕所。

（2）旅游服务设施。是指旅游目的地旅游行业的人员向游客提供旅游服务时依托的各项物质设施和设备。在乡村旅游目的地主要包括旅游景观设施、旅游餐饮设施、旅游住宿设施、旅游购物设施、旅游娱乐服务设施、旅游安全设施、商业服务设施等。

旅游景观设施：要在保护第一，合理布局原则；建设精品，突出特色的原则；以人为本原则；市场导向，滚动发展原则；系统协调性的原则；实施旅游扶贫，兼顾群众利益原则等的指导下实施旅游景观设施建设。从国际化发展战略高度选准主题，创出精品，提高旅游项目的策划水平和科技含量；突出旅游产品项目活动的参与性、趣味性和体验性，注重旅游产品的创新和与时俱进，不断丰富内涵，推陈出新，不断提高旅游产品的吸引力，以创新发展作为后续支撑。采取合理的资源开发模式，统筹安排、合理布局、宏观调控，使乡村旅游产品建设顺利、全面实施。要注重旅游景观文化底蕴的挖掘和文化品位的提升，突出地域建筑文化、民俗文化、节庆文化等与乡村地区良好山水环境相融洽的主题特色，强调人与自然和谐相处、自然生态与旅游文化优化整合的发展理念，开发高品位的适销对路的旅游产品。结合乡村旅游者需求，旅游资源的特色，及当地具备的条件，选准主导旅游产品和辅助旅游产品的开发。目前旅游景观需求的大趋势是以开发乡村休闲度假产品为主，辅助开发观光旅游产品、文化旅游产品、商务会议旅游产品，其他旅游产品如水上运动与游乐、山地运动、美食旅游、创作采风、乡村旅游、生态旅游、新婚蜜月旅游等。

旅游餐饮、住宿设施：为了满足乡村旅游者饮食和住宿的需要和品位要求，乡村旅游区可设立以团队旅游者为主的餐厅和住宿设施，也可以结合农家特色，建立以农家为依托的分散餐饮、住宿场所。

旅游购物设施：乡村旅游目的地可考虑建设向游客提供具有地方土特产、旅游纪念品的旅游购物设施。具有地域特色的特色食品深受旅游者喜爱，通过对地方特产的挖掘和包装，将其加工成便于携带的旅游商品和礼品，对保鲜期较短的鲜果类还可进行深加工，加工成系列绿色食品和果珍饮品系列。另外还需挖掘风味食品、工艺品、旅游文化商品、纪念品系列商品。旅游商品的生产、销售、营销为乡村民营旅游经济提供了拓展业务的空间。

旅游安全设施：对乡村旅游目的地开设的水上、山上项目均应有相应的安全设施。乡村旅游区内拥有众多的水资源，水上活动的开展一定要做好安全措施。如水上漂流、竹筏，要求所有的水上交通工具严禁超载，并为游客配备救生衣；沿水岸边步道考虑游览安全因素及生态环境要求，步道宽度不低于 1.2 米，与河水保持 1 米以上的安全距离，并在地势险陡处设置必要的护栏；溯溪沿线布置铁链等安全设施。山地景区应在危险地段的游览步道建立防护栏、防护网或进行防滑处理等安全保障设施，并设置安全警示牌；在主要路口、易迷路之处设置路标指示牌或方位图，帮助游人识别方位，保证游人安全。应定期检修防护栏、防护网，及时修复指示牌和路标等，确保游人的人身安全。

2. 软环境

经济环境：经济环境主要是指一个国家或地区的社会经济制度、经济发展水平、产业结构、劳动力结构、物资资源状况、消费水平、消费结构及国际经济发展动态等。乡村民营旅游经济的经济环境是指民营经济面临的社会经济条件及其运行状况、发展趋势、产业结构、交通运输、资源等情况，是制约民营经济生存和发展的重要因素。乡村旅游目的地农业经济、商品经济、旅游开发下带动起来的旅游经济、金融环境以及有利于社区居民的利益分配等，是乡村民营旅游经济创业与发展的经济环境。一般来讲，受益于旅游开发，乡村旅游目的地经济发展水平较高，积累了创办乡村民营旅游经济的资金条件，产业结构由原来的农业为主转变为发展服务业，商业氛围逐渐浓郁。劳动力结构也发生了较大的转变，外出打工不再是农村剩余劳动力的主要就业渠道，并且吸引了外出务工人员回乡创业。在大量旅游者的推动下，旅游目的居民的生活成本提高，供给方面逐渐摆脱自给自足的局面，需要向外界购买大量的自用及经营用商品。

社会环境：社会环境是指人类生存及活动范围内的社会物质、精神条件的总和。社会环境对乡村民营旅游经济的形成和发展起着重要作用，同时社区居民的旅游经营活动给予社会环境以深刻的影响，而民营经济本身在影响、适应社会环境的过程中也在不断变化。淳朴友好的民风、鼓励社区参与的社会环境，不仅为乡村民营旅游经济发展提供社会支持，而且会成为吸引旅游者的辅助因素之一。

文化环境：民族文化的保护与现代文化知识、创业技能的有效融合共同发展，是贫困人口创业能力获得提高、小型民营经济能够实现持续发展的智力支持。

制度环境：融资制度、税收制度、管理制度等，以及有利于旅游扶贫开发、向最贫困人口倾斜的制度，构成小型民营经济创业发展的制度环境。

3. 动力系统

动力系统是乡村民营旅游经济发展机制能够执行和实现效应的发动机，是各种驱动力和牵制力的组合，包括旅游效益驱动力、微观主体内释力、扶贫外援力及各种阻力（李国平，2004）。乡村民营旅游经济创业发展动力模型是以某种或几种驱动力为主动因素，其他为辅助因素共同作用的主导动力模型，可大致分为五类：

（1）经济推动型：社区居民利用自家的房屋作为经营场所，向旅游者提供旅游住宿、餐饮、旅游商品等，这一过程虽不能与自己的家庭生活完全分开，但总体上对生活的干扰不大，处于社区居民能够接受的范围内。经营活动的直接结果是拓宽了家庭的收入来源，获得高于农业生产的收入，这对改善农村地区长期低迷的经济环境相当有好处，成为社区居民创办乡村民营旅游经济的主要动力。

（2）市场推动型：由于旅游资源优势和旅游业的发展带来市场对旅游商品和服务的需求，或者是经营旅游业的同类民营企业成功所带来的示范作用，使旅游效益驱动成为乡村民营旅游经济创业发展的主动因素。

（3）外力扶持型：政府或社会组织提供扶贫创业资金或物资，运用行政手段和经济手段为小型民营经济创造机会，成为贫困人口创业的主动因素。

（4）微观能动型：以创业者个性特征、创业动机和目标追求相结合的强烈内释力为主动因素。

（5）混合驱动型：各种因素综合平衡共同驱动。

阻力因素，资金短缺、基础设施待改善、创业者的主观消极因素等阻力，都不同程度地存在于每种动力模型之中。

4. 执行系统

乡村民营旅游经济发展机制以旅游开发中的社区居民为指向，在乡村地区实施旅游开发的基础支持下，在动力系统的推动下，通过社区居民创业求发展的自助式发展动力系统，其目的在于通过为游客提供产品与服务，满足游客的需求的同时实现民营经济的预定经营目标，从而实现微观主体的目标和社会宏观目标。

（1）需求系统。市场需求是乡村民营旅游经济发展的外部拉力，其需求结构与需求量，很大程度上由到当地游玩的旅游者构成所决定，研究表明广西乡村民营旅游经济服务的对象主要为外地城市游客。因此，对乡村民营旅游经济需求子系统的研究，首先要对以旅游核心资源为吸引所产生的目标市场的需求结构与需求量进行分析（彭华，1999）；其次还要针对乡村民营旅游经济所提供产品与服务的可能消费市场与需求进行分析。

（2）产品与服务。产品与服务是乡村民营旅游经济满足游客需求，实现其经营管理目标的媒介。乡村民营旅游经济提供的产品与服务可分为三种：

旅游项目：作为当地旅游吸引物的一部分，如农家乐、民俗风情等，以其民族文化特色成为旅游地提供的、游客可选择的旅游产品。

基本性旅游商品和服务：为满足旅游者的基本旅游消费所提供的旅游住宿、饮食、交通、游览等方面的商品和服务。

非基本旅游消费所需的商品和服务：满足旅游者提供旅游购物、医疗、通讯等方面的需求。

5. 目标系统

通过发展乡村旅游业，为社区居民创造多形式的就业机会，解决社区居民的主要经济来源问题，提高社区居民的文明意识和对乡村旅游发展的支持度，创造和谐友好的旅游人文环境，进而实现社会、地区、环境宏观目标。

（1）目标系统以社区居民相关目标为首要，体现乡村民营旅游经济动力系统对"社区居民是否真正受益"的关注，包括经济、社会家庭、个人能力各方面的改善。

经济环境的改善：以收入增加、脱贫致富、就业解决等为体现。

社会家庭环境的改善：包括家庭卫生条件改善、生活内容丰富、家庭和睦、家庭社会地位提高、女性地位提高、生育观念改变、教育观念改变等内容。

个人能力提高：文化素质提高、经验技能增加、沟通交流能力提高、观念更新、独立乐观积极的精神风貌、市场意识增加等。

（2）社会、地区、环境等宏观目标的实现，体现乡村民营旅游经济动力系统作为旅游发展的一个子系统，对旅游相关目标的贡献。这些目标包括社会治安稳定、人均收入和就业水平提高、基础设施改善、人与自然、人与社会和谐相处等。

6. 监控系统

由于环境的限制以及自身能力的不足，微观主体提供产品与服务的质量会影响旅游者消费效果和旅游目的地的旅游消费效果（田里，2002），最终影响整个地区旅游效益的实现。这种影响可能是正、负向的，例如乡村民营旅游经济为游客提供核心旅游项目以外的产品和服务，优化吃、住、行、游、娱、购所组成的旅游消费结构，为当地的旅游带来正向效应；相反，如果产品或服务的经营活动过程存在不利于生态环境、社会环境的因素，就会削弱旅游目的地的旅游消费效果从而产生负向的扶贫效应。因此需要对执行系统进行监督调控。

多方监督：是监控系统的第一环节，监督来自社会、政府以及微观主体自我监督，监督是为了协调小型民营旅游经济与其他相关主体间的利益关系，尽可能地实现福利扩大化与社会公平。

效益评价：对乡村民营旅游经济的实现程度和效果进行评价，这种评价应该是定性和定量相结合的，内容包括经济、社会、环境、文化等多方面。

调控指导：正如前所述，执行系统的运行和微观主体经营管理目标的实现，并不必然地会促成某些目标的实现。因此政府及主管部门需依据效益评价的结果，有针对性地制定政策、规范市场、协调供需或者宣传培训、教育引导，对微观主体的运行进行宏观调控。

通过以上三个环节，监控系统将目标系统的信息反馈给执行系统和动力系统，进一步调整其行为与方式，改善其提高产品与服务的能力，从而使目标的实现得到优化，实现乡村民营旅游经济动力机制的自我良性循环。

附件 1

乡村民营旅游经济创业组调查表

问卷编号： 调查地点： 调查人员： 调查时间： 年 月 日

个人基本信息

实体名称：_____ 姓氏：_____ 性别：___男；___女

婚姻状况：___已婚；___未婚

年龄：您目前的年龄___岁（受访者可只选择年龄范围）18～24
25～34 35～44 45～54 55～64 65＋

收入情况：目前的家庭年收入：___元；该收入水平在本地属于：
下等 中下 中等 中上 上等

民族：___您的民族在本地大约占的人口比例？ ＜20% 20%～
40% 40%～60% 60%～80% ＞80%

籍贯：您的籍贯是：本村 本乡 本镇 本县 本市 本省/自治
区 外省 港澳台 国外（请指明）

您爱人的籍贯是：本村 本乡 本镇 本县 本市 本省/自治区
 外省 港澳台 国外（请指明）

如果您或您的爱人是本村人，请问您或您爱人的姓氏在本地是否属
于大姓？ 是 不是 不清楚

语言：您的汉语与普通话水平如何？ 听 说 读 写 您的英文水
平如何？ 听 说 读 写

受教育程度：您目前已完成或正在攻读的最高学历：文盲 小学
初中 中专（专业） 高中 大专及以上（专业） 其他

工作经历：您做过生意吗？ <u>从来没有</u> 1次 2次 3次 4次 5次 5次以上

您从事过与旅游、住宿、餐饮等相关的工作吗？__有；__没有

您是否曾离开家乡、外出工作和生活过一年以上时间？__有；__没有

您在政府机关、村委会、企事业单位等从事过管理或领导工作吗？__有；__没有

风险规避倾向

一般来讲，风险与回报率是成正比的。那么，就您的性格而言，您是喜欢从事有把握但回报低的事情还是喜欢从事回报高但风险也大的事情（敢闯爱拼型——中间型——保守稳重型）？ <u>1 2 3 4 5</u>

比如做某项生意，你觉得有多大把握赚钱您才会去做？至少___成。

经营实体基本信息

您的经营业务类别是（可多选）：<u>住宿 餐饮 旅游商店 旅游交通 景点经营 流程组织 制造作坊 租赁 其他</u>

您的经营实体是家族性质的吗？ ____是（独自或与家人、亲戚一块投资经营）；____否（与朋友合伙经营）

第一年的员工包括：自己、爱人、子女___人、合伙人___人、雇工___人，其中女性___人，本地人___人

2005年员工包括：自己、爱人、子女___人、合伙人___人、雇工___人，其中女性___人，本地人___人

2006年员工包括：自己、爱人、子女___人、合伙人___人、雇工___人，其中女性___人，本地人___人

您的经营实体在经营第一年的经营总收益是____元，2005年是____元，2006年是____元

您的经营实体是：____自己创立的；____竞购的；____继承的

如果是您自己创立的，筹备时间有多长（从有了想法到开张营业）？____月；初始投资大约花了多少钱？____元

这些钱来自于（可多选）：自家积蓄　银行贷款　亲友借款　民间信贷　政府补贴　其他

当时经营场所属于：自有财产　花钱购置　租借　公共/免费

当时设施、设备属于（可多选）：自有财产　花钱购置　租借

回过头想的话，您现在对当初开办这个经济实体的决定感到后悔吗？换句话讲，如果回到过去、重新来过，您还会决定做这个生意吗？

1（非常后悔）　2（比较后悔）　3（一般）　4（比较庆幸）
5（非常庆幸）

您是否为您的这个经济实体安装或设立了业务电话？____是；____否

您是否使用了电脑用于日常经营与管理？____是；____否。如"是"您是否能为游客提供网络预订服务？____是；____否

一年中，您的经济实体通常有多少个月可以接待、服务游客（顾客）？1~3月　4~6月　7~9月　10~12月

您的经济实体的接待、服务对象构成情况为：外地游客____%　本地消费者____%　其他经营实体____

您的家庭收入构成中，这个经济实体所获得的收入大约占的比重
<20%　20%~40%　40%~60%　60%~80%　>80%

与没有经营此经济实体前的收入相比，您对目前的收入满意吗？
1很不满意　2不满意　3一般　4满意　5非常满意

与前几年比，您对目前利润满意吗？1很不满意　2不满意　3一般　4满意　5非常满意

与竞争对手相比，您对自己目前的利润满意吗？1很不满意　2不满意　3一般　4满意　5非常满意

创业动机

以下问题意在调查"为什么您会想到创立目前这个经济实体"，请告知各种原因或动机在您心目中的重要程度。请用"1"表示"非常不重要"，"2"表示"不重要"，"3"表示"一般"，"4"表示"重要"，"5"表示"非常重要"。

1. 做事不受约束、生活自由　　　　　　　1□ 2□ 3□ 4□ 5□

2. 能与家人生活在一起　　　　　　　　1□ 2□ 3□ 4□ 5□

3. 承继祖业或家族传统　　　　　　　　1□ 2□ 3□ 4□ 5□

4. 被当地的居住、生活环境所吸引　　　1□ 2□ 3□ 4□ 5□

5. 能将旅游经营与兴趣爱好结合起来　　1□ 2□ 3□ 4□ 5□

6. 体验和享受旅游经营生活方式　　　　1□ 2□ 3□ 4□ 5□

7. 为了赚更多的钱（脱贫致富、奔小康）1□ 2□ 3□ 4□ 5□

8. 获得或提高声望、地位　　　　　　　1□ 2□ 3□ 4□ 5□

9. 结识来自五湖四海的朋友　　　　　　1□ 2□ 3□ 4□ 5□

10. 赚取、积攒养老金　　　　　　　　　1□ 2□ 3□ 4□ 5□

11. 挑战和激励自己　　　　　　　　　　1□ 2□ 3□ 4□ 5□

12. 寻求经济上的独立　　　　　　　　　1□ 2□ 3□ 4□ 5□

13. 旅游经营风险不大　　　　　　　　　1□ 2□ 3□ 4□ 5□

14. 尝试不同的致富途径　　　　　　　　1□ 2□ 3□ 4□ 5□

15. 旅游经营有一定的市场　　　　　　　1□ 2□ 3□ 4□ 5□

16. 农闲时可以有事可做，以增加家庭收入 1□ 2□ 3□ 4□ 5□

17. 家人和朋友的支持和鼓励　　　　　　1□ 2□ 3□ 4□ 5□

18. 政府不定期开展创业引导、宣传和技能培训

　　　　　　　　　　　　　　　　　　1□ 2□ 3□ 4□ 5□

经营管理目标

请告知您对以下陈述的同意程度。请用"1"表示"非常不同意"，"2"表示"不同意"，"3"表示"一般"，"4"表示"同意"，"5"表示"非常同意"。

1. 盈利至关重要　　　　　　　　　　　1□ 2□ 3□ 4□ 5□

2. 享受工作比拼命赚钱更重要　　　　　1□ 2□ 3□ 4□ 5□

3. 我希望这个生意做得更大些　　　　　1□ 2□ 3□ 4□ 5□

4. 我觉得生意做到差不多就行了，不然太操心

　　　　　　　　　　　　　　　　　　1□ 2□ 3□ 4□ 5□

5. 我每天都要接待或接触顾客　　　　　1□ 2□ 3□ 4□ 5□

6. 接待、服务顾客对我的个人与家庭生活干扰大

　　　　　　　　　　　　　　　　　　1□ 2□ 3□ 4□ 5□

7. 您认为从事旅游行业的经营活动很难将家庭生活与工作分离开来吗   1□ 2□ 3□ 4□ 5□

8. 目前的经营效益达到了预期目标   1□ 2□ 3□ 4□ 5□

9. 追求利润最大化应该是本经济实体的核心目标

                                  1□ 2□ 3□ 4□ 5□

10. 个人和家庭的兴趣比经营与管理这个实体更重要

                                  1□ 2□ 3□ 4□ 5□

11. 最终我会以尽可能的高价将这个经济实体卖掉

                                  1□ 2□ 3□ 4□ 5□

12. 经营状况呈现明显的季节性   1□ 2□ 3□ 4□ 5□

13. 我想展现、树立良好的公众或企业形象

                                  1□ 2□ 3□ 4□ 5□

14. 提供高质量的产品或服务是我们的工作重点

                                  1□ 2□ 3□ 4□ 5□

15. 我们一直遵循着良好的道德标准   1□ 2□ 3□ 4□ 5□

16. 没必要设立正式的经营目标   1□ 2□ 3□ 4□ 5□

家庭相关目标

请告知以下与家庭有关的各种目标在您心目中的重要程度。请用"1"表示"非常不重要","2"表示"不重要","3"表示"一般","4"表示"重要","5"表示"非常重要"。

1. 促进家庭和睦   1□ 2□ 3□ 4□ 5□

2. 与爱人或家人分享重大决策权   1□ 2□ 3□ 4□ 5□

3. 培训子女、锻炼他们的工作或创业能力   1□ 2□ 3□ 4□ 5□

4. 解决家人的就业问题   1□ 2□ 3□ 4□ 5□

5. 与爱人平等分担工作   1□ 2□ 3□ 4□ 5□

6. 让子女继承这份家产   1□ 2□ 3□ 4□ 5□

7. 挣足够的钱以满足家庭的经济需要   1□ 2□ 3□ 4□ 5□

8. 提升家庭的社会地位   1□ 2□ 3□ 4□ 5□

9. 保证家人能有很多时间相处   1□ 2□ 3□ 4□ 5□

所有权处理计划

1. 部分所有权已经转交或卖给了子女或其他家人

2. 所有权以后将转交或卖给子女或其他家人

3. 所有权将会转卖给别人（非子女或其他家人）

4. 所有权的处置将会由子女或其他家人来决定

5. 说不清楚

社会资本

请告知您对以下陈述的同意程度。请用"1"表示"非常不同意"，"2"表示"不同意"，"3"表示"一般"，"4"表示"同意"，"5"表示"非常同意"。以下条目均为调查创业之初时的情况。

结构社会资本（请打听并记录具体数目；示例，请问您有多少家人、亲戚在做生意？）

1. 我有____家人、亲戚在做生意

2. 我有____朋友、熟人在做生意

3. 我有____家人、亲戚在从事与旅游、住宿、餐饮等相关的工作

4. 我有____朋友、熟人在从事与旅游、住宿、餐饮等相关的工作

5. 我有____家人、亲戚是这里的公务员或村干部

6. 我有____朋友、熟人是这里的公务员或村干部

7. 我有____家人、亲戚在本地银行、信贷部门工作

8. 我有____朋友、熟人在本地银行、信贷部门工作

关系社会资本

1. 我与我的家人、亲戚之间会毫无保留地交流就业和投资信息

                             1□ 2□ 3□ 4□ 5□

2. 我与我的朋友、熟人之间会毫无保留地交流就业和投资信息

                             1□ 2□ 3□ 4□ 5□

3. 当我对一些事情拿不定主意时，我能从家人、亲戚那里寻求有建设性的意见和建议   1□ 2□ 3□ 4□ 5□

4. 当我对一些事情拿不定主意时，我能从朋友、熟人那里寻求有建设性的意见和建议   1□ 2□ 3□ 4□ 5□

5. 我的家人、亲戚之间相互借钱（无息或低息）是很平常的事情

        1□ 2□ 3□ 4□ 5□

6. 我的朋友、熟人之间相互借钱（无息或低息）是很平常的事情

        1□ 2□ 3□ 4□ 5□

7. 当我遭遇挫折或困难时，我的家人、亲戚会不遗余力地帮助我

        1□ 2□ 3□ 4□ 5□

8. 当我遭遇挫折或困难时，我的朋友、熟人会不遗余力地帮助我

        1□ 2□ 3□ 4□ 5□

9. 我的家人、亲戚对我的所作所为非常信任　1□ 2□ 3□ 4□ 5□

10. 我的朋友、熟人对我的所作所为非常信任　1□ 2□ 3□ 4□ 5□

认知社会资本

1. 我认为成年后应该自主创业　　　　　　　1□ 2□ 3□ 4□ 5□

2. 我很关注成功的商人　　　　　　　　　　1□ 2□ 3□ 4□ 5□

3. 我认为接待和服务游客是一项受尊敬还不错的职业

        1□ 2□ 3□ 4□ 5□

4. 我经常关注与旅游、游客相关的报道和新闻1□ 2□ 3□ 4□ 5□

5. 当地媒体（电视、广播、报纸等）经常报道与旅游、游客相关
的新闻　　　　　　　　　　　　　　　　　1□ 2□ 3□ 4□ 5□

6. 我经常阅读（收听、收看）与旅游、游客相关的报道或新闻

        1□ 2□ 3□ 4□ 5□

宏观环境

1. 当地政府颁布了许多优惠政策支持小型民营经济的发展

        1□ 2□ 3□ 4□ 5□

2. 当地银行、信贷部门乐意向小型民营经济实体提供贷款

        1□ 2□ 3□ 4□ 5□

3. 我对这里的旅游业发展前景很乐观　　　　1□ 2□ 3□ 4□ 5□

生存与发展因素

1. 我很关注国家、地方新闻中有关本行业的法规、政策调整

        1□ 2□ 3□ 4□ 5□

2. 我会时不时向熟人打听竞争对手的信息　　1□ 2□ 3□ 4□ 5□

3. 我会根据市场变化，您能灵活调整产品和服务，转变经营方式

　　　　　　　　　　　　　　　　　　1□ 2□ 3□ 4□ 5□

4. 我的经济实体与其他旅游业相关的经济实体有合作关系并共享市场和政策信息　　　　　　　　　　　1□ 2□ 3□ 4□ 5□

5. 在由自然灾害或社会因素引起的危机时期，我认为政府会与企业共同分担危机　　　　　　　　　　1□ 2□ 3□ 4□ 5□

6. 做好市场调查工作，根据市场需求决定生产经营产品和服务方向　　　　　　　　　　　　　　　　1□ 2□ 3□ 4□ 5□

[满意与问题]

请告知在经营过程中最令您感到满意以及最令您感到困难的方面。

1. 最令您感到满意之处（请列举 1~3 项）：

经济：

管理：

政策：

社会环境：

2. 最令您感到困难之处（请列举 1~3 项）：

资金：

人才

管理：

政策：

获取信息：

附件 2

乡村民营旅游经济对照组调查表

问卷编号： 调查地点： 调查人员： 调查时间：____
年____月____日

个人基本信息

姓氏：____性别：____男；____女

婚姻状况：____已婚；____未婚

年龄：您目前的年龄____岁（受访者可只选择年龄范围）18～24
25～34 35～44 45～54 55～64 65＋

收入情况：目前的家庭年收入：____元；该收入水平在本地属于：
下等 中下 中等 中上 上等

民族：_____您的民族在本地大约占的人口比例？ ＜20% 20%～
40% 40%～60% 60%～80% ＞80%

籍贯：您的籍贯是：本村 本乡 本镇 本县 本市 本省/自治
区 外省 港澳台 国外（请指明）

您爱人的籍贯是：本村 本乡 本镇 本县 本市 本省/自治区
外省 港澳台地区 国外（请指明）

如果您或您的爱人是本村人，请问您或您爱人的姓氏在本地是否属
于大姓？是 不是 不清楚

语言：您的汉语与普通话水平如何？听 说 读 写 您的英文
水平如何？听 说 读 写

受教育程度：请告知您目前已经完成或正在攻读的最高学历：

文盲　小学　初中　中专（专业）　　高中　大专及以上（专业）　其他

工作经历：您做过生意吗？从来没有　1次　2次　3次　4次　5次　5次以上

您从事过与旅游、住宿、餐饮等相关的工作吗？____有；____没有

您是否曾离开家乡、外出工作和生活过一年以上时间？____有；____没有

您在政府机关、村委会、企事业单位等从事过管理或领导工作吗？____有；____没有

风险规避倾向

一般来讲，风险与回报率是成正比的。那么，就您的性格而言，您是喜欢从事有把握但回报低的事情还是喜欢从事回报高但风险也大的事情（敢闯爱拼型——中间型——保守稳重型）？1 2 3 4 5
比如做某项生意，你觉得有多大把握赚钱您才会去做？至少____成

您想过要去开办一家旅游经济实体去赚游客的钱吗？____想过；____没想过。

您觉得您是否具备条件或能力去开办这样一家旅游经济实体？____具备；____不具备。

基于以上两个问题，您属于：

1. 想过但没条件或能力（存在哪些障碍？_____）

2. 想过也有条件或能力（为什么最终没办起来？_____）

3. 有条件或能力但没想过（为什么不吸引你？_____）

4. 没条件或能力也没想过（为什么？_____）

社会资本

请告知您对以下陈述的同意程度。请用"1"表示"非常不同意"，"2"表示"不同意"，"3"表示"一般"，"4"表示"同意"，"5"表示"非常同意"。

结构社会资本（请打听并记录具体数目；示例，请问您有多少家人、亲戚在做生意？）

1. 我有_____家人、亲戚在做生意

2. 有_____朋友、熟人在做生意

3. 我有_____家人、亲戚在从事与旅游、住宿、餐饮等相关的工作

4. 我有_____朋友、熟人在从事与旅游、住宿、餐饮等相关的工作

5. 我有_____家人、亲戚是这里的公务员或村干部

6. 我有_____朋友、熟人是这里的公务员或村干部

7. 我有_____家人、亲戚在本地银行、信贷部门工作

8. 我有_____朋友、熟人在本地银行、信贷部门工作

关系社会资本

1. 我与我的家人、亲戚之间会毫无保留地交流就业和投资信息

1□ 2□ 3□ 4□ 5□

2. 我与我的朋友、熟人之间会毫无保留地交流就业和投资信息

1□ 2□ 3□ 4□ 5□

3. 我对一些事情拿不定主意时,我能从我的家人、亲戚那里寻求
有建设性的意见和建议　　　　　　　　1□ 2□ 3□ 4□ 5□

4. 我对一些事情拿不定主意时,我能从我的朋友、熟人那里寻求
有建设性的意见和建议　　　　　　　　1□ 2 □ 3□ 4□ 5□

5. 我的家人、亲戚之间相互借钱(无息或低息)是很平常的事情

1□ 2□ 3□ 4□ 5□

6. 我的朋友、熟人之间相互借钱(无息或低息)是很平常的事情

1□ 2□ 3□ 4□ 5□

7. 当我遭遇挫折或困难时,我的家人、亲戚会不遗余力地帮助我

1□ 2□ 3□ 4□ 5□

8. 当我遭遇挫折或困难时,我的朋友、熟人会不遗余力地帮助我

1□ 2□ 3□ 4□ 5□

9. 我的家人、亲戚对我的所作所为非常信任　　1□ 2□ 3□ 4□ 5□

10. 我的朋友、熟人对我的所作所为非常信任　　1□ 2□ 3□ 4□ 5□

认知社会资本

1. 我认为成年后应该自主创业　　　　　　1□ 2□ 3□ 4□ 5□

2. 我很关注成功的商人　　　　　　　1□ 2□ 3□ 4□ 5□

3. 我认为接待和服务游客是一项受尊敬还不错的职业

　　　　　　　　　　　　　　　　　1□ 2□ 3□ 4□ 5□

4. 我经常关注与旅游、游客相关的报道和新闻1□ 2□ 3□ 4□ 5□

5. 当地媒体（电视、广播、报纸等）经常报道与旅游、游客相关的新闻　　　　　　　　　　　　　　　　1□ 2□ 3□ 4□ 5□

6. 我经常阅读（收听、收看）与旅游、游客相关的报道或新闻

　　　　　　　　　　　　　　　　　1□ 2□ 3□ 4□ 5□

宏观环境

1. 当地政府颁布了许多优惠政策支持小型民营经济的发展

　　　　　　　　　　　　　　　　　1□ 2□ 3□ 4□ 5□

2. 当地银行、信贷部门乐意向小型民营经济实体提供贷款

　　　　　　　　　　　　　　　　　1□ 2□ 3□ 4□ 5□

3. 我对这里的旅游业发展前景很乐观　　1□ 2□ 3□ 4□ 5□

南宁市民城郊乡村旅游需求调查

问卷编号：　　调查地点：　　调查人员：　　调查时间：　　年　月　日

一、请就你的乡村旅游需求做出选择

1. 您的出游意愿：完全没有□　没有□　无所谓□　比较强烈□　强烈□

2. 您希望以何种交通工具出游：公共交通□　自驾车□　自行车□　步行□

3. 您对旅游景点的餐饮要求：有档次的餐馆□　价格便宜的饭馆□　地方特色饮食□　烧烤、野炊类□　不在景区就餐□

4. 您对住宿要求：宾馆□　旅社□　当地农家旅馆□　景区中特色住宿设施（帐篷）等□　不过夜□

5. 您对购物的要求：地方特色工艺品□　地方特色小吃□　地方特色农产品□　普通旅游商品□　一般不购物□

6. 您喜欢的旅游景区类型：以自然旅游资源为主□　以人文旅游资源为主□

7. 您喜欢的旅游景区资源：

观光型旅游□　参与型旅游□　购物型旅游□　保养休疗型旅游□　文化型旅游□　感情型旅游（缅怀名人等）□

二、请就以下南宁市周边旅游景区的了解情况进行评价，其中 1 表示"完全不了解"，2 表示"不了解"，3 表示"一般"，4 表示"了解"，5 表示"非常了解"。

1. 良凤江国家森林公园　　　　　　　1□ 2□ 3□ 4□ 5□

2. 大王滩风景区   1□ 2□ 3□ 4□ 5□

3. 灵水风景区   1□ 2□ 3□ 4□ 5□

4. 伊岭岩风景区   1□ 2□ 3□ 4□ 5□

5. 明秀园   1□ 2□ 3□ 4□ 5□

6. 花花大世界   1□ 2□ 3□ 4□ 5□

7. 大明山自然保护区   1□ 2□ 3□ 4□ 5□

8. 金伦洞   1□ 2□ 3□ 4□ 5□

9. 昆仑关景区   1□ 2□ 3□ 4□ 5□

10. 大龙湖景区   1□ 2□ 3□ 4□ 5□

11. 九曲湾温泉景区   1□ 2□ 3□ 4□ 5□

12. 嘉和城温泉景区   1□ 2□ 3□ 4□ 5□

13. 乡村大世界   1□ 2□ 3□ 4□ 5□

14. 天雹水库风景区   1□ 2□ 3□ 4□ 5□

15. 扬美古镇   1□ 2□ 3□ 4□ 5□

16. 美丽南方   1□ 2□ 3□ 4□ 5□

17. 龙虎山自然保护区   1□ 2□ 3□ 4□ 5□

三、个人信息

性别：男____女____

年龄：小于14岁____14~18岁____19~24岁____25~34岁____35~44岁____45~54岁____55岁以上____

学历：小学及以下____初中____高中及中专____大专____本科及以上____

职业：公务员____企事业管理人员____专业文教技术人员服务销售商贸人员____工人____军人____离退休人员____学生其他____

月收入：1000元以下____1000~2000元____2000~3000元____3000~4000元____4000~5000元____5000元以上

您进行城郊乡村旅游时间：半天____一天____过夜____

您城郊乡村旅游出游方式：独行____与家人____与朋友____

您城郊乡村旅游的频率：经常出游____偶尔出游____

附件4

广西乡村旅游者旅游行为调查

问卷编号： 调查地点： 调查人员： 调查

时间： 年 月 日

一、请用"非常重要"、"重要"、"一般"、"不重要"、"非常不重要"描述以下各种乡村旅游动机在您心目中的重要程度，并相应打钩。

评价因子 非常不重要 不重要 一般 重要 非常重要

缓解工作、生活压力

体验乡村文化

体验乡村环境

康体健身

了解自然增进感情

体验户外情趣

享受自然

精神放松

身体得到休息

体验乡村生活

乡村采风

了解新奇的事物

探亲访友

欣赏田园风光

过一段悠闲自得的生活

了解和体验乡村民俗风情

怀旧

二、请选择3~5种您最想参与的旅游活动，并在后面的横线上打钩

乡间漫步_____骑自行车_____爬山_____漂流_____

品尝农家美食_____品尝绿色食品_____访问历史古迹_____观赏田园风光_____

购买民间艺术品_____购买地方特产_____体验干农家活_____体验特色民俗风情_____采摘农产品_____垂钓_____参加农村节庆活动_____野营_____

三、个人基本信息及旅游行为调查

您的性别：男____女____

年龄：<14岁____15~24岁____25~44岁____45~64岁____>65岁____

学历：初中及以下_____高中（与中专）_____大专_____本科_____研究生及以上

职业：公务员_____企事业单位管理人员_____专业文教技术人员_____服务销售商贸人员_____工人

军人_____离退休人员_____学生_____其他

个人月收入：<500元____500~999元____1000~1499元____1500~1999元____2000~2999元____>3000元____

住宿地点：农家旅馆_____招待所_____宾馆_____亲友家中_____露营_____

停留时间：白天_____1晚_____2晚_____3晚_____4~6晚_____1周以上_____

旅游团组成：独行_____亲友团_____家庭团_____旅游团_____

每年乡村旅游次数：1次_____2次_____3次_____4次_____次及以上_____

您来自（常住地）：_____

此次旅行最令您感到满意之处：_____

此次旅行最令您感到失望之处：_____

附件 5

阳朔旅游住宿服务质量调查表

问卷编号：_____ 调查地点：_____ 调查人员：_____ 调查

时间：_____ 年 月 日

一、请选择您选择住宿点的标准

建筑要求：有地方特色□　无所谓□　　交通要求：便利□　无所谓□

房屋装修：比较新□　无所谓□　　卫生间要求：独立卫生间□无所谓□

级别要求：星级□　无所谓□　　地理位置：县城□　景区内或周边□

餐饮要求：周边用餐方便□　无所谓□　　对从业人员要求：专业人员□　无所谓□

设施（空调、电视、淋浴）：完善□　无所谓□　停车：方便□无所谓□

住宿点规模：5 间及以下□　6~10 间□　11~15 间□　16~20 间□　21 间以上□　无所谓□

价格要求（间/天）：30 元以下____31~50 元____51~100 元____101~150 元____151~200 元____200 元以上____无所谓□

二、就以下表述旅游住宿服务质量的因子进行重要性其中 1~5 分别代表"非常不重要"至"非常重要"，"完全不同意"至"完全同意"，3 均代表"中立"

评价因子　　　　重要性评价　　　　表现评价

非常不重要←中立→非常重要 完全不同意←中立→完全同意

（一）从业人员类：（8）

1. 着装整洁

　　　　　　　1□ 2□ 3□ 4□ 5□　　1□ 2□ 3□ 4□ 5□

2. 服务耐心、周到、热情

　　　　　　　1□ 2□ 3□ 4□ 5□　　1□ 2□ 3□ 4□ 5□

3. 迅速办理入住和退房手续

　　　　　　　1□ 2□ 3□ 4□ 5□　　1□ 2□ 3□ 4□ 5□

4. 快速、有效地解决旅游者提出的问题

　　　　　　　1□ 2□ 3□ 4□ 5□　　1□ 2□ 3□ 4□ 5□

5. 与旅游者沟通顺畅

　　　　　　　1□ 2□ 3□ 4□ 5□　　1□ 2□ 3□ 4□ 5□

6. 能够提供旅游景点信息

　　　　　　　1□ 2□ 3□ 4□ 5□　　1□ 2□ 3□ 4□ 5□

7. 提供旅游服务的联络 1□ 2□ 3□ 4□ 5□　　1□ 2□ 3□ 4□ 5□

8. 能够针对旅游者需求提供服务

　　　　　　　1□ 2□ 3□ 4□ 5□　　1□ 2□ 3□ 4□ 5□

（二）住宿设施类：（16）

9. 建筑外观吸引人

　　　　　　　1□ 2□ 3□ 4□ 5□　　1□ 2□ 3□ 4□ 5□

10. 房间宽敞

　　　　　　　1□ 2□ 3□ 4□ 5□　　1□ 2□ 3□ 4□ 5□

11. 房间通风、采光良好

　　　　　　　1□ 2□ 3□ 4□ 5□　　1□ 2□ 3□ 4□ 5□

12. 房间配备电话

　　　　　　　1□ 2□ 3□ 4□ 5□　　1□ 2□ 3□ 4□ 5□

13. 房间配备电视且功能良好

　　　　　　　1□ 2□ 3□ 4□ 5□　　1□ 2□ 3□ 4□ 5□

14. 房间配备空调且功能良好

　　　　　　　1□ 2□ 3□ 4□ 5□　　1□ 2□ 3□ 4□ 5□

15. 房间隔音效果良好

　　　　　　　　　　　1□ 2□ 3□ 4□ 5□　　1□ 2□ 3□ 4□ 5□

16. 房间安全（消防、防盗等）设施良好

　　　　　　　　　　　1□ 2□ 3□ 4□ 5□　　1□ 2□ 3□ 4□ 5□

17. 床上用品干净整洁

　　　　　　　　　　　1□ 2□ 3□ 4□ 5□　　1□ 2□ 3□ 4□ 5□

18. 卫生间设施良好　1□ 2□ 3□ 4□ 5□　　1□ 2□ 3□ 4□ 5□

19. 卫生间干净

　　　　　　　　　　　1□ 2□ 3□ 4□ 5□　　1□ 2□ 3□ 4□ 5□

20. 提供齐备的一次性客房用品

　　　　　　　　　　　1□ 2□ 3□ 4□ 5□　　1□ 2□ 3□ 4□ 5□

21. 有晾衣设施

　　　　　　　　　　　1□ 2□ 3□ 4□ 5□　　1□ 2□ 3□ 4□ 5□

22. 房屋配备防蚊防虫设施

　　　　　　　　　　　1□ 2□ 3□ 4□ 5□　　1□ 2□ 3□ 4□ 5□

23. 有方便的停车场所

　　　　　　　　　　　1□ 2□ 3□ 4□ 5□　　1□ 2□ 3□ 4□ 5□

24. 提供贵重物品寄存服务

　　　　　　　　　　　1□ 2□ 3□ 4□ 5□　　1□ 2□ 3□ 4□ 5□

（三）其他：（10）

25. 入住前容易获取住宿点信息

　　　　　　　　　　　1□ 2□ 3□ 4□ 5□　　1□ 2□ 3□ 4□ 5□

26. 住宿舒服

　　　　　　　　　　　1□ 2□ 3□ 4□ 5□　　1□ 2□ 3□ 4□ 5□

27. 价格合理

　　　　　　　　　　　1□ 2□ 3□ 4□ 5□　　1□ 2□ 3□ 4□ 5□

28. 实际提供的服务与宣传情况一致

　　　　　　　　　　　1□ 2□ 3□ 4□ 5□　　1□ 2□ 3□ 4□ 5□

29. 周边治安良好

　　　　　　　　　　　1□ 2□ 3□ 4□ 5□　　1□ 2□ 3□ 4□ 5□

30. 周围景色优美

                   1□ 2□ 3□ 4□ 5□   1□ 2□ 3□ 4□ 5□

31. 文化氛围浓厚

                   1□ 2□ 3□ 4□ 5□   1□ 2□ 3□ 4□ 5□

32. 用餐方便

                   1□ 2□ 3□ 4□ 5□   1□ 2□ 3□ 4□ 5□

33. 到其他地方方便

                   1□ 2□ 3□ 4□ 5□   1□ 2□ 3□ 4□ 5□

34. 当地居民友好

                   1□ 2□ 3□ 4□ 5□   1□ 2□ 3□ 4□ 5□

三、旅游后行为调查

我对这次旅行很满意   1□ 2□ 3□ 4□ 5□

我会故地重游   1□ 2□ 3□ 4□ 5□

我会向亲友推荐这次旅游的景区   1□ 2□ 3□ 4□ 5□

我会正面宣传这次旅游的景区   1□ 2□ 3□ 4□ 5□

四、旅游者个人信息

性别：男____女____

年龄：小于14岁____14~18岁____19~24岁____25~34岁____35~44岁____45~54岁____55岁以上____

常住地：南宁____桂林____北海____柳州____区内其他县市____广西区外____

学历：小学及以下____初中____高中及中专____大专____本科及以上____

职业：公务员____企事业管理人员____专业文教技术人员____服务销售商贸人员____

工人____军人____离退休人员____学生____其他____

月收入：无收入____1000元以下____1001~2000元____2001~3000元____3001元以上____

旅游组织形式：跟随旅游团____散客旅游____

自驾车游：是□   否□

旅游类型：观光____度假____专项___会议___奖励___其他___

本次旅行在阳朔住宿天数：1天___2天___3天___4天___5天___次及以上___

每年乡村旅游次数：1次___2次___3次___4次___5次及以上___

参考文献

[1] Ashley, C. , Roe, D. & Goodwin, H. (2001) Pro – Poor Tourism Strategies: Making Tourism Work for the Poor – A Review of Experience. PPT Report No. 1, ODI, IIED, and CRT, April 2001.

[2] Cevat Tosun. Limits to Community Participation in the Tourism Development Process in Developing Countries [J] . Tourism Management, 2000, 21, (6) .

[3] Deloitte & Touche, IIED and ODI: Sustainable Tourism and Poverty Elimination: A Report for the Department of International Development [R] . 1999.

[4] Donald Getz, Jack Calsen, Alison Morrison. The family business in tourism and hospitality [M] . Trowbridge: Cromwell Press, 2003.

[5] Donald G. Reid, Heather Mair, Wanda George. Community tourism planning a self – assessment instrument [J] . Annals of Tourism.

[6] Fleischer A , Pizam A. Rural tourism in Israel [J] . Tourism Management , 1997 , 18 (6) : 367 – 372.

[7] Gardiner R , Dodds F. Sustainable Tourism and Poverty Elimination [M] . UNED – U. K. Report for the United Nations Commission for Sustainable Development 7th Session , 1999, 102 – 103.

[8] Getz, D. , Carlsen, J. & Morrison, A. (2004) . The Family Business in Tourism and Hospitality. U. K. : CABI.

[9] Jeremy Boissevain. The impact of tourism on a dependent island: Gozo, Malta [J] . Annals of Tourism Research, Volume 6, Issue 1, January –

March 1979, pp. 76 – 90.

[10] Rhodri Thomas. Small Firms in the Tourism Industry : Some Conceptual Issues [J] . International Journal of Tourism Research , 2000. 345 – 353.

[11] Robert Madrigal. Residents´Perceptions and the Role of Government [J] . Annals of Tourism Research, 1995, (1): 86 – 102.

[12] Roernburg, E. (1980) . The dfexts of scale in economic development: Tourism in Bali. Annals of Tourism Research, 7 (2), 231 – 244.

[13] Scale [J] . Annals of Tourism Research, 1994, (1): 121 – 139.

[14] Swain MBA comparison of state and private artisan production for tourism in Yunnan [A] . Tourism in China: geographic, political, and economic perspectives [C] . Boulder Colorado USA , Westview Press Inc. , 1995: 223 – 233.

[15] S J Page, P Forer, G R Lawton. Small Business Development and Tourism: Terra Incognita? [J] . Tourism Management, 1999, 20: 435 – 459.

[16] Shaw & Williams. Tourism, Economic Development and the Role of Entrepreneurial Activity. In Progress in Tourism. , Recreation and Hospitality, Vol. 2, C. Cooper and A. Lockwood, eds. , pp. 67 – 81. London: Belhaven Press.

[17] United Nations World Tourism Organization (UNWTO) (2005) Tourism, Microfinance and Poverty Alleviation. Madrid: UNWTO.

[18] United Nations World Tourism Organization (UNWTO) (2002) Tourism and Poverty Alleviation. Madrid: UNWTO.

[19] United Nations World Tourism Organization (UNWTO) (2004) Tourism and Poverty Alleviation: Recommendations for Action. Madrid: UNWTO.

[20] 保继刚, 邱继勤. 旅游小企业与旅游地社会文化变迁: 阳朔西街案例 [J] . 人文地理, 2006 (2): 1 – 3.

[21] 操建华. 旅游业对中国农村和农民的影响的研究 [D] . 中国社会科学院研究生院, 2002.

[22] 操建华. 发挥非正式部门在农村地区中的作用 [J]. 农村经济与技术, 2005 (5): 8.

[23] 蔡翔, 李翠, 张光萍. 微小企业的管理之道 [J]. 工业技术经济, 2008 (1): 2-3.

[24] 蔡翔, 宋瑞敏, 蒋志兵. 微型企业的内涵及其理论基础 [J]. 当代财经, 2005 (12): 86-87.

[25] 蔡翔, 赵君. 广西微小企业发展现状、问题与对策 [J]. 商业研究, 2008 (1): 95-97.

[26] 蔡雄. 西部大开发与广西扶贫 [J]. 桂林旅游高等专科学校学报. 2004, 11 (4).

[27] 蔡雄, 连漪, 程道品, 等. 旅游扶贫的乘数效应与对策研究 [J]. 社会科学家, 1997 (3): 4-16.

[28] 蒋志兵. 论社会资本在我国微型企业创业中的作用 [J]. 商业研究, 2007 (2): 78-80.

[29] 邝才忠. 我国微小企业融资渠道探析 [J]. 中国管理信息化, 2008 (16): 66-68.

[30] 曹新向, 丁圣彦. 政府在旅游扶贫开发中的行为研究 [J]. 许昌学院学报, 2003 (2): 60-64.

[31] 陈剑林. 我国微型企业成长中的社会资本分析 [J]. 求实, 2005 (2): 40-42.

[32] 陈金波. 微型企业的就业促进作用 [J]. 商业研究, 2009 (10): 155-158.

[33] 陈金华, 李洪波. 试论自然保护区生态旅游社区参与——以武夷山为例 [J]. 北京第二外国语学院学报, 2005 (1): 11-15.

[34] 陈晓燕, 段德君. 后旅游扶贫时代的乡村旅游探析 [J]. 中国农学通报, 2005 (7): 432.

[35] 陈增奇, 陈飞星, 李占玲, 陈奕. 滨海湿地生态经济的综合评价模型 [J]. 海洋学研究, 2005 (9): 47-52.

[36] 陈秋华, 赖启福. 生态旅游区投资效益评价体系研究 [J]. 林业经济问题, 2006 (4): 120-126.

[37] 程以金，林兴中，郭锦亮．旅游扶贫大有可为 [J]．老区建设，2001（3）：43－44.

[38] 邓小艳．西部旅游扶贫对当地民族关系的影响及对策 [J]．理论月刊，2002（7）：54－55.

[39] 邓小艳．西部旅游扶贫与政府主导新探 [J]．经济师，2002（5）：27－28.

[40] 邓祝仁，程道品．旅游扶贫亟须解决的若干问题 [J]．旅游科学，1998（1）：11－16.

[41] 丁焕峰．国内旅游研究述评 [J]．旅游学刊，2004（3）：32－36.

[42] 戴凡，保继刚．旅游社会影响研究——以大理古城居民学英语态度为例 [J]．人文地理，1996（2）：38－40.

[43] 高舜礼．旅游开发扶贫的经验、问题及对策 [J]．旅游学刊，1997（4）：8－10.

[44] 高舜礼．对旅游扶贫的初步探讨 [J]．中国行政管理，1997（7）：22－24.

[45] 广西年鉴（2006），[Z].

[46] 广西壮族自治区门户网站.

[47] 郭军盈．中国农民创业问题研究 [D]．南京：南京农业大学，2006：2－3.

[48] 郭佩霞．民族地区扶贫效益评价体系的构建 [J]．西南民族大学学报（人文社科版），2009（9）：52－55.

[49] 郭清霞．旅游扶贫开发中存在的问题及对策 [J]．经济地理，2003（4）：558－560.

[50] 宫晓玲．试论旅游规划中的社区参与 [J]．北京第二外国语学院学报，2005（5）：114－117.

[51] 黄健英．民族地区农村经济发展研究 [M]．北京：中央民族大学出版社，2006.

[52] 黄泽先，曾令华，江群，段忠东．发展微小企业的宏微观经济效应分析 [J]．河北经贸大学学报，2006（2）：6－11.

［53］姜春前，何艺玲，韦新良．森林生态旅游效益评价指标体系研究［J］．林业科学研究，2004（3）：334－339.

［54］孔令强．易地开发性移民扶贫及其效益评价指标体系［J］．学术交流，2006（7）：75－78.

［55］文军，李星群．广西乡村旅游经济实体现状调查研究［J］．经济与社会发展，2007，5（2）：59－62.

［56］李星群．广西乡村旅游经营实体特征与经营效应分析［J］．中国农村经济，2008（1）：50－58.

［57］文军，李星群．广西乡村旅游经营者基本信息调查与分析［J］．经济与社会发展，2007，5（3）：38－41.

［58］李星群．民族地区乡村微型旅游企业对家庭的影响研究［J］．广西民族研究，2011（2）：190－195.

［59］李星群，文军．社会资本对乡村民营旅游经济实体创办的影响研究［J］．产业观察，2009（33）：104－106.

［60］李星群．乡村旅游经营实体创业影响因素研究［J］．旅游学刊，2008，23（1）：19－25.

［61］李星群，邓艳文，陈刚．乡村民营旅游经营实体可持续发展研究［J］．沿海企业与科技，2010（3）：108－114.

［62］李文新．商业化的微小企业贷款模式初探［J］．中国管理信息化，2007（3）：65－67.

［63］李永文，陈玉英．旅游扶贫开发的 RHB 战略初探［J］．经济地理，2004（4）：560－564.

［64］李国荣．"民营经济"概念辨析［J］．企业经济，2007（1）：6.

［65］李国平．基于政策实践的广东立体化旅游扶贫模式探析［J］．旅游学刊，2004（5）：56－60.

［66］李丰生．阳朔乡村旅游规模化开发探讨［J］．经济地理，2005（2）：261－264，276.

［67］李树信，陈学华．卧龙自然保护区社区参与生态旅游的对策研究［J］．农村经济，2006（2）：42－45.

［68］黎洁，赵西萍．社区参与旅游发展理论的若干经济学质疑

［J］．旅游学刊，2001，16（4）：44－47.

　　［69］梁钟荣．龙脊梯田景区家庭旅馆发展对策研究［J］．零陵学院学报，2005（3）：49－51.

　　［70］刘合福．中国扶贫投资项目的社会评价系［J］．中国贫困地区，1996（2）：35－36.

　　［71］刘纬华．关于社区参与旅游的若干理论思考［J］．旅游学刊，2000（1）：47－52.

　　［72］刘纬华．社区参与旅游发展研究应有的理论视野——兼与黎洁老师商榷［J］．海南大学学报（人文社会科学版），2002，20（2）：98－103.

　　［73］刘向明，杨智敏．对我国"旅游扶贫"的几点思考［J］．经济地理，2002（2）：241－244.

　　［74］林红．对"旅游扶贫"论的思考［J］．北京第二外国语学院学报，2000（5）：49－53.

　　［75］罗琳．社区参与式旅游发展模式个案研究——以四川省北川羌族自治县五龙寨为例［J］．阿坝师范高等专科学校学报，2007（6）：59－62.

　　［76］马忠玉．论旅游开发与消除贫困［J］．中国软科学，2001（1）：4－8.

　　［77］毛勇．农村旅游扶贫的适应性条件及应注意的问题［J］．农村经济，2002（10）：63－65.

　　［78］潘焕辉．谈谈当前旅游扶贫的融资渠道［J］．广西金融研究，1999（5）：7－8.

　　［79］潘健，黎光素．论旅游开发与消除贫困［J］．理论与当代，1997（1）：48.

　　［80］彭华．旅游发展驱动机制及动力模型探析［J］．旅游学刊，1999（6）：41.

　　［81］彭青，曾国军．家庭旅馆成长路径研究：以世界文化遗产地丽江古城为例［J］．旅游学刊，2010（9）：58－64.

　　［82］邱继勤．旅游小企业经营特征研究：以桂林阳朔西街为例

［J］．江苏商论，2006，5（7）：90.

　［83］邱继勤．旅游小企业与就业研究——桂林阳朔西街案例［J］．旅游科学，2006（4）：33－37.

　［84］邱继勤．旅游小企业发展与影响研究——阳朔西街案例［D］．南京：中山大学博士学位论文，2004.

　［85］邱继勤，保继刚．国外旅游小企业研究进展［J］．旅游学刊，2005（5）：87.

　［86］任啸．社区参与的理论与模式探讨——以九寨沟自然保护区为例［J］．财经科学，2006（6）：111－116.

　［87］舒萍．我国中小企业概念的界定原则［J］．南开经济研究，1998（4）：23－27.

　［88］舒小林，明庆忠，王爱忠，张学波．旅游扶贫在构建和谐社会中的战略意义和对策［J］．桂林旅游高等专科学校学报，2006（6）：76.

　［89］宋瑞．旅游发展与天保地区就业问题研究［J］．林业资源管理，2004（6）：23－24.

　［90］宋书巧，张建勇，王晓丽．广西乡村旅游实证研究［J］．学术论坛，2006（10）：102－106.

　［91］时三帅，刘战豫，宋红霞．基于AHP旅游业可持续发展评价［J］．价值工程，2006（3）：9－16.

　［92］郑本法，郑宇新．甘肃旅游扶贫开发研究［J］．开发研究，1999（4）：44－47.

　［93］谭建光．中国社会学更应重视中层理论的价值——兼与蒋影明先生商榷［J］．学海，1994（3）：53－54.

　［94］唐顺铁．旅游目的地的社区化及社区旅游研究［J］．地理研究，1998，17（2）：145，149.

　［95］田里．旅游经济学［M］．北京．高等教育出版社，2002：152－156.

　［96］吴中军．论旅游扶贫［J］．广西师范大学学报，1996（4）：18.

　［97］吴建华，郑向敏．我国乡村旅游发展存在的问题与对策分析

［J］．桂林旅游高等专科学校学报，2004（3）：5－9．

［98］吴铮争，杨新军．论西部旅游扶贫与生态环境建设［J］．干旱区资源与环境，2004（1）：31－35．

［99］王先文．小项目推进大产业——西山区"农家乐"旅游项目调查［J］．创造，2002（8）：37．

［100］王富华，卞雅莉．利益相关者管理理论及其在我国的应用［J］．甘肃社会科学，2004（6）：239．

［101］王兵，罗振鹏，郝四平．对北京郊区乡村旅游发展现状的调查研究［J］．旅游学刊，2006（10）：63－69．

［102］王良洪．国外的微型企业及其作用［J］．经济管理，2006（1）：87－91．

［103］王晓辉．论西部民族地区家庭旅馆业的发展现状及对策思考［J］．成都大学学报（自然科学版），2004（3）：57－61．

［104］王雪芳．阳朔家庭旅馆业的调查与分析［J］．旅游论坛，2009（3）：370－374．

［105］王振．上海微型企业的发展现状与扶持政策［J］．上海经济研究，2002（1）：73－79．

［106］王君．中国微小企业融资进展与前景［J］．银行家，2007（10）：17－19．

［107］文彤．家庭旅馆业的发展——以桂林龙脊梁梯田风景区为例［J］．旅游学刊，2002（1）：26－29．

［108］卫敏．西藏色季拉山森林公园乡村旅馆发展前景探讨．西藏科技，2003（12）：18－20．

［109］韦吉飞，李录堂．农民创业认知及影响因素研究——基于杨凌农高会参会农民的调查实证分析［J］．软科学，2008，22（11）：133－139．

［110］温彦平．我国贫困地区的旅游业应走生态旅游的道路［J］．科学、经济、社会，2000（2）：11－13．

［111］吴倩．中国微小企业融资探析［J］．广西金融研究，2006（4）：38－41．

广西乡村民营旅游经济发展问题研究

[112] 杨桂华等. 生态旅游［M］. 北京：高等教育出版社，2000：184－191.

[113] 杨永超，张飞. 基于创业过程的创业倾向影响因素构建［J］. 辽宁经济干部管理学院学报. 2010（6）：76－77.

[114] 尹美菊，尹华光. 贫困地区图书馆信息服务与旅游经济发展［J］. 吉首大学学报（社会科学版），2001（2）：78－79.

[115] 银建军，覃勇荣. 高等师范教育与民族贫困地区旅游开发［J］. 河池师专学报，2002（1）：31－34，78.

[116] 游达明，许斐. 区域旅游产业经济效益的模糊评价［J］. 技术经济，2003（9）：61－63.

[117] 阳国亮. 旅游投资的乘数效应与旅游扶贫［J］. 学术论坛，2000（6）.

[118] 袁翔珠. 论西部大开发中的旅游扶贫战略［J］. 城乡经济，2002（2）：28.

[119] 曾喜田. 实施政府主导型旅游发展战略　改变山区贫困面貌［J］. 桂林旅游高等专科学校学报，1999（4）：72－75.

[120] 郑本法，郑宇新. 甘肃旅游扶贫开发研究［J］. 开发研究，1999（4）：44－47.

[121] 郑群明，钟林生. 参与式乡村旅游开发模式探讨［J］. 旅游学刊，2004，19（4）：33－37.

[122] 中华人民共和国国务院新闻办公室. 中国的农村扶贫开发［Z］. 2001.

[123] 周有桂. 阳朔县民居旅游发展情况的调查［J］. 计划与市场探索，2002（2）：13.

[124] 周歆红. 关注旅游扶贫的核心问题［J］. 旅游学刊，2002（1）：17－21.

[125] 周成俊. 民营企业与旅游发展［J］. 工业技术经济，2002（2）：20－21.

[126] 张陆，张丽鹏. 大力扶持微型企业：我国民营经济发展中需要重视的问题［J］. 经济经纬，2006（6）：91－93.

[127] 张伟，张建春，魏鸿雁. 基于贫困人口发展的旅游扶贫效应评估——以安徽省铜锣寨风景区为例［J］. 旅游学刊，2005（5）：43-49.

[128] 张伟，张建春. 国外旅游与消除贫困问题研究评述［J］. 旅游学刊，2005（1）.

[129] 张同生. 当代经济实体与职业道德［J］. 中华文化论坛，1996（4）：7-11.

[130] 张杰. 浅谈少数民族家庭旅馆发展［J］. 商业经济，2005（10）：115-125.

[131] 张洁，杨桂华. 社区居民参与旅游积极性的影响因素调查研究［J］. 生态旅游，2005（10）：303-307.

[132] 张军，李丰生. 民居旅游的发展探析——以阳朔为例［J］. 桂林旅游高等专科学校学报，2004（6）：27-30.

[133] 赵煜. "农家乐"休闲热的社会学分析——对团结乡生态休闲旅游业的调查［J］. 昆明理工大学学报（社会科学版），2003（4）：28.

[134] 赵小芸. 旅游投资在西部旅游扶贫中的效用分析［J］. 旅游学刊，2004，19（1）：16-20.

[135] 赵伟兵. 旅游扶贫的风险性及对策研究［D］. 南宁：广西大学外国语学院旅游管理系，2003.

[136] 钟王黎，郭红东. 农民创业意愿影响因素调查［J］. 华南农业大学学报（社会科学版），2010，9（2）：23-27.

[137] 朱明芳. 旅游扶贫的可行性研究工作［J］. 桂林旅游高等专科学校学报，1999（3）：65-67.